啟動你的內在療癒力

創造自己的人生奇蹟

You Are the Placebo: Making Your Mind Matter

喬・迪斯本札 Dr. Joe Dispenza／著
柯宗佑／譯

目次

PART_2
脫胎換骨

推薦序

道森・裘奇博士

我和大部分的喬・迪斯本札書迷一樣，都想知道他會在這本書裡提出什麼驚人見解。喬總是充滿真知灼見，同時提供紮實的科學論據，一方面拓寬既有的知識界限，另一方面又讓我們看見更多可能性。他比大多數科學家都熱衷科學研究，在這本大作裡，他有條有理地探討了表觀遺傳學（epigenetics）、神經可塑性、心理神經免疫學等領域的最新發現，再和我們分享他獲得的結論。

你看了他的說法之後，會覺得整個人為之一振。他認為，不管是你或其他人的大腦和身體結構，隨時都會因為各種想法、情緒、動機、以及超脫當下的經驗，而變化調整。這本書的目的，就是希望讀者好好落實這樣的概念，讓自己脫胎換骨、重獲新生。

這樣的想法，絕對不是什麼形而上的抽象概念。針對各種身心連動變化，喬都會先描述意念、再描述後續生理現象，鋪陳兩者之間的因果關係。你會發現，這些生理變化都其來有自，比方說可能是血液循環裡的幹細胞增加了，也有可能是具備免疫效果的蛋白分子變多了。

在這本書的開頭，喬分享了他自己曾經遭遇過的意外，脊椎骨還因此碎了六塊。身陷痛苦深淵的他，漸漸覺得自己必須實踐以往深信的理論，將身體與生俱來的神奇修復力發揮出來。

為了療癒自己的脊椎，他做了許多想像訓練，這番決心無疑是一則精彩的勵志故事。

自體療癒的奇蹟現象總是讓人覺得不可思議，但就喬在書中的說法來看，這是每個人都有辦法親身體驗的，因為身體的預設狀態基本上是自我療癒和更新，衰弱、生病反而才是特例。

只要明白身體如何自我療癒，我們就能練習透過內心意念操控這項生理機制，同時駕馭細胞合成或製造出來的相關激素、蛋白質、神經傳導物質，以及用來傳送訊號的神經傳導路徑。我們的身體絕對不是靜態的，裡頭時時刻刻充滿劇烈變化，而腦內每秒都有神經連結出現或消失，讓大腦永遠具備可塑性。喬告訴我們，我們要把自己看成握著方向盤的駕駛，不要只想當被動無為的乘客，才能利用內心意念操控這項變化機制。

九〇年代的研究指出，只要反覆刺激神經束，就能讓內部的神經連結增加為兩倍，堪稱生物學界的革命性發現。發現這個現象的神經精神學家艾瑞克．坎德爾（Eric Kandel），最後摘下了諾貝爾獎桂冠。坎德爾後來還發現，神經連結一旦置而不用，在短短三週內就會萎縮。根據這項發現，只要我們能利用在神經網絡中穿梭的訊號，就有機會重塑自己的大腦。

當坎德爾等人埋頭驗證神經可塑性，其他科學家則發現，人體內部永遠穩定不變的基因其實不多。我們在腦內形塑的意念、信念和情緒，都會一一成為環境訊號，讓大部分（大約百分之七十五到八十五）的基因呈現時開時關的狀態。會受環境訊號影響的其中一類基因，稱為「立即早期基因」（immediate early genes, IEGs），表現量在三秒鐘內就能達到峰值。立即早期基因通常屬於調節基因（regulatory genes），能遙控體內幾百種基因與幾千種蛋白質，調整這些生理結構的表現狀態。立即早期基因快速引發的全面變化，剛好能解釋這本書裡提到的一些神奇療癒案例。

能詳細說明情緒如何影響個人脫胎換骨的科普作家不多，喬是其中一個。譬如所謂的負面情緒，就可能是對高濃度壓力激素上癮的症狀。這些壓力激素包括皮質醇（cortisol）及腎上腺素，而且跟去氫皮質酮（DHEA）、催產素（oxytocin）等鬆弛激素一樣，都有各自的調定點（set point）。所以，當我們的腦中的想法或信念讓激素失衡、脫離正常範圍，內心就會跟著七上八下。這套用來解釋成癮和期待心理的說法，在科學界裡也相當有前瞻性。

我們只要改變內在狀態，就能改變外在現實。在喬精湛的解說之下，我們會了解各種生理反應都始於起心動念，而意念則源於大腦前額葉，接著轉變成稱為「神經胜肽」（neuropeptides）的化學傳訊物質。這些傳訊物質會將訊號傳遞到全身各個部位，進一步操控基因或開或關。有些化學傳訊物質和愛與信任感息息相關，比方說素有「擁抱激素」（cuddle hormone）之稱的催產素，就是由觸覺激發的。我們只要勤奮練習，很快就能學會如何調整壓力激素和療癒激素的調定點。

光是把意念化為情緒就能引發自體療癒，乍聽之下有點讓人不可置信。其實，喬一開始指導工作坊的時候，也沒料到理論會在學員身上產生如此驚人的效果，包括腫瘤自動縮小、輪椅身障人士恢復行走能力、偏頭痛症狀煙消雲散等等。後來，喬決定放開心胸，抱著赤子之心盡情實驗，看看人在全心全意發揮身體安慰劑效應的時候，自體療癒的速度究竟能衝到多快。本書書名《啟動你的內在療癒力，創造自己的人生奇蹟》，指的正是我們體內接二連三的生理反應，都是由自己的意念、情緒、信念引發的。

閱讀本書的過程中，有些部分可能會讓人坐立不安，但千萬不要就這樣闔上書本了。你會有這樣的反應，都只是因為舊的自我仍拼命抵抗勢必會發生的變化歷程，以及激素調定點脫離了原有的平衡。喬提醒我們，會有這些不安，純粹是因為舊的自我在消失前，引發了一些生理反應。

說到複雜的生物機轉，大部分的人不是沒時間消化，就是沒興趣弄懂。不過，這就是這本書的價值所在。喬用簡練優雅的文字，清楚說明了生理變化背後的科學成因，他能夠如此舉重若輕，背後的努力確實功不可沒。除此之外，他還做了許多類比、提出不同的真實案例，讓讀者明白如何在日常生活中實踐這套新理論，看看信念堅強的人見證了哪些療癒奇蹟。

對於喬提出的實踐方法，新生代學者通常稱之為「自主型神經可塑性」（self-directed neuroplasticity, SDN）。換句話說，隨著我們不斷累積生命經驗，身體就會根據經驗內容建立新的神經傳導路徑、消滅舊的路徑。到了下一個世代，我相信不管是為了脫胎換骨，還是為了進行神經生物學研究，都會大幅仰賴自主型神經可塑性的概念，而這本書肯定會在這波思潮裡獨領風騷。

本書第二部分是冥想練習，會幫助你將看似形而上的概念化為實際行動。冥想其實一點都不難，在冥想過程中，你可以體驗到自我療癒的奇蹟。這本書的目的是幫助讀者從生理上改變人生信念和知覺，讓自己愛上嶄新的未來，再讓這樣的未來化為現實。

所以，請踏上這趟精彩的旅程、開拓自己的視野，並接受高層次療癒機制的洗禮吧。當你積極投入自我療癒練習，擺脫困住自己的想法、情緒和生理調定點，絕對是有益無害的。請你好好相信自己，盡全力發揮潛能，同時按照內心動機採取行動。如此一來，你就能讓自己變成安慰劑，替全世界創造健康歡樂的未來了。

——道森・裘奇（Dawson Church）博士，

《基因中的精靈》（*The Genie in Your Genes*）作者

敬告讀者

本書無法取代專業醫師的治療建議，正在服藥或接受治療的病患請諮詢主治醫師，若出現任何不適，請盡速就醫。有關自身的醫護療程，請務必諮詢醫師或相關保健專家。

作者序

開竅

我會走到今天這一步，完全是始料未及。我現在的演講、寫作、研究工作，都是在冥冥之中找上門來的。人想要開竅，多少都需要一點契機，而一九八六年的時候，我也得到開竅的契機了。那年四月裡的某一天，南加州風光明媚，我參加了棕櫚泉市鐵人三項競賽，半途被一台運動休旅車撞個正著。這場意外不但改變了我的人生，還讓我步上這趟探索旅程。當年我才二十三歲，剛在加州拉荷亞開業沒多久，為了那場鐵人賽事，我還做了好幾個月的鍛鍊。

完成游泳項目之後，緊接著就是自行車項目，我就是在這段時間發生意外的。在某個棘手的彎道前，我發現自行車選手得暫時和一般車流並行，旁邊還有個背對車流的警察正揮著手，指揮我右轉沿賽道騎車。我當時正全力衝刺，一心只想著比賽的事，所以眼睛始終盯著警察不放。就在我轉過彎道、超過兩名選手的那一刻，一台時速大約五十五英里的車從我背後猛撞上來。等我回過神來，整個人已經飛在半空中，接著，我的背部紮紮實實著地。那台車的速度飛快，駕駛又是反應偏慢的老婦人，因此整台車仍然不停朝我直衝，過沒多久，車子的保險桿又碰到了我，我連忙抓住保險桿把車擋住，好讓自己不會被輾成車體金屬和瀝青路面的夾心。我在被車子拖了一小段路之後，駕駛才發現出事了，總算緊急踩煞車，我又翻滾了十幾公尺。

直到今天，自行車呼嘯而過的風切聲、選手此起彼落的驚叫和咒罵聲，都還迴盪在我的耳邊。他們不曉得該停車伸出援手，還是繼續完成比賽，而我只能癱在路上，手足無措。

很快地，我就知道自己撞斷了六塊脊椎骨，包括第八、九、十、十一、十二節胸椎和第一節腰椎（從肩胛骨到腎臟的範圍）全數壓迫性骨折。脊椎上的骨頭就像一塊一塊疊起來的積木，當我的背部猛烈撞地，不但積木塔應聲而垮，每一塊積木也受壓變形。我撞斷的最上面那塊脊椎骨，也就是第八節胸椎，崩垮程度超過百分之六十，而用來包覆、保護脊髓的環狀椎弓也一併碎裂，甚至擠成了蝴蝶脆餅的形狀。一般來說，脊椎骨一旦受壓迫而形變斷裂，骨頭碎片就會跟著移位，而我的碎脊椎骨大部分都朝脊髓戳過去了，情況實在有點慘。

我當時真的是屋漏偏逢連夜雨。意外隔天一早醒來，神經症狀就接二連三向我報到，不但從頭到腳出現各種疼痛，麻刺感還時弱時強，兩條腿甚至失去了一些感覺，讓我連控制自己的動作都無能為力。

我進了醫院，做了抽血、X光、電腦斷層掃描、核磁共振造影等一系列檢查。骨科醫師告知我檢查結果的時候，一臉凝重地向我表示，為了固定脊髓上的骨頭碎片，必須動手術植入哈靈頓支架（Harrington rod）。這種手術需要把骨裂部位上方與下方二到三節的脊骨背面切開，再把兩條長達十二吋的不鏽鋼支架栓夾在脊柱兩側，接著要從髖骨刮一些碎片下來，將碎片黏附在支架表面上。這是天大的手術，但至少表示我還有機會走路。問題是，我知道即使動了手術，以後也會有點不良於行，這輩子大概也甩不掉慢性疼痛的毛病。總之，我完全無心動支架手術。

可是，我如果不動手術卻勢必會癱瘓，就連全棕櫚泉最好的神經學家也同意那位骨科醫師的想法。他還說，除了我之外，全美國像我這樣的病人沒人不想動刀的。由於這場意外，我的第八節胸椎骨被擠壓成楔形，當我日後起身站立，脊椎不僅會撐不起全身的重量，還會順勢崩塌，這時候，脊髓上的脊椎骨碎片就會越戳越深，讓我胸部以下的部位立刻癱瘓。這樣看來，不動手術大概不是什麼好事。

然後，我又被轉送到另一間拉荷亞的醫院，離我家也更近了。這家醫院的兩位醫師，其中包括南加州骨外科第一把交椅，各自給了我新的建議。果不其然，他們雙雙認為我得動哈靈頓支架手術。各家診斷基本上口徑一致，認為我如果不動刀，就會終身癱瘓，失去行走能力。換作我是醫生，我也會給病患一樣的建議，因為這是最保險的做法。可惜的是，這條路沒辦法讓我心甘情願接受。

我當年大概出於年輕氣盛，決定和醫學研究結果和專業人士唱反調。對我來說，每個人的體內都藏著一股智慧、一種無形的意識，既是我們生命的來源，也會隨時護持、療癒我們。這股智慧能製造特化細胞，從一開始的兩個到將近一百兆個，也能讓我們的心臟一天跳動幾十萬次、在每個細胞裡引發每秒成千上萬次的化學反應，更不用提其他神妙的身體機能了。我深思了一會，覺得如果這股智慧真的存在，而且全心全意發揮各種神奇力量呵護我們，或許我可以先放下外在世界的一切，好好專心朝內在探索，和這股智慧接觸、建立連結。

相信身體有辦法自我修復是一回事，我現在卻必須嘗試加以實踐，才能進一步拉高理論的層次，真正體驗所謂的自體療癒。當時我哪裡都去不了，而且除了整天趴著，什麼事都不能做，所以我決定先執行兩項計畫。首先，我得每天凝神專注，向我體內的智慧傳達我的計畫、工作模式和目標，同時下達各種明確指令，讓這股擁有超凡神力的智慧一手包辦所有療癒工作。再來，我會控制自己的思緒，不讓任何我不想體驗的意念混進去。這兩項計畫看起來不難，對吧？

離經叛道的決定

不管醫療團隊給我什麼建議，我還是決定搭上救護車離開醫院，住進兩位好朋友的家裡。之後三個月，我都在朋友家專心執行個人療養計畫。這就是我的任務。我告訴自己，每天一起床就要幫脊椎復健，每塊脊椎骨都不能漏，還要把我的心意傳達給內在意識，希望內在意識會關注我的一舉一動。我知道內在意識會要求我心無旁騖，全心活在當下，也就是不要沉溺過往、陷入悔恨，不要成天擔心未來、外界的種種，也不要只關注自己的病痛。在和他人相處的時候，我們其實都看得出對方在這段關係的投入程度，不是嗎？意識就是一種關注行為，關注就表示注意力集中，注意力集中就代表能活在當下、時時刻刻留心。這股意識會隨時關注我，看我是否活在當下。在和這股意識交流的時候，我必須百分之百投入，讓彼此的投入程度一致、目標一致、思緒一致。

於是，我每天會花兩小時深入內在，並且努力把我的最終目標化為圖像，也就是獲得一條完全康復的脊椎。過程當中，我也發現以前的自己很少這樣全神貫注、心無旁鶩，實在是很諷刺。這讓我想到，我們在危機事故發生的當下，往往把心神耗費在思考自己「不要」什麼，而非自己「要」什麼。計畫啟動後前幾週，我還是經常犯這個毛病，心思不斷飄移。當我冥想脊椎完全康復後的生活，有時候會驚覺自己仍然惦記著醫師幾週前對我說的話：「你這輩子大概不能再走路了。」有時脊椎復健冥想到一半，我還會發現自己正在天人交戰，思考該不該繼續這套脊椎療法。當我按部就班想像自己能夠走路的狀態時，也會發現心裡一直冒出一輩子坐輪椅的畫面。這大概就是我當時的心理狀態。

每次只要一分神或三心二意，我就會從頭操作整個想像流程。這樣做很枯燥、很挫折，而且坦白說，這是我一生中做過最困難的事。不過我也明白，我想讓內在觀察者看見的願景，必須是乾淨清澈、順暢無阻的才行。我知道內在智慧能替我達成心願，但如果要讓它順利完成任務，我從頭到尾都得保持專注，不能恍神。

在內心交戰六週、全心全意和內在意識交流之後，我終於能一次走完復健想像流程，不必暫停重來。還記得第一次辦到的時候，感覺就跟用網球拍正中最佳擊球點一樣，感覺完全對了。流程順了，整個人也順了，讓我覺得心滿意足、形神合一。這是我這輩子第一次覺得身心舒暢，完全活在當下。我的心不再出現一片喧嘩、不再進行任何分析思考，也少了執著和拼搏；這裡頭有些東西被清掉了，留下來的大部分是靜謐與平和。對於過去和未來的煩惱，我好像也完全不放在心上了。

這番領悟，替我的療癒之路打下了紮實基礎，因為就是在這段期間內，我開始覺得把修復脊椎的目標圖像化越來越容易。最重要的是，我的身上逐漸出現一些明顯的生理變化，讓我發現自己下過的內在工夫和心外身內的狀態變化息息相關。當我確定兩者彼此相關之後，又更認真留意自己的一舉一動，同時帶著信心進行實務操作，就這樣走完了一次又一次的流程。操作到最後，我已經覺得滿心愉悅、精力充沛，沒有任何煩悶或力不從心的感覺。原本一趟流程要花上兩三個小時，到後來也突然變短。

這時候，我的時間慢慢變多了。我開始想像，如果能再去水邊看日落、到餐廳和朋友共進午餐，我會經歷什麼樣的情境，而我還告訴自己，我不能覺得這些都是理所當然的經驗。我的想像越來越細微，連沖澡時水灑在臉和身體上的感覺、整個人端坐在馬桶上的感覺、在聖地牙哥海灘上散步的感覺，還有風吹在臉上的感覺都想到了。在我出事之前，這些經驗我從來沒細細品味過，現在卻都變得分量十足。我決定敞開心胸感受這些經驗，努力讓自己身歷其境。

當年的我其實不懂自己在做什麼，不過現在的我卻懂了：我其實是在探索量子力場中的未來潛勢，然後敞開心胸接納這些潛勢。我挑選了我內心期待的未來，再搭配高昂情緒，想像自己處在這樣的未來當中會如何。這時候，我感覺身體也慢慢相信自己進入了未來。隨著我塑造預期未來的能力越來越敏銳，我身上的細胞也開始重新排列。這樣的新方法讓新基因在我的體內萌芽，身體也因此復原得更快速了。

我想探索的概念，和某個量子物理重要原理不謀而合，也就是心智與物質是密不可分的元素，而意識、潛意識和感受則是決定命運走向的藍圖。有助於未來潛勢顯現的毅力、信念、專注力，不但潛藏在人類的心智深處，也存在量子力場無限潛勢的心智裡頭。這兩種心智必須攜手運作，才能讓所有已經存在的未來潛勢化為現實。從這個角度來看，我發現無論種族、性別、文化背景、社會地位、教育程度、宗教信仰，每個人都是神聖的造物者，即使過去犯過什麼錯都無所謂。這種備受上天眷顧的感覺，還是我這輩子頭一次體驗。

為了療癒自己，我還做了其他重大決定，像是設計一整套療程，從飲食規畫、與實踐能量治療的朋友交流，一路到完善的復健計畫。不過，我當時最重要的任務還是和內在智慧好好交流，再透過這股智慧利用心智治癒身體。

意外發生後九個半星期，我已經能起身走路，讓生活步上正軌，在復原期間，我既沒上石膏，也沒動任何手術，身體便徹底痊癒。到了第十週，我開始回醫院看診，而到了第十二週，我開始一邊持續復健，一邊重拾體能和重量訓練。老實說，從意外發生到今天已經過了三十多年，這段時間我幾乎沒背痛過。

誠心探索

到這裡，我的奇妙旅程仍然還沒結束。可以想見，我後來完全無法靠自己原先的樣子過活，因為我整個人早就脫胎換骨了。我進入了一個身邊沒人能懂的世界，無法了解親朋好友的想法，卻也不可能回到原本的生活模式。之前看起來重要的事，現在似乎也沒那麼重要了。我開始提出一些深奧的問題，例如：「我是誰？人生的意義是什麼？我在這裡做什麼？我的人生目的是什麼？」等等。過沒多久，我決定離開聖地牙哥，最後在華盛頓州落腳，開了一間診所。但一切塵埃落定之後，我開始努力鑽研靈性世界，每天幾乎都過著隱居生活。

後來，我慢慢覺得自體療癒現象很有意思，想探究各種生了重病、罹患末期或不治之症卻不靠手術、藥物等一般醫學療法就痊癒的案例。我還記得，我在復健期間晚上常常睡不著覺，於是乾脆利用時間和內在意識立約。我說，如果我之後能夠再用雙腳走路，這輩子就絕對要潛心鑽研身心之間的連結、研究心智究竟如何影響物質。簡單來說，這就是我這三十年來努力的方向。

我先拜訪了幾個國家，四處尋找經歷過自體療癒的案例。這些病患在被診斷出症狀之後，有人選擇接受一般療法，有人選擇接受另類療法，但病情仍然毫無起色甚至惡化，不過到最後，他們卻突然痊癒了。我訪問了這些個案，嘗試發掘這些人之間的共通點，想辦法分析、歸納出讓他們病情好轉的因素，而在背後支持我的動機，就是希望扮演科學和靈性之間的橋梁。我慢慢發現，這些奇蹟式康復的人，靠的都是強大的心智力。

這時候，我體內的科學魂完全按捺不住，整個人的好奇心越來越強了。我重新回大學修課，讀最新的神經科學研究報告，甚至還修了一系列碩士班訓練課程，主題涵蓋腦造影技術、神經可塑性、表觀遺傳學、心理神經免疫學等等。我還心想，既然我已經知道這些病患痊癒的祕訣，也熟悉能幫助人改變心智的科學（起碼，我當時是自認為已經很熟悉了），理論上，我應該要能複製這些結果才對。除了讓同樣的結果在病患身上重現，也要在那些相對健康，但想改善體質、人際關係、事業、家庭狀況、人生的人身上重現。

在二〇〇四年的記錄片《當心靈遇上科學》（*What the Bleep Do We Know!?*）中，我和另外十三位科學家和研究人員接受訪談，影片一播出就引起轟動。這支記錄片的拍攝動機，是想鼓勵大家探究現實世界的本質，並且在生活中實踐自己的觀察，進一步驗證自己的觀察結果具不具體，說得更精確一點，就是看看自己的觀察結果能不能化為真正的物質。影片推出之後，我的第一本著作也在二〇〇七年問世了。很多人開始問我：「你是怎麼辦到的？你是怎麼改變生活，而且開創自己理想中的人生的？」

於是，我找了一些人組成團隊，在美國和全球各地開設工作坊探討大腦運作機制，和如何透過神經生理學原理重塑自己的思考模式。我原先會想開工作坊，純粹是為了交流訊息，但學員的反應熱烈，讓我決定在工作坊裡加入冥想訓練，作為輔助，讓學員學習改變身心的具體步驟，進一步改變自己的人生。

第一堂工作坊開設後一年半，我們的團隊開始收到學員寄來的電子郵件，表示自己因為規律冥想，讓人生出現了許多正向變化。

對我來說，這些結果簡直是太神奇、太令人興奮了，因為我知道只要現象能夠一再重現，就有機會變成科學定律。我們收到了許多這樣開頭的信：「你大概不會相信……」這時候，這些身心變化已經不單純是巧合了。

同一年，又經過了一段時間，在某兩場工作坊上，居然發生了一件神奇的事。第一場工作坊來了一位罹患多發性硬化症的女士，她剛開始抵達現場的時候還得使用助行器，但工作坊結束後，她已經可以不靠輔具自然走路。第二場來了另一位罹患多發性硬化症的女士，患病十年的她，居然在工作坊上跳起舞來，還說以前麻痺的左腳已經完全康復了（這些女士的經歷和類似的案例，我會在後面的章節提到）。

從接收資訊到脫胎換骨

二〇一二年，我到科羅拉多開課，可說是我事業的轉捩點，因為我終於看見人們在課程幫助之下，不但改變了自己對幸福人生的定義，更透過冥想在體內製造了新基因，而且效果既迅速又強大。如果和病魔纏鬥多年的患者（譬如狼瘡患者）在一小時冥想練習後能痊癒，他的身心想必是出現了非比尋常的反應。對於這些在工作坊上出現的變化，我很想找到可以在變化當下測定的方法，讓我們看清這個過程中究竟發生了什麼事。

於是，在二〇一三年年初，我在亞歷桑納開了一堂全新的課程。我邀請了一組研究人員，其中包括神經科學家、技術人員和量子物理學家，讓他們帶著專業工具一同參與為期四天、學員超過兩百人的工作坊。在工作坊進行途中，這些專家就拿著各自準備的器材，測量工作坊場地內的電磁場狀態，看看是否出現能量變化。此外，他們也測量了學員身體周遭的能量場和體內的能量中心（後者又稱為脈輪），試著觀察這些能量場會不會受到影響。

為了記錄測量數值，專家們使用了非常精密的分析工具，像是用來測量腦內電波起伏的腦電波圖（electroencephalography）、以電腦運算分析腦電波圖數值的定量腦電波圖（quantitative electroencephalography）、用來記錄心跳間隔時間與心率諧定（heart coherence）的心率變異性（heart rate variability）分析，以及能測量生物能量場變化的氣體釋放顯像技術（gas discharge visualization）等。

在這場驚奇連連的工作坊上，我們終於利用科學測量工具掌握了客觀變化數值，同時將學員主觀陳述的健康變化一一記錄了下來。

我還發現，如果我能套用科學模型（像是帶進一點量子物理的概念，讓學員認識這門探究可能性的科學），同時結合神經科學、表觀遺傳學、心理神經免疫學領域的最新發現，再提供他們正確的指引以及實踐知識的機會，學員就可以親身體會脫胎換骨的感受了。如果我能在變化產生的當下進行測量，就能進一步將測量到的結果化為新知，讓我向學員解釋他們經歷的變化是怎麼一回事，他們接收這組資訊之後，又能再次脫胎換骨。只要大家能不斷調整自我認知，整套變化流程就會毫不間斷，執行的人也更有持之以恆的動力了。這整套概念，我稱之為「從接受資訊到脫胎換骨」，是我人生努力的新目標。

前言

讓心智主宰一切

不管是我在進階工作坊裡見證的成果，還是後來留下的科學數據，都讓我聯想到「安慰劑」的概念：病患只要吃一片糖片、注射一劑生理食鹽水，就能對外在現實產生不同的想法，進一步使身上的病症緩解。

我開始問自己一連串問題：「如果大家能把放在外在現實上的心思收回來，開始好好相信自己，結果會怎樣？如果他們相信自己能改變內在，讓自己進入服下安慰劑之後的狀態，結果會如何？工作坊學員為了療癒自己一直在做的事，不就是這些嗎？我們真的需要打針吃藥，才能改變身心狀態嗎？我們能不能一邊教大家安慰劑的運作機制，一邊讓每個人進入服用安慰劑的狀態呢？」

看看那些抓蛇布道的牧師，他們就算喝了番木鱉鹼，身體也沒出現任何變化，這不就代表他們的身心狀態改變了嗎（抓蛇牧師的相關敘述詳見第一章）？所以，如果我們能測量腦內的一舉一動，並且進一步分析蒐集到的資料，是不是就能好好傳授大家自體變化的工夫，而不必仰賴安慰劑等外在事物？我們能不能說，每個人都能變成自己的安慰劑？換句話說，我們有沒有辦法說服大家，與其死命抓著糖片或生理食鹽水這些已知事物不放，不如潛心投入未知世界，將未知化為已知？

這本書真正想做的事，就是讓你明白你可以透過天生的神經生理機制，進入自己想要的狀態。我想透過新的物質科學知識，揭開自體變化現象的神祕面紗，讓更多人有機會認識這些學說，進一步改變自己的內在狀態，最終達成改善自身健康和外在環境的目標。你或許會懷疑這些現象太神奇、真實性有待商榷，但我得說，本書附上了工作坊研究成果，相信你讀過之後，就會知道這些經歷都是千真萬確的。

本書不談的事

我想用一點篇幅，談一下這本書不討論的範疇，以免讓大家一開始有所誤解。首先，這本書不談實施安慰劑的醫療倫理議題。對未參與醫療實驗的病患實施無作用的物質來治療的手段，早就引發了不少道德論戰，雖然「為達治癒目的是否能不擇手段」這個問題非常值得討論，不過，這絕非本書重點所在。本書只想引導你掌握人生方向盤，替自己的生命帶來變化，至於誘導他人行動的做法是否有瑕疵，我們姑且擱置不論。

這本書也不會要你否認現實。書裡提供的所有方法，沒有一項會要求你否認自己當下的健康狀況。相反地，這些方法是為了幫助你改善各種不適狀態和病症，而我最感興趣的，則是使用測量工具測定痊癒中的患者經歷了哪些變化。本書不會教你逃避現實，而是希望你在接觸新現實的同時，能努力想像各種可能性。

你會發現，從醫學檢驗報告呈現的數據，就可以看出你使用的方法是否有效。在目睹自己一手創造的效果之餘，你可以回頭思考先前下了那些工夫，接著從頭操作一次。如果你下了工夫卻效果不彰，就表示你必須修正做法，直到效果出現為止，這就是所謂的結合科學和靈性。要是你不留意內在和外在所發生的真實變化，就容易走上否認現實的道路。

另外，這本書不批判現行治療架構。當今的治療架構五花八門，效果出色的也不在少數，至少對某些人來說，所有的治療架構某種程度上都具備可量化的正面價值。但無論如何，這本書的重心不在於蒐集、整理各種治療架構。我想做的，是向大家介紹我最關注的「單靠意念療癒自己」的架構。如果你目前使用的治療方案很有效，不管是透過處方藥物、手術、針灸、整脊、生物反饋、保健按摩、營養補給品、瑜珈、區域反射療法、能量醫療、聲頻治療都好，我都建議你繼續進行。本書唯一反對的是你畫地自限，但不反對你執行任何有效方案。

這本書談什麼？

本書包含兩大部分：

第一部分會仔細介紹你需要掌握的背景知識，包括何謂安慰劑效應、安慰劑在身心內部的運作模式，以及如何憑一己之力，單靠調整意念，就能在大腦與體內創造神奇的安慰劑效應。

第一章首先分享幾則奇蹟案例，呈現人類心智神妙的一面。在某幾則案例中，你會看到當事人如何透過想法自我療癒，而在其他案例中，也有人因為被念頭干擾而生病，死期甚至還加快了。比方說，某位男士一得知自己罹患癌症，不久就離開人世，事後大體解剖卻發現，原來一切都是誤診；某位被憂鬱症纏身幾十年的女士，因為接受了抗憂鬱劑藥物實驗，病情大幅好轉，但實際上，她在實驗裡被分到的是安慰劑組；還有很多因為骨關節炎不良於行的退役老兵，在接受假膝蓋手術後奇蹟似地康復了。除此之外，這一章還收錄了一些關於巫毒詛咒、抓蛇的駭人故事。這些曲折離奇的故事，都是為了呈現人類心智在不依賴現代醫療技術的情形下，究竟有哪些與生俱來的豐富潛能。讀完這章之後，你多半也會驚呼：「這種事怎麼可能發生？」

第二章簡要敘述安慰劑發展史，從一七七〇年代的相關科學發現（某位維也納醫師靠磁鐵引發預期的療癒性痙攣）說起，一路談到現代神經科學家如何解開各種令人目眩神迷的心智功能之謎。在本章中，你會看到一位醫師因為看診遲到，無意間發現燈焰能讓病人如癡如醉，也是他開發出各種催眠術的契機；你也會看到一位二戰外科醫師，他在嗎啡用光的情況下，替負傷的士兵注射生理食鹽水，最後成功幫助士兵止痛；你還會看到早期的一批日本心理神經免疫研究員，當他們將毒藤葉換成無害的葉子，再告知待測組受試者即將接觸毒藤葉之後，受試者的反應比真正接觸到無害葉片時還強烈。

本章還提到了提倡大笑療法的諾曼．卡森斯（Norman Cousins）、靠超覺靜坐技術（Transcendental Meditation）降低心臟病病患風險因子的哈佛研究員赫伯特．班森（Herbert Benson）醫師，以及先讓受試者使用治療藥物，再將藥物調包成安慰劑的義大利神經科學家兼醫學博士法布里奇歐．貝內戴提（Fabrizio Benedetti）；其中，貝內戴提發現受試者的大腦在接受安慰劑之後，會持續製造先前藥物產生的神經化學物質，而且絲毫不會間斷。此外，你還會讀到一篇革命性的新研究，顯示當腸躁症患者清楚自己正在使用安慰劑、而非具療效的藥物時，依舊能靠安慰劑大幅改善症狀。

第三章探討安慰劑效應發揮作用時，大腦內部會出現哪些生理現象。你會知道，要讓安慰劑發揮效果，某種程度上必須敞開心胸，接納安慰劑能讓你康復的新概念，藉此取代「自己會持續生病下去」的念頭。換句話說，如果你總是暗自認定未來會重蹈覆轍，不妨趁現在改變想法，讓自己開始期待新鮮事。想達成以上目標，你就得釐清自己的思緒、了解心智運作機制，同時明白心理如何影響生理。

我還會說明為什麼人很容易原地踏步，生活一成不變。如果一個人的想法始終不變，抉擇模式就不會改變，行為模式也不會改變，後續經驗更不會變動，進而產生相同的情緒感受，最後又導致不斷產生同樣的想法。這樣一來，我們整整繞了一大圈，神經化學系統卻從頭到尾都沒變化。這麼做等於是在不斷提醒自己，我們認為自己是什麼樣子，但其實我們都是有機會改變的，不會只是鐵板一塊。接下來，我會解釋神經可塑性的概念，再根據目前的研究結果，說明人的大腦在一生中會如何變化、如何建立新的神經傳導路徑和連結。

第四章討論體內安慰劑效應，並說明安慰劑生理反應的發展情形。本章由一群年長男士的故事說起，這群人參加了哈佛研究人員舉辦的一週避靜活動，在活動過程中，他們必須假裝自己比當時年輕二十歲。一週過後，這些男士的體內出現了無數種能夠測量出來的生理變化，還讓身體回春了。讀完這章，你就會明白回春的祕訣所在。

接著，我會透過基因結構組成、基因在人體內的表現方式說明回春現象。你會發現，表觀遺傳學這個令人耳目一新的新興領域，已經全面推翻了過時的基因命定論，因為根據表觀遺傳學理論，心智確實能用新的方式指揮新的基因。再來，你也會發現人體具有使基因啟動、關閉的繁複機制；換言之，每一種與生俱來的基因並不是非得表現不可。如此一來，當你學會如何改變體內神經連結，就能主動挑選新基因，創造各種真實的生理變化。除此之外，你還會知道身體能操縱幹細胞（也就是許多安慰劑效應奇蹟案例的幕後推手），讓受傷的部位生成健康的新細胞。

第五章彙整前兩章提到的概念，進一步說明意念會如何影響身心。本章首先拋出一個問題：「當周遭環境改變，我們可能會催生新的基因，並用新的方式指揮新基因。不過，我們能不能在環境條件改變之前，就在體內催生新基因呢？」接著，我會講解何謂「心理預演」（mental rehearsal），教你如何透過這項技術讓清晰意念與愉悅情緒相輔相成，藉此讓身體感受未來情境。如此一來，你就能在此時此刻體驗新鮮的未來事件了。

這項技術的訣竅，在於讓內心思維變得比外在環境更加真實，這時候，大腦就分不出兩者之間的差異，進而產生真實事件發生時才會出現的變化。當你熟練這項技術，就能讓身體產生變化，同時以全新模式活化新基因，讓身體出現表觀遺傳變化。接下來，你就能跨入全新的現實，讓自己成為安慰劑。本章除了解釋這項技術的科學原理，更舉出各行各業許多公眾人物的真實經歷，介紹這些人如何使用這項技術實現各種狂想，雖然他們不一定意識到自己應用了這項技術。

第六章則著重探討「被暗示性」（suggestibility）的概念，由一則新奇驚悚的故事開場。在故事當中，有一群研究人員找了奉公守法、心智健全但容易受催眠暗示的受試者進行實驗，觀察這些人能不能在人為操縱下，執行一項自己平常想都不敢想的行動：拿槍射殺陌生人。

你會發現，每個人能接受暗示的程度互有差異，越容易接受暗示的人，越能夠深入下意識中探索。能深入下意識，才能全盤理解安慰劑效應，因為意識只佔自我的百分之五，剩下的百分之九十五全都屬於下意識，也是身體會化為心智的區域。你也會知道，唯有在超脫理性分析心智、進入下意識作業系統之後，才能替新思維帶來新的變化、改變基因命運，並且了解冥想是達成目標的不二法門。最後，本章簡單整理了不同的腦波狀態，同時指出哪幾種狀態最能讓人輕鬆接受暗示。

第七章全力說明態度、信念、感受如何改變你的存在狀態、塑造你的人格（也就是屬於你個人的現實），並教你如何改變這些因素，進一步創造全新的現實。你還會了解潛意識信念的威力，同時深入內心發掘潛藏多時的潛意識信念。此外，你也會發現周遭環境和聯想記憶容易帶來干擾，破壞你改變信念的能力。

接下來，我會詳細說明如何改變信念或感受。要達到這個目標，你必須結合清晰意念和高昂情緒，讓身體相信你從量子力場中選定的未來潛勢已經成真了。其中最關鍵的因素，莫過於高昂情緒了。當你的抉擇具備強大能量，能夠抗衡腦內預設機制和習於耽溺的情緒，你就能改變腦內迴路及體內基因的表現方式，並且透過清除舊神經迴路和制約反應，讓身體與翻新過後的心智同調。

到了第八章，我會帶入量子宇宙的概念。量子宇宙是個難以預測的場域，這個理論提出，所有事物的原子和分子，都是由物質和能量組成的。其實，世界上的能量比有形物質還多，而能量看起來就像是空曠的空間。這座包含了所有當下可能性的量子模型，是你透過安慰劑效應自我療癒的成功關鍵，因為有了量子模型，你就能自由自在選擇自己想要的未來，並親眼目睹想像逐步化為現實。你還會發現，要跨越阻礙追求改變、讓未知成為已知，絕對是辦得到的事。

在第九章中，我會介紹三位工作坊學員，他們都是親身實踐以上所有療癒技術，而且見證了神奇效果的人。第一位是蘿里，她在十九歲那年被診斷出罕見的退化性骨病變，醫師還表示此症無藥可醫。過去幾十年間，蘿里的左腿骨和左髖骨有十二處嚴重骨折，讓她不得不靠拐杖行走。但現在，她已經可以像正常人一樣走路，完全不需要任何輔具了，而在她的骨頭X光片上，也看不見半點骨折痕跡。

第二位是坎妲絲。她有段時間過著憤恨不平的生活，就在這時，她被診斷出橋本氏甲狀腺病（Hashimoto's disease），一種併發症相當多的甲狀腺疾病。醫師表示，坎妲絲這輩子都必須服藥過活，但她選擇努力調養身體，最後證明醫生錯了。現在，坎妲絲享受著嶄新人生，而且甲狀腺檢驗報告也一切正常，完全不必吃藥了。

最後一位是瓊恩，她是五個孩子的媽媽，也是位成功的企業家、眾人眼中的女強人。然而，她卻突然罹患嚴重多發性硬化症，整個人垮了下來。瓊恩的病情每下愈況，沒過多久，她連腿都抬不起來了。她參加工作坊初期改變不大，但有一天，雙腿幾年動不了的她居然能在室內自由行動，完全不需要外力輔助。這些變化，都是她做完一小時冥想之後發生的！

第十章繼續分享其他學員的奇妙經歷。你會看見蜜雪兒如何完全治好帕金森氏症，還有原本半身不遂的約翰，在一次冥想之後就能拋開輪椅起身行走。你還會看到時間永遠不夠用的總裁凱西如何學會活在當下，外加治好子宮肌瘤和月經大量出血的邦妮等人。另外還有珍奈維爾，她在冥想過程中感受到滿滿的幸福，流下了歡欣的淚水。最後是瑪麗亞，她的經歷只能以「顱內高潮」四個字來說明。

我會分享科學家小組收集到的學員腦造影資料，讓你看見我們在工作坊上見證的一切。這些資料很精彩，能讓你明白你不必出家修道、學富五車，也不必成為心靈導師，就能達成類似的目標了。你也不必讀博士或念醫科，因為書裡提到的案例當事人，都跟你一樣是普通人。讀完本章，你會明白這些人的經歷根本不是魔法或天外奇蹟，而是他們融會貫通、實踐課堂技術的成果。如果你從現在開始鍛鍊同樣的技術，就能體驗和這些人類似的生命變化。

第二部分的內容全都和冥想相關。第十一章介紹冥想前的幾項簡單準備工作，外加詳細解釋幾種實用技術。第十二章則用循序漸進的方式，教你如何實踐我在工作坊上教授的冥想技巧，也就是本書學員成功體驗奇蹟時使用的同一套技術。

想要完全駕馭安慰劑效應，其實還有不少問題有待釐清，但我很高興看到很多人努力實踐這套理念，希望替人生帶來各種神奇的變化，試著創造被很多人視為無稽之談的奇蹟。本書探討的技術不僅可以治療生理疾病，還能讓人突破各種人生困境。我希望這本書能帶給你親身實踐的動力，讓你在人生中創造看似天方夜譚的神奇變化。

作者註：工作坊學員自體療癒的案例完全屬實，但為保障學員隱私，本書出現的姓名都以化名取代，學員的身分資訊也有部分更動。

PART_1

基本認識

第一章 這種事有可能發生嗎？

一九七〇年代初，聖路易市郊有位名叫山姆．隆德的退休鞋業務，他因為發現自己吞嚥有困難，最後決定去看醫生❶。醫生發現，隆德罹患了轉移後的食道癌。在當年，轉移後的食道癌算是絕症，從來沒有患者成功存活，對隆德來說，這簡直跟被判死刑沒兩樣。而醫生在宣布診斷結果時，語調也相當沉重。

為了拉長存活時間，醫生建議隆德接受手術，清除食道與胃部的癌細胞病變組織，隆德於是遵照了醫生的建議，選擇動手術清除癌細胞。手術一如預期順利完成，但隆德的病情卻每下愈況。掃描影像顯示，他的肝臟左葉已經完全被癌細胞佔據，情況相當不妙，而醫生也告訴隆德，他只剩幾個月能活了。

因此，七十好幾的隆德和年紀相仿的妻子決定搬到三百英里外的田納西州，在有妻子娘家親人在的納許維爾市落腳。搬到田納西州不久，隆德就被送到了醫院，由實習醫師克里夫頓．米德負責照顧。米德醫師第一次走進隆德的病房，就看見身型矮小、滿臉鬍渣的隆德縮在一疊床單底下，整個人像是槁木死灰。隆德講話粗聲粗氣，話也不多，按照護士的說法，隆德從幾天前入院開始就是這個樣子。

隆德因為同時罹患了糖尿病，因此血糖值偏高。不過，他除了肝酵素指數略高（常發生於罹患肝癌的患者）之外，其他血液化學數值基本上都正常。還好，後續檢驗報告並未顯示其他異常狀況，對灰心喪志的病患來說算是不幸中的大幸了。隆德內心雖然百般不願，但還是遵從新醫師的醫囑，接受了物理治療和強化流質飲食，以及護理師的悉心照護。過了幾天，隆德回復了一點力氣，不再像之前一樣暴躁易怒，也向米德醫師分享了自己的人生故事。

隆德以前有過另一段婚姻，他和第一任妻子可說是天造地設的一對。他們雖然膝下無子，生活依然相當愜意。夫妻倆都喜歡駕船，退休之後還在一座巨大人工湖湖畔買了房子。某天晚上，鄰近的東側水壩潰堤了，滾滾而來的水牆不但壓垮了他們的房子，還將房體結構沖刷殆盡。災難當下，隆德緊抱著某塊房屋殘骸不放，奇蹟生還，可惜的是，妻子的遺體始終下落不明。

「我失去了生命中最珍貴的人事物，」他對米德醫師說，「洪水侵襲的那一晚，我的靈魂也跟著消失了。」

第一任妻子過世後，隆德傷心欲絕、失魂落魄，不到六個月的時間，他就被診斷出了食道癌，接著動了手術。這時，他遇見了第二任妻子，兩人也結為連理。他的第二任妻子是個心地善良的人，她在明白丈夫罹患不治之症後，仍然願意照顧來日不多的另一半。婚後幾個月，他們決定搬到納許維爾市，而接下來的故事，米德醫師已經知道了。

米德醫師聽完隆德的故事，滿懷同情問了隆德一個問題：「你想要我怎麼幫你？」一聽到這個問題，奄奄一息的隆德不禁沉思了起來。

隆德思索了一陣子，「我想活過聖誕節，這樣就能跟我太太和她的家人一起過節了。他們一直都對我很好。」他最後表示，「只要讓我撐過聖誕節就好。只要這樣就夠了。」於是，米德醫師表示他會盡力達成隆德的心願。

到了十月底，隆德出院了。和入院時比起來，他現在的身體狀況實在好得太多。看到隆德恢復神速，米德醫師一方面大吃一驚，另一方面也替對方高興。接下來，雙方每個月都會約診一次，而隆德也始終精神奕奕。不過，聖誕節後一週的元月一日，隆德的妻子又帶著丈夫上了醫院。

這次，隆德的臉色極差，讓米德醫師又吃了一驚。檢查過後，醫師發現隆德只有輕微發燒，而胸腔X光片雖然出現肺炎跡象，但面積並不大，病患甚至沒有任何呼吸道不適症狀。此外，隆德的血液檢驗報告一切正常，至於醫師另外做的病理組織測試，也顯示病患並未罹患其他疾病。米德醫師決定施打抗生素，同時讓病患戴上氧氣罩，希望能扭轉頹勢，可惜過不到二十四小時，隆德就離開人世了。

看到這，你大概會覺得這純粹是病患罹癌之後，因為嚴重併發症而身亡的橋段，對吧？錯了，故事沒那麼簡單。

隆德死後，醫院解剖了他的遺體，這才發現一件奇怪的事。原來，隆德的肝臟並沒有被癌細胞攻陷，他體內真正的癌細胞，除了肝臟左葉上的一小撮，就只有肺臟上的一個小點。老實說，這兩塊癌細胞規模太小，根本不可能致命。再說，隆德食道附近的組織也毫無病變跡象。

這麼一來，當初聖路易市醫院憑肝臟掃描影像做出的罹癌診斷，顯然是誤判了。

山姆．隆德不是死於食道癌，也不是死於肝癌，甚至不是因為二度住院時染上輕微肺炎才過世的。他真正的死因，簡單來說，其實是他身邊的人認為他「來日不多」的念頭。不管是聖路易市醫院的醫師，還是納許維爾市的米德醫師，都覺得隆德來日不多。隆德的妻子和家人，也同樣覺得他不久人世，而最關鍵的更是隆德本人也這麼想。山姆．隆德有沒有可能是單純因為意念而死的呢？意念的威力有可能大成這樣嗎？如果以上皆是，這會是舉世無雙的案例嗎？

安慰劑有可能服用過量嗎？

二十六歲的研究生弗雷得．梅森（化名）和女朋友分手後，陷入了憂鬱狀態❷。這時候，他看到了一則藥物測試者召募廣告，而且發現目標藥物是某種新型抗憂鬱劑，所以決定參加實驗。他四年來不斷在憂鬱低谷裡徘徊，吃了醫師開的抗憂鬱劑「阿米替林」（amitriptyline）卻出現嚴重嗜睡、感覺麻木的症狀，讓他不得不停藥。這帖藥對他來說效果太強，讓他全心全意期待新藥，希望副作用能減少。

參加實驗一個月左右之後，梅森決定撥電話給前女友，結果兩人在電話中大吵一架。梅森掛斷電話，一把抓起實驗用的藥罐，怒吞了剩下的二十九顆藥丸企圖自殺，但下一刻他就後悔了。他跑到公寓大樓走廊上大聲呼救，接著支持不住，倒了下去。某個鄰居聽到了他的呼救聲，最後循聲找到倒臥在地的梅森。

一臉痛苦的梅森一面扭著身軀，一面告訴這位鄰居自己實在太荒唐，把全部的藥都吞了，但他真的不想死。梅森希望鄰居送他到醫院，對方也一口答應了。到了急診室的時候，梅森面色蒼白、全身盜汗，血壓只剩八十／四十，脈搏卻達每分鐘一百四十。他呼吸急促，嘴裡仍然拼命說著「我不想死」。

醫生替梅森檢查之後，發現除了低血壓、心搏加快、呼吸急促等症狀，並沒有別的狀況。然而，梅森依舊癱軟無力，甚至口齒不清。醫療團隊決定替梅森吊點滴注射生理食鹽水、採集病患血液及尿液，同時問對方究竟吞了什麼藥。不過，梅森卻不記得藥名了。

他對醫生說，那罐藥是測試中的抗憂鬱劑，是他在測試計畫中拿到的。他把空空如也的藥罐遞給醫生，但藥罐標籤除了提供測試計畫相關資訊，完全沒有顯示藥名。醫生無計可施，只好一邊等檢驗報告出爐，一邊監測梅森的生命徵象，確保他的症狀不會惡化，同時期待院方能聯絡上負責測試計畫的研究人員。

四小時後，檢驗報告結果顯示一切正常，參與藥物測試計畫的其中一位醫師也抵達了現場。這位研究人員看了看梅森手上空藥罐的條碼，再比對一下測試資料記錄，表示梅森服用的是安慰劑，藥罐裡的藥完全不具任何療效。說來神奇，在真相揭曉幾分鐘後，梅森的血壓就降回了正常值，頭也不暈眩了，就像被施了魔法一樣。其實，折磨梅森的是反安慰劑效應（nocebo）：

儘管使用者服下的是無害物質，但由於使用者的強烈期待，反而會造成產生有害效應。

梅森會經歷那些症狀，難道只是因為他預期會在狂吞抗憂鬱劑之後，出現這些效果？梅森會不會像山姆．隆德一樣，身體不但完全被心智操控，還朝一心預期的未來情境發展，讓想像變成現實了呢？這豈不是意味著，他得提高心智強度，處理原先不在意識掌控範圍中的功能，才能辦到這件事？假設這確實有可能發生，我們的意念確實會讓我們生病，那麼，我們有沒有可能反過來利用意念，讓意念發揮療癒功能呢？

奇蹟消失的慢性憂鬱

四十六歲的珍妮絲．熊菲爾德是位加州室內設計師，從青少年時期開始，她就罹患了憂鬱症，但從未向專業人士尋求協助。直到一九九七年，她看見了一則登報廣告，廣告的案主加州大學洛杉磯分校神經精神研究院需要一批志願受試者，來測試新抗憂鬱劑「文拉法辛」（venlafaxine）。身兼人妻與人母的熊菲爾德，已經被自殺念頭折磨了很久，她一看見這則廣告，就決定下海當白老鼠。

熊菲爾德第一次進研究院受測時，技術人員在她身上裝了腦電波圖儀，接著花了四十五分鐘監測、記錄她的腦波活動。腦波測試結束後，醫院藥局立刻給了熊菲爾德一瓶藥丸，她也馬上離開受測地點。熊菲爾德很清楚，在五十一位受試者中，會有將近一半的人領到真的藥劑，而另一半只會拿到安慰劑。她的受試組別也是隨機分配的，無論是本人還是研究人員，都不知道熊菲爾德被分到了哪一組，大家只能等到整個測試告一段落，才會知道真正的分組方式。雖然許多資訊尚未明朗，但當時的熊菲爾德不但不在乎，還既興奮又期待。因為對她來說，在和憂鬱症奮戰數十年之後，現在終於能獲得專業協助，處理常常讓她莫名痛哭的毛病了。

藥物測試為期八週，熊菲爾德每週都回研究院報到。每次受測時，研究人員都會問她感覺如何，其中幾次還搭配腦波圖儀監測熊菲爾德的腦波。熊菲爾德服藥後沒多久，馬上覺得神清氣爽，堪稱她人生最美好的時光，但尷尬的是，她的身體也出現了噁心反胃感。不過在她看來，這反而是件好事：一來，噁心反胃感是新藥常見的副作用之一；二來，既然憂鬱感減少、副作用出現了，就表示她拿的藥是真的。熊菲爾德身心改變之大，連每週和她見面的研究院護士，都覺得熊菲爾德領到的一定是真藥。

八週的測試結束後，其中一位研究人員揭曉了謎底：因為服藥而重獲新生，自殺念頭全消的熊菲爾德，當時其實是分到了安慰劑組。當場，熊菲爾德簡直目瞪口呆，覺得一定是這位醫師搞錯了。她完全不能相信自己在長期憂鬱之後，居然只靠一罐糖片就痊癒。再說，她身上都出現副作用了啊！她覺得一定是有人弄錯了，因此就請那位醫師重新確認分組記錄。不過，醫師一面堆起親切笑容，一面對熊菲爾德再三保證，她領到的救命良藥絕對是安慰劑沒錯。

眼看熊菲爾德目瞪口呆，醫生又繼續解釋：就算熊菲爾德服用的不是真藥，也不代表憂鬱症狀或病情好轉都是自己的幻想；根據實驗結果，頂多只能說改善熊菲爾德病情的不是文拉法辛。

其實，像熊菲爾德這樣的案例還不只一個。研究發現，相較於真藥組百分之五十二的改善率，安慰劑組的改善率亦達百分之三十八，而且在最後一批研究結果出爐後，反而連研究人員都大吃一驚：靠安慰劑改善病情的受試者，除了自我感覺更加良好，連腦波波形都改變了。根據實驗收集到的腦電波圖記錄，憂鬱症病患一向偏低的前額葉皮質活動力，在受測過程中反而大幅增強了❸。

看來，安慰劑效應不只改變了熊菲爾德的心智，更帶來了真實的生理變化。換句話說，改變的除了她的心智，還有她的大腦，她不僅僅是自認感覺不錯而已，而是整個生理狀態確實獲得了改善。在受試過程中，熊菲爾德既沒有服藥，也沒接受特別的療程，而大腦就這樣脫胎換骨了。一切的生理改變全都源於她的心智，即使在藥物測試結束後十幾年，熊菲爾德依然覺得身體天天都在改善。

一塊糖片不但能掃除積累已久的憂鬱症狀，還能真正引起噁心反胃等副作用，這種事真的有可能發生嗎？如果無作用的物質能改變腦波波形、強化最容易受憂鬱侵襲的腦區，我們可以從中悟出什麼道理呢？光靠個人主觀想法，真的能引發這些客觀、可測量的生理變化嗎？受試者身心內部究竟發生了什麼事，讓安慰劑的效力變得跟真藥一模一樣？如果安慰劑能對慢性心理疾病產生神奇療效，那針對癌症等致命疾病，是否也能讓奇蹟再現呢？

忽隱忽現的療癒「奇蹟」

一九五七年，加州大學洛杉磯分校心理學家布魯諾．克羅普佛（Bruno Klopfer）在一份採用同儕審查制度的期刊上發表了一篇文章，講述一位「萊特先生」罹患惡化淋巴癌的故事❹。萊特先生的脖子、胯下、腋窩都有龐大腫瘤，有些還跟柳丁一樣大，一般的癌症療法全拿這些腫瘤沒辦法。萊特先生在病床上躺了幾星期，他的狀態只能用「全身發燙、拼命喘氣，完全無法下床」來形容，主治醫師菲利浦．魏斯特完全舉白旗投降。不過，萊特本人卻沒放棄希望。他發現，他所在的醫院剛好正在評估自馬血萃取出的實驗藥物「克瑞拜贊」（Krebiozen）。喜出望外的萊特，於是死命纏著魏斯特醫師，要求醫師讓他使用新藥，醫師總算答應了（其實萊特並不符合試驗新藥的資格，因為他的預期壽命已經剩不到三個月）。

萊特在某個星期五注射了克瑞拜贊，到了星期一的時候，他已經能四處走動、和護士嘻笑打鬧，彷彿變成了另外一個人。根據魏斯特醫師的說法，萊特體內的腫瘤「就像火爐上的雪球一樣不斷融化」。三天之內，萊特的腫瘤就縮小了一半；又過了十天，萊特已經完全痊癒，順利出院返家，簡直就是奇蹟。

但過了兩個月，媒體卻表示經十次測試證實，克瑞拜贊完全沒有療效。萊特看到報導之後，滿腦子都想著測試結果，也開始相信這款藥其實沒有療效。這時候，他舊疾復發，腫瘤紛紛長了回來。魏斯特醫師猜想，萊特先前之所以病況好轉，都要歸功於安慰劑效應。眼下病人已經病入膏肓，魏斯特醫師也放下了治療顧忌，選擇在萊特身上實驗自己的理論，因為哪怕只有一點效果，對病人而言都是好事。醫師告訴萊特不要相信媒體報導的內容，他的病之所以惡化，全都要怪當初使用的克瑞拜贊品質不佳，而且大家到了事後才發現。魏斯特醫師還表示，醫院準備要進一款「具雙倍療效的精製版克瑞拜贊」，等藥一到醫院，就會讓萊特使用。

一聽到自己的病有機會治好，萊特便興高采烈了起來，過了幾天，醫師就替他注射了新藥。不過，魏斯特醫師這次用的針筒除了裝蒸餾水，完全不含任何藥劑，甚至連實驗用藥都沒有。

神奇的是，萊特的腫瘤再度消失了。他開開心心地回到家裡，度過了毫無腫瘤纏身、健健康康的兩個月。但就在這時候，美國醫學協會卻宣布克瑞拜贊完全不具療效，因為協會先前被人戲弄了，這款「神奇藥劑」根本只是加了某種簡單胺基酸的礦油而已，而藥商也由於這一場大騙局遭到起訴。萊特得知消息之後，癌症再次發作，但這次，他已經不相信自己能康復了。心灰意冷的萊特重新回院就診，才過兩天就離開人世。

在短短幾天內，萊特就改變了身體狀態，讓體內的癌症消失了，而且還改變不只一次，而是兩次。這種事有可能發生嗎？他的身體是不是隨著新思維自動變化了？他發現實驗藥物毫無療效之後，是不是因為身體再度產生同樣的化學物質，導致舊疾復發，讓他又進入罹癌狀態？除了靠打針吃藥，如果是接受手術等侵入性治療，身體是否也可能進入這樣的全新生化狀態？

從未真正動過的膝蓋手術

一九九六年，休士頓頂尖骨科運動醫學專家、任職貝勒醫學院的骨科醫師布魯斯．摩思禮（Bruce Moseley）發表了一篇試驗報告，其中，十名自願接受測試的受試者皆為退役男性，且都罹患膝蓋骨關節炎❺。這些人的病情都頗為嚴重，大部分不是得跛腳、拄拐杖走路，就是需要其他外力輔助才能行走。

這份研究的重點，在於探討關節鏡手術的效果。關節鏡手術的流程是先替病患麻醉，接著在關節上切出小口，以便置入一種名為「關節鏡」的光纖器具，讓醫師能透過關節鏡仔細觀察病患關節的狀況。手術時，醫師會先刮掉關節上退化的軟骨，除去這些造成發炎和疼痛的元兇，再完整清洗關節一番。在當時，每年接受關節鏡手術的病患大約有七十五萬人。

在摩思禮醫師的研究當中，十名男性受試者有兩名接受了一般的清創手術（即刮除關節上的軟骨）；三名接受了關節沖洗術（將高壓水柱注入膝關節進行清洗，並沖出退化的關節組織）；剩下五名則接受了所謂的假手術，這時，摩思禮醫師會用手術刀俐落切開病患的皮膚，在不進行其他醫療處置的情況下，再將傷口縫合。五名假手術受試者身上既沒有關節鏡，關節組織也不會被刮除或清洗，唯一有的只有切口和縫線而已。

這十套手術的開頭步驟完全一樣，也就是先將坐在輪椅上的病患推進手術室，再利用摩思禮醫師刷手的時間，對病患實施全身麻醉。主刀醫師一進入手術室，就會看見一個封好的信封，裡頭註明手術台上的病患經過隨機分配後，隸屬於三組實驗的哪一組。在打開信封之前，摩思禮醫師完全不會知道信封內的訊息。

手術完成後，十名研究受試者全都表示行走變得更順暢，疼痛也減少了。就術後表現而言，假手術組病患跟清創或沖洗組完全相同，甚至到了術後六個月，十名病患的情況都維持一致。手術後第六年，其中兩名假手術組病患在研究訪談中表示，他們的行走功能一切正常，關節不但一點疼痛都沒有，運動範圍還變大了❻。兩人還表示，他們已經能進行各種日常活動，不像六年前還沒動手術時一樣處處受限。這樣的結果，對他們而言彷彿重獲新生。

對研究結果極為滿意的摩思禮醫師，在二〇〇二年時發表了另一份研究報告，其中的受試者達一百八十人，並在術後對受試者進行為期兩年的追蹤研究❼。如同第一輪研究，三組病患的病情都有所改善，甚至有些人在手術後沒多久，就能不痛不跛地走路了。另一方面，接受真手術的兩組病患，術後的復原情形並未超越假手術組，即使在術後兩年依舊如此。

這些病患之所以能康復，會不會只是因為他們全心相信醫師和醫院，或清潔明亮的現代手術室帶來的醫療技術？他們是否曾經想像過自己的膝蓋會完全康復，接著讓自己全心投入這樣的想像，一步一步朝目標邁進？難道摩思禮醫師充其量只是個披著實驗室白袍的現代巫醫？如果換成風險更高的治療模式，譬如實施心臟手術，有沒有可能替病患帶來程度相同的療效？

假的心臟手術

一九五〇年代末期，有兩組研究人員分別進行了一項比較研究，分析當代用於治療心絞痛的標準手術與安慰劑的療效差異❽。要知道，目前最常使用的冠狀動脈繞道手術，在當年是不存在的，大部分的病患多半是接受內乳動脈結紮術，也就是將受損的動脈翻出來並結紮。這套手術的概念在於將通往受損血管的血流堵住，強迫身體生出新的血管通路，以便增加輸入心臟的血流量。接受結紮術的病患，病情大多都出現顯著改善，只是醫生始終不確定病患體內是否真的生出了新的血管。在這樣的脈絡下，這兩份研究誕生了。

這兩組研究人員使用的研究步驟完全一致。兩邊一律將受試者分成兩組，一組接受標準的內乳動脈結紮手術，另一組則接受假手術，假手術的主刀醫師會在病患胸口切出如同真手術的小型開口，但除了將動脈翻出來，再立刻將傷口縫回去之外，就不進行其他處置。

兩份研究結果的相似度極高：真手術組中，有百分之六十七的人疼痛趨緩、順利減藥，而假手術組中具類似康復情形的病患，則達百分之八十三。換句話說，安慰劑手術的療效贏過真手術了！

假手術組病患的病情之所以能改善，是不是因為他們全心相信自己的病情會改善？如果這樣的因果關係能成立，我們是否能想一想，在日常生活中冒出的各種好壞念頭，究竟會對一個人的身體和健康造成什麼影響？

心態決定一切

已經有越來越多研究顯示，一個人的心態確實會影響健康狀況，包括壽命長短。舉例來說，梅約診所曾經針對四百四十七名受試者進行超過三十年的追蹤，最後在二〇〇二年發表了研究報告，表示正向樂觀的受試者身心相對健康❾。所謂的正向樂觀，就是凡事都看向「積極面」，這種人往往能把心思放在最理想的情境上。多虧了自己的正向身心狀態，正向樂觀的人日常的煩惱減少了，而且疼痛變少、活力增加，在社交場合中更自在，也能活得更快樂、更安適、更平靜。而在這份研究發表之前，梅約診所還做了另一份研究，在三十年間追蹤了八百多名受試者，結果顯示，正向樂觀的人壽命比負面悲觀的人來得長❿。

耶魯大學的研究人員曾經針對六百六十名年齡大於五十歲的受試者，進行超過二十三年的追蹤研究，結果發現，對於年紀增長這件事，能抱持正向思考的人能比憂愁悲觀的人多活七年以上⓫。在影響壽命的因素當中，個人心態比血壓、膽固醇數值、抽煙習慣、體重或運動強度更有份量。

此外，其他研究人員還深入探討了心臟健康和個人心態的關聯。在耶魯大學進行研究的同時，杜克大學也針對八百六十六名心臟病患做了研究，結果顯示，能穩定感受正向情緒的病患，更容易比被負面情緒籠罩的人多活十一年，機率較後者高出百分之二十⓬。另一份針對兩百五十五名喬治亞醫學院醫學生的二十五年追蹤研究，則得出更讓人吃驚的結論：敵意最強的學生罹患冠心病的機率，是一般學生的五倍⓭。此外，約翰霍普金斯大學曾經在美國心臟協會二〇〇一年年會上發表一篇研究，表示對於家族有心臟病史的成年人，抱持正向思考或許是預防患病最有效的方法⓮。這份研究還指出，在預防心臟病的效果上，正向思考不但和適當飲食、適量運動、維持理想體重等手段並駕齊驅，甚至還更為出色。

友善愉悅也好、乖戾悲憤也罷，一個人的慣性思維模式究竟會如何決定壽命長短？我們有可能改變習以為常的思維模式嗎？如果可以，那麼受到過往經驗制約的舊思維，是否能夠被新的思維模式取而代之？另一方面，害怕負面經驗再度降臨的念頭，有沒有可能成為催生負面經驗的推手？

未下針先反胃

美國國家癌症研究所表示，在接受化療的病患當中，有百分之二十九的人在聞到或看到與化療相關的氣味或畫面時，會出現所謂的「預期性反胃」（anticipatory nausea）症狀，而百分之十一的人更會在治療開始前就嘔吐了⓯。有些病患在驅車前往醫院接受化療時，就會開始感覺噁心反胃，而另外一些病患則是在踏進醫院等待室後才嘔吐。

二〇〇一年，羅徹斯特大學癌症中心在《疼痛與症狀處理期刊》（*Journal of Pain and*

Symptom Management）中發表了一篇研究報告，表示只要病患出現預期性反胃症狀，就代表治療時非常可能會反胃⑯。根據研究人員蒐集的資料，有百分之四十接受化療的病患因為聽了醫生表示治療後或許會反胃，就開始預期自己之後應該會反胃，到最後，連治療都還沒開始，這些病患就反胃了。另外百分之十三的病患，雖然事前表示不知道到時會遇上哪些狀況，也同樣出現了反胃症狀。反而是完全沒預期自己會反胃的病患，連一個都沒反胃。

為什麼有些相信自己接觸化療藥物就會反胃的人，在還沒使用藥物之前就反胃了？他們的反胃症狀，會不會都是由意念引發的？如果這百分之四十的化療病患確實是受意念影響的案例，是否代表有百分之四十的人，在改變對未來健康狀況的期待之後，就能輕鬆改善身體機能？

消化症狀煙消雲散

不久之前，我在搭機抵達奧斯汀的時候遇見了一位女士，她讀的書引起了我的注意。我們當時都站在機艙內等著下機，那本書從她的包包裡探出一角，我看了一眼，發現標題裡包含「信念」這兩個字。我們互看了一眼，給了對方一個笑容之後，我就問她那本書在講些什麼。

「基督教和信仰。」她回答，「你問這個做什麼？」我說，我正在寫一本關於安慰劑效應的新書，整本書的核心概念就是信念。

她於是回我：「我想跟你分享一個故事。」接著，她說起自己多年前被診斷出麩質不耐症、乳糜瀉、結腸炎，以及其他五花八門的症狀，也深受慢性疼痛所苦。為了改善身體健康，她努力鑽研這些疾病的成因，並且多方尋求醫療專業人士協助。專家不是建議她少吃某類食物，就是服用某類處方藥物，而她也一一照做了，但全身該痛的地方卻一點都沒少。病痛纏身的她，夜裡總是輾轉難眠，更因此而皮膚起疹、消化功能嚴重失調，外加各種令人不適的症狀。過了幾年，她去看了新的醫生，醫生也幫她作了抽血檢查。當她一拿到檢驗報告，才發現檢測結果全都是陰性。

「當我發現自己的身體一切正常，沒病沒痛，我就告訴自己『我很健康』，就這樣，我身上的症狀全都消失了。我頓時覺得通體舒暢，之後想吃什麼就吃什麼。」她一面得意地比手畫腳，一面帶著微笑問我：「這種事，你相信嗎？」

要是接收新資訊、讓既有想法產生一百八十度大轉變，真的能讓一個人身上的症狀消失，我們不禁要問，人體內究竟有什麼機制，讓這一切變化能夠成真？身體和心智之間究竟存在何種關聯？新的信念有沒有可能改變我們腦內和體內的化學反應、重塑自我認知的神經迴路，並且改變我們的基因表現形式？我們是不是有可能變成另外一種人？

帕金森氏症與安慰劑

帕金森氏症是一種神經症狀，會侵襲能控制運動功能的中腦區基底核，使這個部位的神經細胞逐漸衰退。一罹患這種令人痛苦不堪的疾病，患者的大腦就無法製造足量多巴胺，而多巴胺正是讓基底核得以正常運作的神經傳導物質。帕金森氏症的早期症狀包括運動功能受損，譬如肌肉僵硬、顫抖、步態與言語模式出現變化，這些症狀不但不受控制，目前更無藥可醫。

在一份由溫哥華英屬哥倫比亞大學實施的研究中，研究人員向一群帕金森氏症患者表示，研究會提供患者大幅改善症狀的藥物，但事實上，這些病患施打的藥物是安慰劑，而且純粹是生理食鹽水罷了[17]。不過，有一半的病患在未經投藥、純注射生理食鹽水的情況下，運動控制能力依然大大改善。接著，研究人員替這些病患進行腦部掃描，試圖研究病患腦內產生了哪些變化。結果發現，這些受惠於安慰劑的受試者，大腦內都充滿了多巴胺，而且產量達實驗前的百分之兩百。要是想靠藥物達到同樣效果，恐怕得施打一整劑能使人亢奮的安非他命，讓腦內的多巴胺濃度增加才行。

看來，這些帕金森氏症患者光是期待病情能改善，就能釋放體內尚未開發的潛能，讓大腦不斷分泌多巴胺，而這正是能讓病情改善的關鍵物質。如果思維真的能誘發大腦分泌多巴胺，那麼背後的機制究竟是什麼？一個人靠清晰意念和愉悅情緒進入新的內在狀態之後，有沒有可能隨之觸發體內潛藏的藥理機轉，同時得以駕馭看似無法靠意識操控的疾病基因表現形式，因此在某些情境下變得百毒不侵？

致命毒蛇和番木鱉鹼

在阿帕拉契山脈某些地區，至今流傳著控蛇或「持蟒」這種百年宗教儀式⑱。雖然目前只有西維吉尼亞州能合法進行控蛇儀式，其他州的信徒們仍然不打算罷手，對於信徒的違法行動，當地警方也選擇睜一隻眼閉一隻眼。準備參加禱告儀式的信徒，會齊聚在外觀簡樸的小教堂裡，等待布道人的到來。布道人現身時會扛公事包形狀的木箱，每個箱子都上了鎖，還包含一道設有鉸鏈的透明塑膠門，門上打了通氣孔。布道人會走到講道壇旁，將箱子小心放在壇旁空間或會議室的平台上，不久之後，教堂內便會奏起活力十足的樂聲，混雜著鄉村藍草曲調及歌頌耶穌如何救贖和珍愛世人的宗教詩歌。現場會有樂手大奏鍵盤樂、猛刷電吉他，甚至敲著能讓青少年樂團垂涎三尺的鼓組；至於一旁的教堂人員，則憑著感覺搖晃手裡的鈴鼓。當氣氛逐漸熱絡，布道人就會在講道壇上的容器內點火，再將手伸進容器裡，讓火舌順著自己的手掌向光裸的前臂竄升，接著才抓起容器，慢慢把前臂上的火甩掉。到這裡，布道人都還只是在「熱身」而已。

很快地，全體信眾會開始甩手、搭肩，嘴裡說著奇異方言，同時雙腳跳上跳下，全身也隨著讚美救世主的音樂不斷擺動。這些信徒已經進入了聖靈充滿狀態，也是他們所謂的「受膏」狀態。這時，布道人就會打開其中一個上鎖的箱子，從箱子裡抓出一隻致命毒蛇，通常會是響尾蛇、水腹蛇或銅斑蛇。手握蛇體的布道人，會跟著信徒跳舞跳到滿身大汗，同時刻意讓蛇頭靠近自己的頭和喉嚨，形成一幅驚悚的畫面。

手舞足蹈的布道人一會將蛇高高舉起，一會讓蛇體挨著自己的身軀，使得蛇體下半截不斷在布道人手臂周圍擺盪，而上半截則在空中恣意扭動。布道人甚至會從其他箱子裡抓出第二或第三條蛇，而所有自覺受膏的善男信女，也會前仆後繼跟著控蛇。在某些儀式中，布道人還會舉杯喝下番木鱉鹼等毒藥，身體卻不會出現半點中毒症狀。

雖然控蛇人偶爾會被蛇咬，但綜觀上千場儀式，狂熱信徒把手伸進鉸鏈木箱時總是堅定無懼，因此被蛇咬的頻率並不高。再說，信徒就算被蛇咬了一口，也不見得會毒發身亡，而且被咬的人非但不會被緊急送醫，反而寧願等信眾圍上來替他們禱告。這些人被蛇咬的機率為什麼偏低？被蛇咬而毒發身亡的人為什麼不多？面對具有奪命毒牙的生物，信徒們是如何讓自己毫不畏懼的？這樣的心理狀態又會如何保護當事人？

有一些人在危急情況下會發揮個人極限能力，也就是所謂的「狗急跳牆爆發力」。譬如家住奧勒岡州黎巴嫩市的漢娜．史密斯和海麗．史密斯，在二〇一三年四月時，分別以十六歲及十四歲的年紀合力抬起了重達三千磅的拖拉機，救出被機具壓住的父親傑夫．史密斯[19]。或像是在原住民部落中，有些神聖儀式會要人赤腳走過滾燙的煤炭，還有西方人為了學習這項技術而開設訓練工作坊。為什麼有人辦得到這種事？甚至像是嘉年華會雜技師、爪哇騎馬舞舞者，都會因為心血來潮就拿起玻璃嚼食、吞嚥（所謂的食玻璃癖），這又是怎麼一回事？

這些人為什麼能完成看似超人的舉動？這些舉動有哪些主要的共通點？這些人是不是因為充滿了堅定信念，而讓身體變得不受環境威脅影響？控蛇人和赤腳過火人所抱持的堅定信念，是否也可能產生相反的作用，在當事人渾然不覺的情形下，讓事主受傷甚至死亡？

戰勝巫毒咒術

一九三八年，田納西州有一名六十歲男子身體突然持續衰弱，四個月過後，太太決定帶他到市郊一間只有十五張病床的醫院治療[20]。當時，這位凡斯·范德斯（化名）先生的體重已經掉了超過五十磅，隨時可能撒手人寰。他的醫生德雷頓·多哈提懷疑范德斯可能罹患了肺結核或癌症，但各種檢測和X光片的結果都顯示為陰性，即使多哈提醫師替范德斯進行了理學檢查，也沒發現任何可能的病因。由於范德斯拒絕進食，院方只好替他裝上餵食管，但當食物從管子進入食道，又會被病人一再嘔出。於是，范德斯的身體越來越衰弱，也認為自己離大去之期不遠，到最後，他幾乎連開口說話都沒辦法了。眼見范德斯即將氣絕，多哈提醫師卻還是不知道這個人罹患了什麼疾病。

傷心欲絕的范德斯太太，私下找了多哈提醫師談話，向他表示自己的丈夫被下了「巫毒咒」，說完之後，范德斯太太還要醫師保密。范德斯就住在巫毒文化盛行的區域，而消息指出，他曾經和當地的巫毒牧師起過爭執，因此，巫毒牧師某天晚上便和范德斯約在墓園見面，並在對方面前揮舞一瓶散發惡臭的液體，藉此對范德斯下咒，甚至放話表示范德斯的死期很快就會來臨，而且沒人能拯救他。就這樣，范德斯聽了牧師的話，便相信自己將不久於人世，也開始在腦子填滿各種灰暗無望的畫面。灰心喪志的范德斯回家之後，就再也不想進食，太太最後也只好將他送醫治療。

聽完了來龍去脈，多哈提醫師突然心生一計，決定採取非正統措施治療病患。到了早上，他把范德斯的家人都叫到病患床前，同時宣布他終於找到了能夠治療范德斯的方法。這下子，范德斯的家人無不凝神傾聽，但事實上，多哈提之後提供的說法都是編出來的。他說，他成功用計將那名巫毒牧師約在墓園碰面，而兩人前一天晚上碰面時，多哈提醫師也順利讓牧師承認自己對范德斯下了巫毒咒。醫師表示，他能完成任務相當不容易，因為牧師原先根本不想配合，直到自己掐住牧師的脖子，再將對方壓在樹上，才終於讓對方願意開口。

多哈提醫師說，牧師承認自己用蜥蜴蛋搓了范德斯的皮膚，讓蛋一路滲進胃裡，最後在體內孵化。大部分孵化的蜥蜴都死了，只有最大隻的活了下來，並且不斷啃食范德斯體內的組織。醫師表示，只要把那隻蜥蜴從范德斯體內抓出來，他的病就會好了。

於是，醫師要護士拿一支巨大針筒過來，裡頭裝滿多哈提醫師宣稱的強效藥劑，而護士也照做了，但是事實上，針筒裡裝的只不過是催吐藥物。多哈提醫師仔細檢查了針筒一番，確定器具運作順暢之後，便煞有其事地替惶恐的病患注射藥劑。注射完畢後，醫師就大動作離開病房，不再跟一臉震懾的家屬多說一句話。

沒過多久，病患開始嘔吐。護士給了范德斯一個臉盆，接著病患就發出嘔吐聲，對著臉盆吐了好一陣子。等到范德斯吐得差不多了，多哈提醫師就志得意滿地走進病房裡。他走到病床前時，立刻從黑色醫生包裡偷偷掏出一隻綠色蜥蜴，再把蜥蜴藏在手心裡，當病患又開始嘔吐時，多哈提醫師就趁機把手中的動物丟進臉盆裡。

「凡斯，你看！」醫師極盡誇張之能事大喊，「你把這東西吐出來，病就治好了！巫毒咒破解了！」

霎時間，病房群情沸騰，幾名家屬還跪在地上哭號。范德斯的臉瞬間從臉盆裡移開，一對迷茫的雙眼睜得老大，幾分鐘之後，他就陷入了超過十二個小時的昏睡。

范德斯醒來之後，就因為覺得飢餓無比而大吃特吃，連醫生都擔心他會吃到把肚子撐爆。過了一星期，范德斯的體重和精力全都恢復了，他就這樣健健康康地出院，至少又多活了十年。

一個人真的有可能因為覺得自己被下咒，就全身痙攣、一命嗚呼嗎？這位耳朵裡戴著聽診器、手裡拿著病歷板的現代巫醫，他言之鑿鑿的態度跟對范德斯下咒的巫毒牧師是不是毫無二致？每個人抱持的信念，是不是都能達到同樣的效果？如果一個人能在某種程度上決定自己的死期，那重症末期病患是不是能如法炮製，自行決定想要活多久呢？人能不能改變自己的狀態，從癌症、關節炎、心臟病或帕金森氏症患者快速變成健康寶寶，就像穿脫衣物一樣輕鬆簡單？在接下來幾章當中，我們會分析信念的力量究竟有多大，再探討各種實際應用情形。

第二章　安慰劑簡史

俗話說，非常時期就要使用非常手段。哈佛畢業的外科醫生亨利．畢奇（Henry Beecher）在第二次世界大戰擔任醫官時，曾經陷入嗎啡用完的窘境。由於當時戰爭已經進入尾聲，戰地醫院缺少嗎啡的情形也是家常便飯，但畢奇醫師正準備替一名重傷士兵動手術，他擔心士兵如果沒打止痛藥，可能會因為心因性休克發作而喪命。不過，接下來發生的事卻讓他大吃一驚。

其中一名護士在針筒裡裝滿了生理食鹽水，並用打嗎啡的方式替士兵注射了一劑食鹽水，整個過程一氣呵成。注射結束後，士兵立刻平靜了下來，明明針筒裡裝的只是生理食鹽水，他的反應卻跟打了嗎啡一樣。畢奇醫師接著開始動手術，首先用手術刀切開士兵的皮膚，再進行必要的修補工程，最後將傷口完整縫合，從頭到尾都沒打麻醉藥，而士兵除了稍微感到疼痛，最後並沒有休克。對此，畢奇醫師不禁疑惑，生理食鹽水為什麼可以取代嗎啡？

經過這次令人驚奇的成功手術，每次醫院只要嗎啡短缺，畢奇就會一再使用施打嗎啡的方式替病患注射生理食鹽水。這樣的戰地經驗，讓他深信安慰劑確實有其功效，因此當他戰後返回美國，就一頭栽入安慰劑現象的世界。

一九五五年，畢奇針對十五份《美國醫學協會雜誌》（*Journal of the American Medical*

Association）刊登的研究撰寫了一篇臨床評論報告，內容除了闡述安慰劑的重要功效，更呼籲醫界展開新的研究模式，將受試者隨機分配到藥劑組或安慰劑組，也就是現在所謂的隨機及控制試驗，讓強大的安慰劑效應不會影響試驗結果。畢奇的建議，可說是醫學史上重要的一章。❶

只靠意念、信念和期待就能改變外在現實的概念（不管當事人是否有自覺），絕對不是因為二戰時的戰地醫院經驗才冒出來的。醫療神蹟在聖經裡俯拾即是，即使到了現代，許多人也經常前往南法盧爾德鎮（一八五八年，當地有名十四歲的農村少女貝娜黛特宣稱自己看見了聖母瑪利亞顯靈）等地，親自見證能拋開拐杖、支架、輪椅，讓身體完全療癒的感受。葡萄牙的法蒂瑪鎮也曾出現類似的奇蹟事件（一九一七年，當地有三名牧童看見聖母瑪利亞顯靈），更在顯靈三十周年紀念日時雕出一尊能扛著走的瑪利亞像。這座雕像的外觀，是根據三名牧童中最年長、後來也成為修女的顯靈目擊者說詞而來，而雕像在環遊世界之前，還獲得了教宗庇護十二世的祝福。

信仰療癒不是基督教的專利。已故印度大師薩提亞．賽．巴巴（Sathya Sai Baba）是追隨者眼中的神祇化身，能夠在手掌中變出聖灰。據說，這種細緻的灰粉具有治療身心靈症狀的功效，既可以口服，也可以像藥膏一樣塗抹在皮膚上。另外，也有人表示西藏喇嘛擁有治癒神力，據說他們只要對病患吹氣，就能替對方治病了。

就連四世紀到九世紀期間的法國和英國國王，都曾經使用將手置於病患身體上的方式，替自己的臣民治病。英王查理二世便是其中的佼佼者，他的實際治療經驗達十萬次之多。

這些號稱奇蹟的事件，背後的推力到底是什麼？究竟是單純信仰神祇的力量在推動，還是相信聖人、聖物、聖地超凡力量的意念在支配？信仰和信念之所以能造成巨大影響，靠的是什麼機制？不管是要朗誦玫瑰經、將一撮聖灰塗在皮膚上，還是服用良醫開立的神奇新處方藥，當我們替這些儀式賦予了意涵，是不是就有可能影響安慰劑現象？病患的內在心智狀態有沒有可能被外在環境條件（特定的人、事、時、地）影響或改變，讓新的心智狀態進一步改變生理狀態？

從磁療到催眠

一七七〇年代，維也納醫師法蘭茲．安東．梅思默（Franz Anton Mesmer）曾經開發並實施了一套奇蹟療法，一時之間聲名大噪。梅思默醫師參考牛頓的行星重力吸引人體理論，進一步提出：人體內部存在一種隱形的流體，只要借助他所謂的「動物磁性」（animal magnetism）力量控制這種流體，就能達到治病的效果。

梅思默醫師治療時，會先要求病患凝視他的雙眼，接著拿磁鐵在病患的身體上來回掃動，藉此引導體內的磁性流體進入平衡狀態。後來，梅思默還發現自己不需要磁鐵，只要揮動雙手就能產生同樣效果。每次一進入治療階段，病患就會開始全身顫抖，接著不斷扭動、痙攣，而在梅思默看來，這些都是療效的證明，他也會繼續平衡病患的體液，直到對方的身軀平靜為止。光靠這套技術，梅思默就治好了各式各樣的病症，從嚴重的癱瘓、身體異常痙攣，到月經異常或出血等小症狀，族繁不及備載。

在某次知名經典治療案例中，梅思默改善了青年鋼琴家瑪麗亞—德瑞莎．馮．帕拉迪斯（Maria-Theresia von Paradis）的「歇斯底里視盲症」（hysterical blindness），這是帕拉迪斯約三歲起就罹患的身心症狀。為了進行治療，帕拉迪斯有幾個星期的時間都待在梅思默家中，最後，梅思默成功讓鋼琴家靠視覺感受動態，甚至能分辨顏色了。不過，帕拉迪斯的父母雖然眼見女兒病情有所進展，卻未因此喜出望外，因為一旦孩子的病治好，兩老就領不到皇室養老金。除此之外，雖然帕拉迪斯恢復了視力，卻因為終於能看見手指在鍵盤上的動作，導致琴藝節節倒退。這時，許多毫無根據的傳言開始四處流竄，直指梅思默和鋼琴家之間的關係超越了應有的份際，使得鋼琴家的雙親強逼女兒離開醫師家。帕拉迪斯停止治療後，視盲症便復發，而梅思默的名聲也急轉直下。

至於法國貴族亞蒙—馬里—賈克．德．查斯德內（Armand-Marie-Jacques de Chastenet），或稱普賽古爾侯爵，他不但持續觀察梅思默的治療技術，還讓技術更上一層樓。普賽古爾會誘導受試者進入深度思維狀態，他稱之為「磁導夢遊」（magnetic somnambulism）的類夢遊狀態。在此狀態下，受試者能夠潛入深層思維乃至於深層直覺，碰觸其中關於自己和他人健康的部分，同時也變得更容易接受暗示、聽從指令，只是清醒之後一概不會記得先前的經歷。在梅思默看來，操控力量是治療師施加給受試者的，但普賽古爾卻認為，所有力量都源於受試者的意念，再經由治療師引導對受試者的身體產生影響。在所有針對身心連動機制的治療研究中，這兩人的研究可說是先驅。

一八〇〇年代，蘇格蘭外科醫師詹姆士・布雷德（James Braid）進一步鑽研梅思默的暗示技術，提出了他所謂的「神經性睡眠」（neurypnotism）概念，也就是我們現在熟悉的催眠。某天，布雷德和病患約診時遲到，當他一踏入診間，卻發現病患正入迷地靜靜凝視著油燈裡的火焰，布雷德因此對暗示現象大感興趣。他發現，只要病患的注意力高度集中，讓大腦某些區域感到「疲倦」，整個人就會進入易受暗示的狀態。

進行多次實驗後，布雷德掌握了如何讓受試者凝視物體，同時將心思集中在單一想法上的技術。當他一實施這項技術，受試者就會進入一種出神狀態，對布雷德而言，這個狀態正適合替患者治療慢性類風濕性關節炎、感官失調、脊椎損傷或中風併發症等疾病。布雷德在個人著作《神經性睡眠論》（*Neurypnology*）中，詳述了自己治療成功的病患案例，包括一名三十三歲、雙腿癱瘓的女士，以及一名五十四歲、罹患皮膚病和嚴重頭痛的女士。

德高望重的法國神經科醫師尚－馬丁・夏科（Jean-Martin Charcot），後來也對布雷德的著作點評了一番，他認為一個人要能進入出神狀態，只有在罹患歇斯底里的情況下才辦得到。在夏科看來，歇斯底里不但是一種遺傳性神經症狀，而且完全無法治療，他自己之所以催眠病患，純粹是為了進行症狀研究，而不是為了治療病人。最後，夏科的競爭對手、南錫大學的希波利特・伯恩海姆（Hippolyte Bernheim）醫師，堅持被暗示性才是催眠技術的核心，而且跟歇斯底里症狀沒有絕對關係，而是會出現在所有人身上的本質現象。伯恩海姆在實驗中會努力告訴受試者，當他們從出神狀態回神之後，身體會感覺更舒暢，症狀也會全部消失。對他而言，暗示手段就是一種治療工具，而他也持續進行暗示治療研究，直到一九〇〇年代初期。

對於被暗示性現象，這些研究先驅著重的概念和技術雖然稍有差異，卻讓幾百名病患改變了對自身病症及具體症狀的看法，最後幫助他們治好了各種身心疾病。

一戰和二戰期間，面對罹患時稱「彈震症」（shell shock）、現稱「創傷後壓力症候群」（PTSD）的士兵，軍醫經常使用催眠暗示的手法協助這些人恢復正常，譬如陸軍精神科醫師班傑明・賽門（Benjamin Simon）便是其中最知名的一位。經過殘酷戰場洗禮的退役士兵，往往會靠麻痺自己的感受以求自保，或者對經歷過的駭人事件逐漸失憶，至於更慘的狀況，則是過去的畫面不斷在腦中湧現。但無論上述任何一種情形，都會導致因壓力引起的生理症狀。賽門醫師和同事發現，想協助這些退役軍人面對、處理創傷，讓創傷記憶不會一再以心理焦慮和生理症狀（譬如噁心反胃、高血壓及其他心血管病症，甚至是免疫功能被抑制）等形式表現，使用催眠治療可說是效果奇佳。於是，這些軍醫就跟前一個世紀的治療者一樣，透過催眠治療改變病患的思維模式，幫助對方恢復身心健康。

由於這些催眠技術成效卓著，使得平民醫師也跟進使用暗示治療法，不過，很多醫師的做法並不是讓病患進入出神狀態，而是每隔一段時間提供病患糖片和各種安慰劑，同時告訴對方這些「藥物」有助於改善病情。經過這樣的治療，很多病患的病情確實改善了，他們接收醫師暗示的方式，跟當年的負傷士兵以為畢奇醫師替他們注射了嗎啡完全一樣。的確，畢奇醫師的想法席捲了當代思潮，尤其在一九五五年他發表了那篇劃時代評論，呼籲研究者加入隨機分配的安慰劑控制組進行藥物試驗之後，越來越多研究者開始正視安慰劑效應。

畢奇的提議廣泛受到接納。起初，研究人員還預期控制組（服用安慰劑的組別）不會呈現明顯反應，控制組和藥物組的測試結果將出現落差，藉此證明藥物的確有療效。但有太多研究結果都顯示，控制組的病情確實改善了，而且並不只是因為受試者自行痊癒，而是因為受試者相信自己使用的是有效藥物或治療，並認定病情必然會改善。雖然安慰劑本身不具療效，但安慰劑效應卻恰好相反，這就表示，受試者的信念力量真的非常強大！所以，如果想讓研究結果具備真實意義，就必須設法排除這個效應。

有了這樣的大方向，研究人員就循著畢奇的提議，逐漸將隨機分配、雙盲實驗列入標準試驗程序，再把受試者隨機分配至真藥組或安慰劑組，同時確定沒有任何受試者或研究人員知道哪些人服用真藥、哪些人服用安慰劑。如此一來，每一組呈現的安慰劑效應就能平均一致，而面對位於不同組別的受試者，研究人員也沒有機會進行差別處置（如今，有時候甚至還會進行「三盲」測試，也就是不僅受試者、研究人員在瞎子摸象，連處理資料的統計分析人員對組別分配方式也毫無頭緒，直到研究結束、分析工作完成後，真相才會揭曉）。

認識反安慰劑效應

當然，所有事物總是有好壞兩面。雖然被暗示性因為能帶來療效而備受關注，但要是應用方式改變，當事人也有可能遭到反噬。毒咒或巫毒咒這類傳統，就是利用被暗示性傷人的實例。

一九四〇年代，哈佛生理學家瓦特・布萊福德・坎農（Walter Bradford Cannon）深入研究了反安慰劑效應如何表現（就是他在一九三二年，提出了「戰或逃」這個著名的心理學用詞），他更將這種效應稱之為「巫毒咒死」（voodoo death）❷。坎農仔細閱讀了一批個案報告，內容記載許多對巫醫或巫毒牧師等民俗信仰深信不疑的人，最後卻因為被毒咒或詛咒纏身，而在沒有明顯外傷、中毒或感染的情形下突然生病或死亡。坎農所進行的研究，後來也發展成了我們熟知的「生理反應影響情緒，情緒反應（尤其是恐懼）導致疾病」等概念。坎農認為，受害者對咒殺效力的迷信，其實只構成了一部分的致命心理負擔。另一部分的原因，在於當事人遭受社會甚至家人排擠、邊緣化，使得自己沒多久便成了活死人。

事實上，會引發有害效應的無害事物並不限於巫毒。一九六〇年代，科學家發明了nocebo這個詞（這個字在拉丁文裡的意思是「我會造成傷害」，跟安慰劑效應的英文placebo這個詞，也就是「我會帶來愉悅」的意思正好相反），用來指稱會引發有害效應的無作用物質，而無作用物質之所以能傷人，單純是因為當事人如此相信而已❸。在藥劑實驗中，只要服用安慰劑的受試者認為待測藥物會出現副作用，或經研究人員提醒要小心副作用，就經常會發生反安慰劑效應。這時，受試者即使完全沒服用待測藥物，也會因為內心掛記藥物各種可能的副作用，使身體經歷同樣的副作用效應。

基於研究倫理的限制，專門探討反安慰劑效應的研究並不多，不過仍有少數幾份可供參考。其中一份經典研究，是日本研究人員在一九六二年針對一群孩童做的❹。這群孩童受試者全都對毒藤蔓嚴重過敏，而研究人員則拿毒藤蔓葉搓揉每名受試者的前臂，同時告訴對方該葉片完全無毒。另一方面，研究人員則拿無毒葉片搓揉每名受試者的另一隻前臂，再告訴對方該葉片是毒藤蔓葉，以此做為實驗控制組。實驗最後，每個被假毒藤蔓葉搓過的人都起了疹子，而碰觸毒藤葉的十三名受試者中，則有十一人完全沒起疹。

這項發現簡直驚為天人。為什麼對毒藤蔓嚴重過敏的孩童碰到藤蔓葉卻不會起疹？為什麼他們接觸無毒葉片之後卻起疹了？因為當他們想到葉片其實完全無害，這樣的想法就蓋過了原先自己對毒藤蔓過敏的記憶和認知，使得原本會刺激皮膚的葉片也變得無毒了。反過來說，無毒葉片也會因為念頭而變得有毒，如第二部分實驗所示。無論是哪一組實驗，孩童的身體都在一瞬間因為新的思維而產生變化了。

就這個例子而言，我們可以這麼看：孩童從前即使有過敏經驗，卻擺脫了思考桎梏，不再認定自己的身體會對毒葉產生反應。就結果而言，孩童們跳脫了事物發展的常態，這也表示他們已經能扳倒環境因子（毒藤蔓葉）對自己的影響，而且到最後還能靠一念之轉來改變、控制自己的生理反應。這項驚人的結果，證實了意念（以期待的形式）對身體造成的影響比「實體」

外在環境還要大，更帶出了「心理神經免疫學」這門新的科學研究領域，探討思維和情緒如何影響在身心連結中扮演重要角色的免疫系統。

另一份一九六〇年代的經典反安慰劑效應研究，則針對氣喘患者進行試驗❺。研究人員發給四十名氣喘患者只裝了水蒸氣的吸入器，並告知受試者吸入器裡裝了過敏原或刺激物，最後，總共有十九名受試者（佔百分之四十八）出現呼吸道變窄等氣喘症狀，另外有十二人（佔百分之三十）嚴重氣喘發作。接著，研究人員再發給受試者據稱裝有藥劑的吸入器，有助於紓緩先前出現的氣喘症狀，而患者們的呼吸道確實因此而舒張了，但實際上，吸入器內依舊只裝了水蒸氣。

兩輪實驗中，氣喘症狀之所以一下出現、一下消失，都是因為病患接受了暗示，聽了研究人員的話便信以為真，最後讓自己的期待化為現實。當他們以為自己吸進了有害物質，身體就會出現不適；當他們以為自己吸了藥劑，身體就會跟著好轉。換句話說，意念的力量壓過了環境因素、更甚於現實影響。我們可以說，這些病患的思維創造出了「全新」的現實。

既然如此，我們的個人信念、日常思維又能夠造成哪些影響？冬天的時候，我們會不會因為不斷接觸到談流感的文章、提供流感疫苗注射的告示，進而想到如果不打針就會生病，結果讓自己更容易染上流感？當我們看見某人身上出現類流感症狀，我們會不會因為轉念而生病，就像毒藤蔓研究的孩童因為無毒葉而起疹，或像氣喘患者只吸了水蒸氣，支氣管就因此擴張？

隨著年紀增長，我們的身體之所以會出現關節炎、關節僵硬、記憶力退化、精力衰減、性慾消退等症狀，會不會只是因為廣告、電視節目、媒體報導不斷灌輸我們這樣的概念？我們究竟還在腦中種下了哪些自證預言，自己卻渾然不覺？有哪些號稱「避不掉的事實」是我們靠著萌生新思維和抱持新信念，就能完全翻轉的？

首批重大突破

一九七〇年代末期，某份研究得出了突破性的成果，首度證明安慰劑能刺激大腦釋放腦內啡（體內分泌的天然止痛劑），效力和某些藥物治療毫無二致。畢業於加州大學舊金山分校的醫學博士強・勒文（Jon Levine），在這份研究中向四十名剛拔完智齒的病患發放安慰劑，其中不包含任何止痛藥❻。毫不意外，多數人因為相信自己拿到了止痛藥，疼痛因而舒緩了。不過，研究人員接著又對病患施用嗎啡解毒劑，能透過化學反應阻斷位於腦內的嗎啡及腦內啡（內源性嗎啡）受體部位。解毒劑施用後，病患居然又開始疼痛了！由此可見，服用安慰劑能促使病患自行製造腦內啡，藉由這款天然止痛劑止痛。顯然，受試者所感受到的舒適，並不只是內心製造的幻覺，身體同樣舒適——整體而言，他們的生存狀態都是舒適的。這項研究結果一出爐，便成了安慰劑研究的重要里程碑。

如果人體像是藥廠一樣，能自行生產身體所需的止痛藥，這麼一來，當一個人亟需其他無數種天然化學物質和具療效化合物，是否也能直接提取既有庫存、滿足需求呢？這些藥的效果不但能和醫師開立的藥方並駕齊驅，甚至還可能更加強大。

七〇年代時，羅徹斯特大學的心理家羅伯特．阿德爾（Robert Ader）博士做了另一份研究，挖掘出安慰劑令人驚奇的另一面，也就是制約反應。「制約反應」是由俄國心理家伊凡．帕夫洛夫（Ivan Pavlov）發揚光大的概念，是指會將兩件事物連結在一起的思維，好比帕夫洛夫的狗會在每日餵食時間聽見主人搖鈴，習慣之後，狗就會將鈴聲和食物直接連結在一起，直到被鈴聲制約為止。之後，帕夫洛夫的狗只要一聽到鈴聲就會自動流口水，滿心期待大餐上門。狗兒們的身體經過這類制約反應訓練，就會對新出現的環境刺激物（鈴聲）產生生理反應，即使原本引發生理反應的刺激物（食物）不存在也無所謂。

因此，我們可以說當制約反應發生時，體內潛藏的下意識程式應該就會取代意識的地位，進而掌控大局。這時，由於意識不再完全掌控身體，身體就會被制約，真正和心智融為一體。

在實驗中，帕夫洛夫先讓狗反覆接觸食物的氣味、樣貌和味道，接著再對狗搖鈴。一段時間後，只要單靠鈴聲就能讓狗體內的生理和化學狀態改變，狗本身完全不必動用意識思考，而牠們體內的自律神經系統——也就是不受意識控制的下意識系統——就會接管身體掌控權。總之，制約反應會讓過去的記憶和對體內反應的期待產生連結（也就是所謂的「聯想記憶」），當事人的身體不斷經歷下意識的變化，直到原先期待的結果成真。制約反應越強，意識對體內機制的掌控就越鬆，而下意識程式運作也會越來越自動化。

阿德爾想知道這類制約反應能持續多久，於是便拿糖精甜水餵食實驗室大鼠，同時在甜水中添加會引發胃痛的環磷醯胺藥劑，在成功讓大鼠連結甜味和胃痛、進入制約狀態之後，阿德爾預估大鼠很快就不會想再喝加藥的水。這項實驗的目的，在於觀察大鼠會抗拒甜水長達多少時間，如此一來，阿德爾就能測量糖水制約反應能持續多久。

不過，阿德爾原先不知道環磷醯胺會抑制免疫系統，當他發現大鼠紛紛因為細菌和病毒感染突然死亡，還嚇了一大跳。於是，阿德爾調整了研究方案，改用不含環磷醯胺的甜水，而且使用滴管強迫餵食大鼠。實驗組大鼠雖然不再接觸免疫系統抑制劑，卻仍然持續死於感染，只有從頭到尾食用純糖水的控制組大鼠存活。這次，阿德爾發現當大鼠將甜水中的甜味和免疫系統抑制劑做連結，並進入制約狀態時，光是喝純甜水就能引發和藥劑相同的生理反應，也就是引導神經系統壓抑免疫系統❼。

這些大鼠跟第一章中的山姆．隆德一樣，全都因念頭而死。研究人員也開始發現，心智確實會透過不同方式，引發身體下意識的反應，其效力之強大，更讓人始料未及。

當西方遇上東方

同一時間，由印度大師瑪哈瑞詩．瑪赫希．尤基（Maharishi Mahesh Yogi）傳授的超覺靜坐技術開始傳入美國，在名人紛紛加入練功行列之後（由一九六〇年代的披頭四打頭陣），超覺靜坐逐漸蔚為風潮。這項技術的重點在於讓內心平靜，實施者每天必須靜坐並反覆念咒兩次，每次各二十分鐘，以達啟發性靈的目的。後來，哈佛大學心臟科醫師赫伯特・班森也注意到了超覺靜坐，想知道這項技術能不能幫助人減輕壓力，進而減少導致心臟病的危險因子。為了讓操作過程更清晰透明，班森開發了一套類似的技術，並以「放鬆反應」（relaxation response）命名，操作方式詳述於他一九七五年出版的同名著作裡[8]。班森發現，人只要一改變思維模式，就能完全抑制壓力反應，進而降低血壓、緩和心率，並進入深層放鬆狀態。

除了強調保持中立態度的靜坐法，也有人發現培養正向積極的態度和情緒會帶來正面效應。一九五二年，曾任傳道人的諾曼・文生・皮爾（Norman Vincent Peale）出版了個人著作《積極思考的力量》（*The Power of Positive Thinking*），強調思維會對人生造成或好或壞的實際影響，也使得這個概念廣為流傳[9]。一九七六年，《新英格蘭醫學期刊》（*New England Journal of Medicine*）刊出了政治分析家兼雜誌編輯諾曼・卡森斯談自己如何靠大笑治癒致命疾病的文章，更讓醫界開始留意思維對人體的影響力[10]。幾年之後，卡森斯又在個人暢銷著作《疾病剖析》（*Anatomy of an Illness*）中敘述了同一段經歷[11]。

起初，卡森斯確診罹患僵直性脊椎炎，這是一種退化性關節炎，會導致膠原蛋白這種能支撐人體細胞結構的纖維性蛋白質流失。醫師還表示，卡森斯能康復的機率只有五百分之一。罹病後的卡森斯總是疼痛不堪，光是要挪動四肢就困難重重，連在床上翻身都幾乎辦不到。此外，他的皮膚底下也冒出了顆粒狀結節，在狀況最糟的時候，他的下顎甚至會完全鎖死。

卡森斯認為，自己的疾病肯定是受到長期的負面情緒影響，因此他決定努力培養正面情緒，以便抵銷各種負面影響。在和醫師來回討論之後，卡森斯開始服用大量維生素C，同時看遍喜劇電影和娛樂節目。實施這套療法後，他發現只要暢快大笑十分鐘，就能換來兩小時無痛睡眠，過了一段時間，他的身體就完全康復了。卡森斯的病之所以能治好，完全是大笑的功勞。

大笑為什麼能治病？雖然當時的科學家仍然不明就裡，也找不到能解釋奇蹟康復案例的說法，不過後來的研究紛紛顯示，這應該是因為表觀遺傳機制產生作用了。當卡森斯改變了心態，體內的化學成分也隨之改變，使得他的內在狀態和先前大不相同。這時，卡森斯就有機會讓體內基因呈現新的表現型態，而他所做的事，不過就是調降致病基因的表現量（關閉基因），並調增有助康復基因的表現量（打開基因）。

多年後，日本筑波大學的林啟子博士做了一項研究，同樣發現大笑具有療效⓬。研究中，罹患糖尿病的受試者在觀看一小時娛樂節目之後，總共調增了三十九種基因的表現量，其中十四種涉及天然殺手細胞的活性。雖然這些基因並未直接影響血糖調節，但病患的血糖確實因此獲得控制了，而且效果比花一天上一堂糖尿病衛教課程還好。研究人員猜測，這可能是因為大笑會影響許多和免疫反應相關的基因，才有辦法改善血糖控制情形。病患大腦觸發的愉悅情緒改變了體內基因表現，進而啟動天然殺手細胞、某種程度上改善血糖反應，甚至還會帶來一系列其他正面效應。

一九七九年，卡森斯在討論安慰劑效應時表示：「安慰劑之所以有效，不是因為糖片有神力加持，而是因為最好的藥劑師就是自己的身體，會自行開立最有效的處方。」[13]

卡森斯的經歷讓耶魯大學的外科醫師伯尼・西格爾（Bernie Siegel）大受啟發，而身處替代醫學和身心靈醫學大行其道的時代，更讓西格爾有意研究為何有些患者容易存活、有些患者則否。在研究當中，西格爾將癌後存活的患者視為鬥志高昂的戰士，最後做出「天下沒有治不好的病，只有治不好的病患」的結論。另外，他還針對希望和無條件的愛兩大主題撰寫文章，討論希望所具備的強大療效，以及無條件的愛如何有效刺激免疫系統，產生各種天然萬靈藥[14]。

安慰劑大勝抗憂鬱劑

一九八〇年代末期至一九九〇年代初期，新型抗憂鬱劑問世了，但這些藥物的廣泛使用卻引發了爭議，導致人們紛紛（雖然不是立刻）將目光轉向安慰劑的效力。一九九八年，康乃迪克大學的心理學家厄文・基爾希（Irving Kirsch）博士在撰寫一篇統合分析論文時，意外發現在患者總數超過兩千三百名的十九份隨機分配、雙盲臨床試驗中，讓多數人病情改善的不是抗憂鬱藥物，而是安慰劑[15]。

之後，基爾希利用美國《資訊自由法》的規定，成功取得藥廠未公開發布、但必須呈交食品與藥物管理局的試驗資料。基爾希和同事選擇這批資料中的三十五次臨床試驗，撰寫了第二份統合分析，這些試驗主要針對於一九八七到一九九九年之間核准、且廣為醫生使用的六款抗憂鬱劑其中四款[16]，共包含超過五千名病患，研究人員在看過所有資料之後，發現在百分之八十一的案例中，安慰劑的效力完全不輸百憂解、速悅、神閒寧、百可舒等知名抗憂鬱劑。至於在藥物勝過安慰劑的其餘案例中，卻因為正面效果太薄弱而不具統計顯著性。整體而言，只有在治療重鬱症患者時，處方藥的效力才會大於安慰劑。

基爾希的研究一發表，果然引發不少爭議，不過還是有許多研究人員認為不如乾脆也捨棄安慰劑。大眾爭論的焦點多半圍繞著抗憂鬱劑效力不如安慰劑打轉，但事實上，試驗病患確實因為服用抗憂鬱劑而改善病情了。這些藥本身是有效的，只是問題在於安慰劑也對患者產生了療效。對某些抱持樂觀態度的研究人員來說，基爾希的研究結果並不代表抗憂鬱劑無效，而是肯定了安慰劑的療效。

整體來說，試驗結果確實證明了一件驚人的事實：只要相信自己能戰勝憂鬱症，就能像服藥一樣讓病情好轉。靠安慰劑讓病情好轉的受試者，都是受惠於「自體產生抗憂鬱劑」的機制，如同勒文在一九七〇年代所做的研究，發現病患拔完智齒後可以在體內自行製造止痛劑一樣。基爾希的研究再度證實了人體具備先天智慧，能自行產生各種具備療效的化學物質。更有意思的是，在試驗中靠安慰劑減輕症狀的患者，病情竟然也隨著時間好轉了，彷彿服用了真實藥劑一樣。某些研究人員認為，這是因為大眾對抗憂鬱劑抱持更高的期待，反而增強了盲測安慰劑的效力⓱。

安慰劑的神經生物學特性

隨著時代演變，神經科學家紛紛開始利用成熟的腦斷層造影技術，以便仔細觀察受試者服用安慰劑時體內出現的神經化學反應。其中一個應用實例，就是第一章中提到的帕金森氏症患者研究，這份二〇〇一年的研究發現，患者在接受生理食鹽水注射、卻以為內容物是藥劑之後，身體的運動功能就恢復了⓲。幾年後，身為安慰劑研究先驅的義大利醫師法布里奇歐．貝內戴堤博士又做了一份類似的帕金森氏症研究，在科技的協助下，讓世人頭一次看見個別神經元上呈現的安慰劑效應⓳。

貝內戴堤的研究除了探討期待心理的神經生物效應，更探討古典制約反應的神經生物機制，也就是阿德爾當年在反胃大鼠身上發現的制約反應。在某一項實驗當中，貝內戴堤讓受試者服用舒馬曲坦（sumatriptan）藥物，以便刺激生長激素分泌、抑制皮質醇分泌量。接著，貝內戴堤在病患不知情的狀況下，暗自將藥物換成了安慰劑。最後，病患的腦部斷層造影顯示，服用安慰劑的效果跟服用舒馬曲坦一樣，都會讓特定的腦區持續發亮，藉此證明即使將藥物換成安慰劑，大腦依然會自行製造同樣的化學物質，如該研究中的生長激素⓴。

在對病患施用藥物──安慰劑組合時，也出現了類似的結果：病患腦內自行生成的化學物質，和一開始透過治療免疫系統異常、運動能力異常、憂鬱症等藥物所獲得的成分相當接近[21]。事實上，根據貝內戴堤的研究結果，安慰劑導致的副作用甚至還跟藥物一模一樣。舉例來說，貝內戴堤的某份研究對受試者施用了麻醉劑和安慰劑，受試者接觸安慰劑時產生的呼吸淺慢副作用，和接觸麻醉劑時毫無二致，這是因為安慰劑效應幾乎完全模擬了藥物生理反應[22]。

其實，人體的確能夠自行合成各種具備療效的生化分子，這不但能幫助我們消除疼痛、順利熟睡、增強免疫系統、產生愉悅感，甚至能讓我們鼓起勇氣投入愛情。請試著設想以下情境：某個特定基因已經在體內表現，促使身體在某些時刻合成特定化學物質，但後來卻迫於某些壓力或疾病不得不關閉，導致身體停止合成前述化學物質。這時，我們說不定能夠主動將基因重新打開，畢竟身體具備過往的經驗，已經熟悉基因開關程序了（在後續章節中，我會舉出證實此法可行的研究報告）。

現在，讓我們來看看背後的運作機制。神經科學研究顯示，這套機制其實相當不可思議：一個人只要不斷接受同樣的物質，大腦就會持續啟動相同的迴路，將該物質的效果存入記憶當中。當一個人將藥錠或注射劑連結到過去熟悉的體內變化，很容易就會被藥劑效果制約。基於這樣的制約反應，當事人只要一服用安慰劑，大腦就會啟動和服用藥劑時相同的迴路。接著，聯想記憶會觸動下意識程式，替藥錠或注射劑和體內激素建立連結，再自動指揮身體合成如同藥劑的化學物質。你說這神不神奇？

貝內戴堤的研究還點出了另一件事實：不同的安慰劑療法適用不同的治療目標。以舒馬曲坦研究為例，實驗開頭雖然給出了「安慰劑有療效」的言語暗示，但仍然無法協助受試者分泌生長激素。如果想藉由聯想記憶讓安慰劑觸發潛意識的生理反應（譬如增加激素分泌量或改變免疫系統運作模式），就必須靠制約反應達到目的；如果想利用安慰劑改變意識反應（譬如減緩疼痛或減輕憂鬱），只要操作簡單的暗示或期待心理就夠了。貝內戴堤強調，安慰劑效應絕對不只一種，變化相當多元。

超脫物質、操控心智

二〇一〇年，任職哈佛大學的泰德．卡布楚克（Ted Kaptchuk）率領團隊進行了一項安慰劑前導研究，最後得出了令人驚訝的新結果：就算受試者知道自己服用的是安慰劑，體內也會產生安慰劑效應㉓。在研究中，卡布楚克和同事讓四十名腸躁症病患服用安慰劑，每名病患都會領到一個標註「安慰劑藥錠」的瓶子，而研究人員則表示瓶子裡裝的是「僅含無作用物質的安慰劑藥錠，譬如糖片」，並進一步告訴這些病患：「臨床研究顯示，這些安慰劑藥錠能啟動身心自體療癒機制，幫助改善腸躁症症狀。」研究人員另外找了四十名腸躁症病患作為控制組，不給這組病患任何藥錠。

三週過後，安慰劑組病患的症狀明顯改善，是控制組的兩倍之多，在卡布楚克看來，這樣的療效和目前最強的腸躁症藥物相去不遠。這些病患不但沒被刻意誘導到自體療癒的道路上，反而從頭到尾都清楚自己服用的不是真正的藥物，不過，在接收了安慰劑具備療效的暗示之後，他們開始相信療效是獨立事件，進而觸發體內的療癒機制，讓自體療癒成真。

至於另外一條研究路線，則是試圖探究心態、知覺、信念會造成的身體效應，替當今的身心連結研究開了先河。根據這類研究的結果，即使是看起來具體的現象，譬如運動伴隨的正面生理回饋，也可能會被信念左右。二〇〇七年，哈佛大學心理學家艾利亞·克拉姆（Alia Crum）博士、愛倫·蘭傑（Ellen Langer）博士針對八十四名飯店女清潔工所作的研究，恰恰反映了信念影響具體生理狀態的事實㉔。

研究一開始，全部的女性清潔工都不知道，自己平日的工作量已經超出了公共衛生署建議的有益運動量，也就是每日運動三十分鐘；有百分之六十七的清潔工受試者表示自己不常運動，而百分之三十七的人則表示自己完全不做運動。施測前調查結束後，克拉姆和蘭傑就將清潔工分成兩組，同時和第一組解釋她們平日的工作會消耗多少熱量，而且這樣的運動量已經超出官方建議量了。反之，第二組清潔工則完全沒被告知上述資訊，而且她們工作的飯店和第一組不同，即使和另一組人馬交談也無法獲得有益資訊。

一個月後，研究人員發現第一組受試者的體重平均少了兩磅，體脂肪也下降了，平均血壓收縮壓更下降了十個單位，不過，這組人從來沒有利用下班時間多做運動，也沒有改變飲食習慣。至於職務和第一組人相同的第二組受試者，生理狀態則幾乎沒有變化。

這樣的研究結果，和先前魁北克做過的另一份研究十分類似[25]。魁北克的研究挑選了四十八名青年受試者，要求他們參加為期十週的有氧運動課程，即每週三次、每次九十分鐘的有氧運動課。研究人員將全體受試者分為兩組，課程教練接著向第一組實驗組受試者表示，這項研究的目的在於幫助受試者提升心肺功能與心理健康；作為控制組的第二組受試者，所接收的資訊僅限於有氧運動對生理狀態的益處。十週課程過後，研究人員發現兩組受試者的心肺功能都提升了，但只有實驗組的自信（心理健康指標之一）增強了。

綜觀以上研究，可以發現意識本身就能對身體和健康造成實質影響。不管是我們學習到的事物、用來表述人生經驗的語言系統，還是我們替各種說法添加的意義，都會左右我們的意念。我們只要在每次行動時更努力集中意念，就能獲得更可觀的成果。

總之，越能掌握事物的內涵和緣由，背後的運作機制就會越清晰明瞭，效果也會越好。同樣的，本書也期待讀者能看清自己採取了什麼行動、為何採取行動，好讓行動成果更豐碩。

此外，人也很容易替各種細微的因素加上個人想法，像是在辛辛那提大學所做的一份早期經典研究當中，藥劑的顏色和劑量都會影響受試者的反應。該研究發給五十七名醫學生一到兩顆粉紅色或藍色膠囊，內部一律裝填無作用物質，不過研究人員仍告訴某些學生粉紅膠囊裝了興奮劑，而藍色膠囊內含鎮靜劑[26]。研究人員最後指出：「同時服用兩種膠囊的效果比只服用一種明顯，而藍膠囊引發的鎮靜效果也比粉紅膠囊強。」受試者的確普遍認為藍膠囊的鎮靜效果較強，是粉紅膠囊的兩點五倍，但事實上，兩種膠囊裝的都是安慰劑。

近期研究結果則顯示，信念和認知也會影響一個人在標準化心智能力測驗中的表現。在一份二〇〇六年由加拿大所做的研究中，兩百二十名女學生被要求閱讀假研究報告，報告的共通結論是男性在數學方面的表現高出女性百分之五[27]。受試者被分為兩組，一組學生獲得一項近期研究結論，顯示男性的數學優勢與基因有關，而另一組學生手上的資訊，則是男性的數學優勢與小學老師對兩性的刻板印象有關。受試者讀完報告後，研究人員便要求受試者進行數學測驗，結果發現，當女性受試者認為男性先天即具備基因優勢，測驗成績就會比認為男性數學優勢源於刻板印象教學的受試者來得差。換句話說，當女性受試者先入為主認為自身劣勢不可能扭轉，最終表現結果就真的會像是具備先天劣勢一樣。

類似的情形也出現在非裔美籍學生身上。不管是相當於美國大學入學考試的學術能力測驗（SAT）或一般的字彙、閱讀、數學測驗，這些黑人學生的表現一向遜於白人，即使社經地位因素不構成影響時依舊如此。事實上，黑人學生在多數標準化測驗上的平均表現，比百分之七十到八十的同齡白人學生還低[28]，而史丹佛大學社會心理學家克勞德．史提爾（Claude Steele）博士則認為，造成上述差異的元凶是所謂的「刻板印象威脅」（stereotype threat）。史提爾的研究結果顯示，因為刻板印象被長期矮化的學生，一旦擔心自己的分數會受到刻板印象影響，最後的表現就會比完全不必擔憂刻板印象時來得差[29]。

這份劃時代的研究，是史提爾和約書亞．阿隆森（Joshua Aronson）博士一同完成的，受試者是一群史丹佛大學二年級生，在研究人員指示下進行一系列詞彙推理測驗。在測驗開始前，有些學生會被告知測驗的目的是要測試受試者的認知能力，這項訊息會觸發受試者內心「黑人測驗成績通常比白人低」的刻板印象；對於其他學生，研究人員則表示測驗只是進行研究用的工具，完全無關緊要。在刻板印象被觸發的組別中，黑人學生的整體表現遜於與他們學術能力測驗成績接近的白人學生，而在未觸發刻板印象的組別中，黑人學生的表現就和與他們學術能力測驗成績相仿的白人學生一樣，顯然，觸發刻板印象會讓測驗結果完全改觀。

所謂的「觸發」（priming），基本上指的是外在環境中（譬如參加測驗）的人、事、地等因素激發了各種根深柢固的聯想（像是閱卷人會認為黑人學生的測驗成績遜於白人學生），導致個人下意識表現出特定行為模式（譬如分數低於他人）。這個過程之所以稱為「觸發」，是因為機制跟觸發水泵給水（priming a pump）一樣，水泵系統裡必須要先有水才能供應水。在史提爾的研究當中，旁人心中「黑人學生的成績會遜於白人」的念頭就好比泵中既有的水，從一開始就存在了。一旦有人動手觸發水泵系統（譬如扳動把手或進行測驗），就會掀起各種相關念頭、行為或情緒，接著讓系統湧出預期的結果，也就是更多的水或較低的成績。

仔細想想，大多數被觸發的自發行為都是透過潛意識或下意識程式而產生，多半是在我們不知不覺的情況下進行。我們的潛意識行為會不會一天到晚被觸發，只是我們自己渾然不覺？

在另一個刻板印象實驗中，史提爾再現了相同的效果。研究人員讓一群白人男性與擅長數學的亞洲男性一同接受數學測驗，再告訴實驗組白人：亞洲人比白人稍微擅長數學測驗。最後，實驗組白人的成績輸給了不知道這項訊息的控制組白人。至於史堤爾針對擅長數學的女學生所做的實驗，結果也和前一項實驗類似。我們可以再次發現，當學生潛意識認定自己的成績會不如人，這樣的預期最後就會成真。

其實，史堤爾的研究還具備了另一層重大意義：我們被制約後形成的自我認知，以及內心認定別人對我們的看法，都會影響我們的行為表現，包括日後的成就。安慰劑的運作模式也一樣：我們在服藥後，不管是我們因為被制約而對藥效產生期待，或是相信身邊人（包括醫師）預期的情境肯定會發生，這些因素都會左右身體對藥劑的反應。許多藥劑或手術的療效之所以相對突出，會不會是因為我們早已不斷被觸發、教導、制約，習慣相信這些療法會有效果？要是拿掉安慰劑效應，這些療法的效果會不會因此減弱，甚至完全無效了呢？

當自己的安慰劑

近期由托雷多大學所做的兩份研究，應該是最能讓人看出思維如何影響認知與經驗的了[30]。這兩份研究各自召集了一群健康的受試者，再根據受試者在診斷問卷中的回答，將所有人分為樂觀組與悲觀組。第一份研究讓受試者服用安慰劑，再謊稱他們服用的是會引發不適的藥劑，最後，悲觀組對藥劑產生的負面反應比樂觀組還強。第二份研究同樣讓受試者服用安慰劑，但卻告知所有人藥劑有助眠效果，到最後，樂觀組的睡眠狀況遠勝悲觀組。

對於有關正向效應的暗示，樂觀人士容易產生正面反應，因為他們內心期待的最佳情境被觸發了。反之，悲觀人士則容易對負向效應產生負面反應，因為他們的意識或潛意識會擔憂最壞的情境。這就像樂觀人士能夠潛意識合成助眠化學物質，而悲觀人士則會潛意識製造導致身體不適的物質。

換言之，在同一個環境中，具備正向思考的人較能創造正向情境，而習慣負向思考的人則容易引發負面情境。這樣的奇蹟效果，正是源於具備自由意志的個體機能。

受惠於安慰劑效應的治癒案例究竟有多少，目前仍無法確知（畢奇一九五五年的研究報告認為比例達百分之三十五，而目前的研究結果則從百分之十到百分之百都有[31]），但整體數量肯定非常龐大。既然如此，我們可以繼續思考，有多少疾病是屬於由負面思維導致的反安慰劑效應。近期心理學研究估計，一個人大約有百分之七十的想法是負面多餘的，因此，由反安慰劑效應引起的疾病應該也不少，而且絕對比我們以為的高出許多。再說，有鑑於無端產生的身心狀況和情緒反應實在太多，更讓上述解釋言之成理。

我們的心智潛力似乎強大到有點離奇，但綜觀過去幾十年的研究，以下幾點結論卻也屬實：我們的思維會形塑個人際遇，就好比我們體內的藥廠會自動受思維大幅度牽引，再透過神奇的路徑決定我們的健康狀態。如此一來，我們體內既存的天然療癒分子就會被觸發，並在不同條件下產生先天設定好的對應效果。當然，我們勢必得繼續追問：這一切究竟是怎麼運作的？

在接下來幾章中，我會詳述所有效應的生理機制，並說明如何發揮先天治癒能力，透過意識打造理想的健康狀況和人生。

第三章　腦內安慰劑效應

根據前兩章的內容，我們知道當存在狀態確實改變之後，身體狀況也會隨之變化，而改變存在狀態的第一步便是改變意念。人類因為擁有發達的前腦，因此能讓念頭變得栩栩如生，這正是安慰劑效應有效的關鍵。要了解安慰劑的運作模式，就不能不探討其中的三大核心要素，即「制約」、「預期心理」、「意義」。你會發現，這三大要素會聯手催生安慰劑效應。

上一章中，我已經以帕夫洛夫為例解釋了何謂「制約」。簡而言之，當某個過往記憶（譬如服用阿斯匹靈）和某個生理變化（消除頭痛）頻繁先後出現，只要我們一替兩者建立連結，制約反應就會形成。想像一下，如果你發現自己正在頭痛，代表你已經察覺到內在生理變化（身體疼痛），接著，你會立刻在外界尋找有助於改變內在狀態的事物（如阿斯匹靈）。換句話說，你會開始反省過去所做的決定和行動，同時思考你在外在現實中經歷過的感受變化體驗（成功靠阿斯匹靈緩解頭痛），而這些行為都是由你的內在狀態（身體疼痛）驅使的。

總之，阿斯匹靈作為一種外界刺激或提示，塑造出了某種經驗，而經驗也會引起生理反應或帶來酬賞，並且改變你的內在狀態。當你察覺到內在狀態改變了，就會開始留意引發改變的外在環境因素究竟是什麼。其實，能讓內在狀態因外在事件而改變的要素，就是所謂的「聯想記憶」。

一旦我們反覆操作上述步驟，外界刺激就能因為聯想效果而一再增強或固化，到最後，我們就能把阿斯匹靈換成神似阿斯匹靈的糖片，卻依然能讓身體自動對糖片產生反應（緩解頭痛），這就是安慰劑效應的形式之一。以下的圖描繪了制約反應的運作過程。

當條件成熟，開始讓我們期待不同的結果會發生，第二個核心要素「期待心理」就登場了。舉例來說，假設我們受關節炎引起的慢性疼痛所苦，當醫生替我們開了新藥，還興高采烈表示藥物有助於緩解疼痛，我們就會接受對方的暗示，期待服用新藥之後會產生不同結果（疼痛會消失）。在此情況下，醫生就左右了我們的被暗示性。

一旦我們變得更容易接受暗示，就會自然而然替外在事物（新藥）和個人期待的其他可能結果（讓疼痛消失）建立連結。我們的心會選定一種不同的情境，接著滿心盼望、期待選定的情境最終會實現。如果我們的情緒能順著自己的選擇產生，而且強度也足夠，我們的大腦和身體就無法確認疼痛之所以消除，究竟只是基於自己的想像還是由事件催生的現實，因為對大腦和身體來說，兩者已經合而為一了。

制約

圖 3.1A

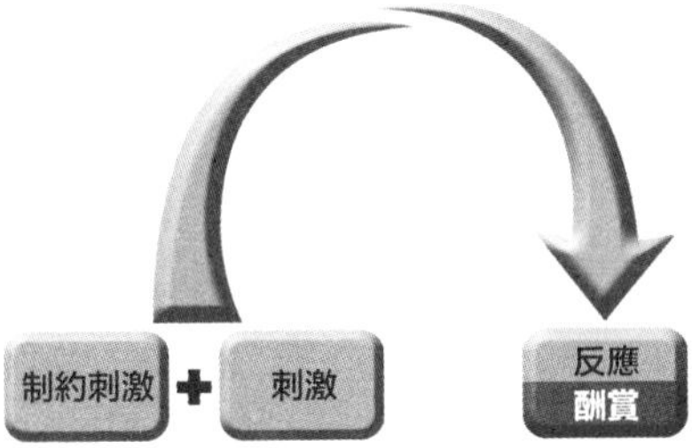

圖 3.1B

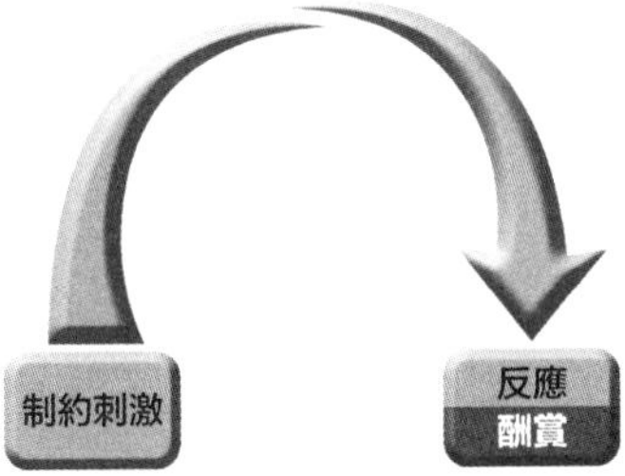

圖 3.1C

圖 3.1A 中，某個外界刺激引起了某種生理變化，該變化稱之為反應或酬賞。圖 3.1B 顯示，當刺激與制約刺激不斷成對出現而形成連結，就會引起生理反應。圖 3.1C 顯示該刺激被制約刺激（如安慰劑）取代時，依舊會引起同樣的生理反應。

最後，大腦會以為狀態真的改變了（譬如因為藥劑發揮效用），而自行驅動該情境下理應驅動的神經迴路，並且在體內釋放理應釋放的化學物質。在大腦和身體釋出的良藥作用下，我們的體內環境會因此改變，而我們滿心期待的結果（讓疼痛消失）也會隨之實現了。於是，我們進入了全新的狀態，達到身體與心智合一的境界。人其實就是這麼強大。

當我們替安慰劑賦予第三個核心元素「意義」時，安慰劑更能發揮效果，因為一旦我們替行動添加新的意義，我們的意念也會附於其上。換言之，我們在學習、理解新事物的過程中，會根據個人目的投注更多意識和能量。因此我們可以看到，在前一章提到的女性飯店清潔人員研究中，當清潔人員明白自己的每日運動量有多大，同時理解運動帶來的益處，就會替工作內容賦予更多意義。她們不單純是在吸地、刷地、拖地，更是在鍛鍊肌肉、增強肌力、燃燒熱量。當研究人員告知受試者運動的益處，讓吸地、刷地、拖地等工作增添更多意義，這些清潔人員抱持的意念或目的就不再只是完成交辦任務，而是努力運動、促進身體健康了。

以上就是當時的實驗結果。至於控制組方面，由於成員不明白自己的工作有益身體健康，因此並未賦予個人任務同樣的意義，到最後，即使控制組執行的任務和實驗組完全相同，也無法由此獲得同樣的益處。

安慰劑效應的原理正是如此。你在明白某種物質、療程或手術的益處後，只要越相信這些手段能改善病情，身體就越能隨著這樣的意念不斷改善。換句話說，面對外界可能出現的人、事、物相關經歷，如果你能賦予更多意義並以改變內在條件為目標，就更有機會單靠意念成功改變內在狀態。此外，當你明白眼前的任務會帶來何種回饋，而且越能接受健康變化的全新結果，你的內在架構就會變得越清晰，也會越懂得如何觸發大腦和身體，指揮兩者反覆執行架構內容。總之，只要信念越強，安慰劑效果就越好。

意念如何引發安慰劑效應

如果安慰劑效應的機制是透過意念改變生理狀態，也就是以心智駕馭物質，那麼，我們就應該研究一下自己的意念，看看意念是如何與大腦和身體交互作用的。首先，讓我們先從日常念頭切入。

我們是習慣的動物，在每天六到七萬個飄過腦海的念頭當中❶，有百分之九十都和前一天毫無二致。我們每天都習慣從同一側下床、在浴室裡進行同樣的盥洗步驟、用同樣的方式梳頭、坐在同一張椅子上吃早餐、固定用同一隻手握馬克杯、沿同一條路開車上班、和同一群會激起我們相同情緒反應的人做自己得心應手的事。下班後，我們會匆匆趕回家，急著登入電子郵件信箱收信，然後急著吃晚飯、看自己喜歡的電視節目，再匆匆做完同樣的刷牙盥洗步驟，只為了快點在固定的時間上床睡覺，好在隔天繼續快快重複同樣的流程。

如果你覺得每個人的生活都像是開了自動導航模式，那你就完全明白我想說的話了。一旦同樣的意念持續在腦中打轉，就會讓人一再做出同樣的抉擇；當我們一再做出同樣的抉擇，就會反覆表現出同樣的行為；當我們反覆表現出同樣的行為，就會不斷遭遇同樣的經驗；當我們不斷遭遇同樣的經驗，就會一再產生同樣的情緒；最後，當我們一再產生同樣的情緒，同樣的意念就會持續在腦中打轉。關於同一套意念反覆引發同一套現實的流程，請參考圖3.2。

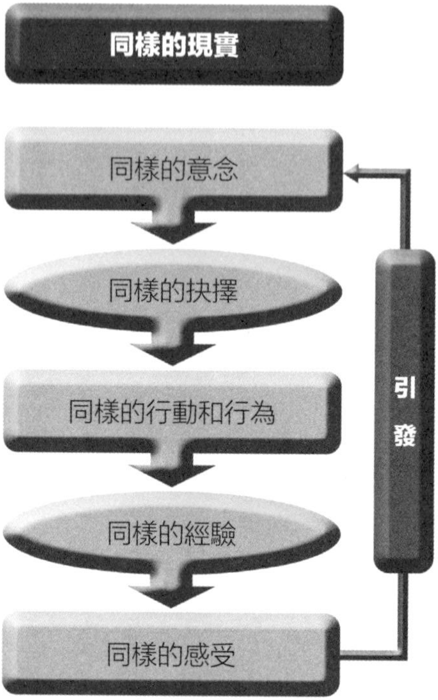

過去的存在狀態

圖 3.2

如何單靠意念引發同一套現實

無論是有意識或潛意識走完這套流程，你的生理狀態始終都不會改變。大腦也好、身體也好，兩者都會維持原貌，因為你的意念、行動和情緒從頭到尾都沒變過，就算你曾經暗自期待人生會出現不同風貌，也無法改變上述事實。你的大腦已經習慣以同樣的方式活動，也一再觸發、催生同樣的腦內迴路和腦內化學物質，同時引起同樣的體內化學反應。接著，同一套化學反應會用同樣的方式持續指揮同一套基因，而同一套基因表現也會製造同一套蛋白質。蛋白質作為細胞的基本結構，只要生成種類持續不變，就會讓身體型態維持原貌。最後，由於蛋白質表現相當於個人的生命或健康狀態，當蛋白質種類固定，你的生命和健康狀態就會是老樣子。

現在，花點時間檢視自己的人生，看看你會發現什麼。要是你今天的念頭和昨天一樣，那麼，你今天的抉擇就很有可能跟昨天一樣；今天這套不變的抉擇，又會讓明天的行為模式固定不動；明天那套缺乏變化的行為模式，又會在未來引發同樣的經驗；未來反覆發生的相同事件，會讓你的情緒進入恆常、可預知的狀態；最後，你的感受只會毫無變化，日復一日。於是，昨日種種會延續到明日，所有未來事件也只會是過往的翻版。

如果你完全同意我的觀點，那麼你在這段過程中所體會到的熟悉感，正是「你自己」，也可以說是你的身分或人格特質。其實，這就是你的存在狀態。這個狀態既舒適輕鬆，又會全自動運作，老實說，活在過去的就是那個熟悉的「你自己」。如果你每天都重複這套冗贅的過程（因為你每天早上起床時，心裡記住、預期的都是那套「你自己」的感受），也只會讓這個熟悉的存在狀態繼續引發同樣的意念，導致你自然而然想表現或經歷同樣的抉擇、行為和經驗，好讓自己不斷重溫那個熟悉的「你自己」。到最後，你的人格就會一成不變。

如果你的人格特質就是如此，那麼你要知道，人格是會形塑個人現實的。而且，你的人格是由意念、行為、感受組成的。你在閱讀這一頁時具備的人格，已經形塑出當下的個人現實，或者是當下的人生了；換句話說，如果你想塑造出新的個人現實、讓人生改頭換面，就必須針對慣常思維檢視或思索一番，並想辦法改變這些念頭。你必須先察覺自己潛意識中決定表現出來的行為，也必須意識到這些行為帶來的重複經驗，接著，你必須做出新的抉擇、採取新的行動、創造新的經驗。圖3.3描繪了人格會如何影響個人現實。

你必須睜大眼睛，仔細觀察內心所有已經熟悉而內化的情緒，再思考自己是否還想要順著同一套情緒度過每一天。老實說，很多人往往抓著過往人格不放，心裡卻又期待塑造新的個人現實，結果就是無功而返。想要讓人生改頭換面，就要讓自

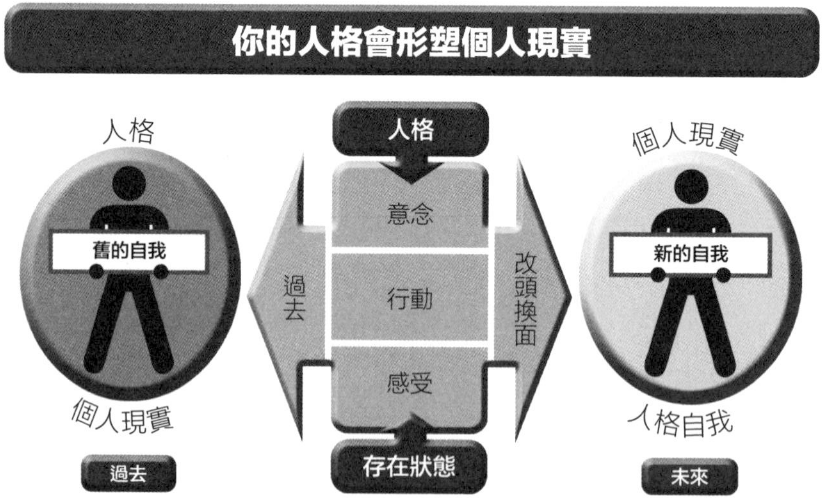

圖 3.3

你的人格由意念、行動和感受組成，這就是你的存在狀態。正因如此，當意念、行動和感受一成不變，你就會陷在同樣的過往個人現實當中。不過，如果你的人格能全心接納新的意念、行動和感受，未來就必定能形塑新的個人現實。

己擁有新的人格才行。請先參考圖3.4的內容，熟悉一下塑造新現實的步驟。

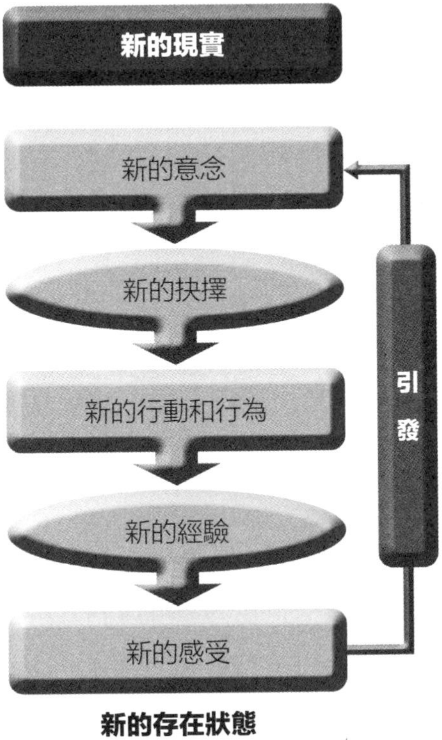

圖 3.4

如何單靠意念塑造新現實

當你明白了這套模型的運作原理，就會認同我先前的說法，也就是新的意念會帶來新的抉擇。接著，新的意念會帶來新的行為、新的行為會帶來新的經驗、新的經驗會帶來新的情緒，而新的情緒則會促使你萌生各種新的意念。這就是所謂的「演化」。最後，你的個人現實和生理狀態，包括大腦神經迴路、體內化學變化、基因表現乃至於健康狀態，就會因為新的人格、新的存在狀態而產生變化。整體看來，這一切似乎都是改變意念引起的。

快速了解大腦機制

到目前為止，我至少已經用了「大腦神經迴路」、「神經網絡」、「腦內化學變化」、「基因表現」等專業術語，但都還沒機會仔細說明。因此，本章接下來的敘述會用比較科學的方式，讓你快速了解大腦與身體如何共同建立一套「讓你成為自己的安慰劑」的完整機制。

你的大腦至少有百分之七十五是水，質地近似軟嫩的水煮蛋，裡頭乘載了大約一兆個稱之為「神經元」的神經細胞，而這些細胞彼此緊密連結，一同懸浮在這個水溶溶的空間裡。每個神經細胞都長得像一棵光禿禿、向四面延展的橡樹，樹上長了扭曲歪斜的枝枒和根系統，能與其他的神經細胞彼此連結或脫鉤。一個特定神經細胞的連結數少則一千個、多則超過十萬個，其數量取決於該神經細胞所處的腦區。以能進行思考的大腦新皮質區為例，裡頭的每個神經元就具有一萬到四萬個連結。

以前，我們總習慣把大腦比喻為一台電腦。兩者確實具有不少相似之處，而隨著時代演變，我們對於兩者相似性的認識又更深了。每個神經元都是獨一無二、能控制自己的生物電腦，其記憶體容量超過六十MB，能處理的資料量相當龐大，光是一秒鐘就能處理幾萬個函數。當我們不斷學習新事物、累積新經驗，神經元就會生成新的連結，和其他神經元交換電化學訊息，我們把這些連結稱為「突觸連結」（synaptic connection）。這個名稱來自「突觸」（synapse），指的是某個神經元分枝到另一個神經元根部之間的區域，神經細胞能利用這個區域交換訊息。

如果說學習的過程相當於建立新的突觸連結，那麼記憶的過程就相當於維繫這些連結。如此一來，所謂的記憶就是在神經細胞之間建立起的長期關係或連結，而且不管是連結的出現，還是連結隨時間改變的方式，都會改變大腦的生理結構。

當大腦結構出現各種改變，我們的意念就會催生一系列稱之為「神經傳導物質」的化學物質，像是你可能聽過的血清素、多巴胺和乙醯膽鹼。當念頭一形成，位於某神經元上某分枝的神經傳導物質就會跨越突觸間隙，與另一個神經元的根部聯繫；只要神經傳導物質一跨越突觸間隙，該神經元就會以迅雷之勢發射訊號。如果我們不斷讓同樣的念頭在腦海裡打轉，該神經元就會持續以同樣的模式發射訊號，加深自身和另一個神經元的連結，以利下次傳遞訊號時直接使用該通道。有了這些腦部生理資訊，我們就能知道某件事不但被學會了，而且還被記住了。以上這套選擇性強化連結的機制，稱為「突觸長期增強作用」（synaptic potentiation）。

當眾多盤根錯節的神經元為了鞏固某個新念頭而同時發射訊號時，神經細胞內就會產生另一種化學物質（一種蛋白質），這種蛋白質會鑽入細胞核，最後停駐在ＤＮＡ上頭，同時啟動數種基因。由於基因專門負責生產能支持身體結構和功能的蛋白質，該神經細胞便會迅速生成新蛋白質，好在神經細胞間搭起分枝連結。於是，一旦我們反覆回想某個念頭或經驗夠多次，腦細胞之間的連結不但會更強（會因此影響生理機制），總連結數量也會日益增長（會因此影響身體生理結構）。從微觀角度來看，腦內結構會因此變得越來越豐富。

如此一來，你只要產生新念頭，就能改變體內的神經、化學、基因機制。事實上，當你在學習新事物、使用新思維模式、經歷嶄新經驗時，大腦每隔幾秒鐘就會多出上千個連結。也就是說，你只要透過意念就能馬上啟動新基因，光是靠一念之轉就夠了。這就是所謂的以心智駕馭物質。

根據諾貝爾獎得主艾瑞克．坎德爾醫師的說法，當新的記憶形成、刺激了感覺神經元之後，神經元上生成的突觸連結數量會翻倍，使總數達兩千六百個。不過，要是一開始的學習經驗沒有經過反覆重溫，新連結的總數就會在短短三週內掉回一千三百個。

在此情況下，如果我們反覆學習的次數夠多，神經元之間的連結就會更加緊密，幫助我們記住學過的事物。要是反覆次數不夠，突觸連結就會快速消失，記憶也會跟著被抹除。因此，對於新的意念、抉擇、行為、習慣、信念和經驗，我們如果想讓這些新事物在大腦中落地生根，就必須時常進行更新、複習、記憶等步驟❷。想弄清楚神經元和神經網絡的關聯，可以參考圖3.5中的圖示。

要明白神經系統究竟有多深廣，可以先試著想像一個神經細胞和其他四萬個神經細胞相連的畫面。該神經細胞每秒要處理十萬位元的資訊量，同時也和其他神經元分享這些資訊，而其他神經元每秒同樣要執行十萬個函數；這一叢叢互通有無的神經元，共同組成了所謂的「神經網絡」（或者稱為「神經網」）。神經網絡會建立起許多突觸連結網絡，這些連結網絡又稱為「神經迴路」。

於是，只要大腦灰質的神經細胞內產生了生理變化，同時特定神經元又奉命建立廣闊無邊的網絡以傳遞億萬位元的資訊量，大腦生理結構就會隨著來自外在環境的訊息而改變。到最後，神經網絡內的電流就會像積雲裡流竄的閃電時而匯聚、時而分散，讓神經網絡反覆啟動；於此同時，大腦則會持續使用同一套硬體系統（實體神經網路），並建立一套新的軟體系統（自動化神經網絡），這就是各種程式安裝到大腦中的方式。硬體系統催生了軟體系統，而軟體系統又內嵌在硬體系統當中，每當軟體系統一啟用，就會回頭強化硬體系統。

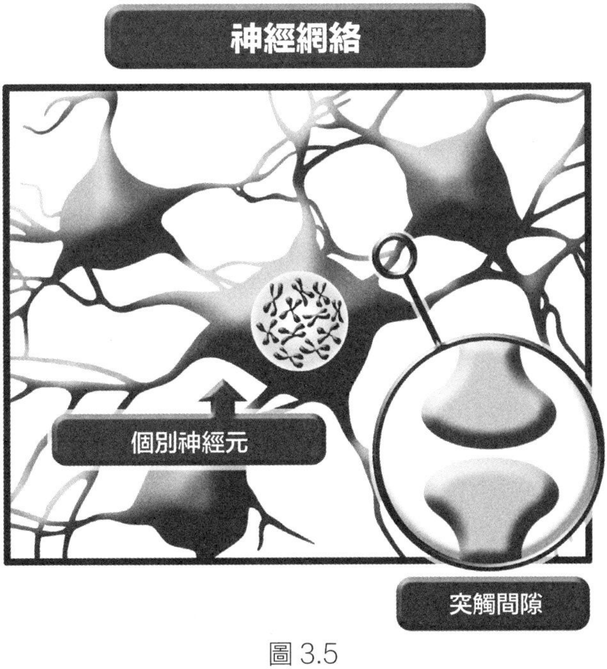

圖 3.5

本圖簡單描繪了某神經網絡中的神經元，位於個別神經元間、能幫助神經元彼此溝通的微小間隙，稱為突觸間隙。一粒沙子大小的空間大約能容納十萬個神經元，所有神經元上的連結數加總能超過十億個。

所以，當你因為執守舊習而一再萌生同一套意念和感受，大腦向神經元發送訊號、啟動神經網路時的步驟、模式、組合就會始終如一，最後形成你每天潛意識執行的自動化程式。你之所以能利用自動化神經網絡進行語言表達、刮鬍子、化妝、敲電腦鍵盤、評價同事等活動，是因為這些活動已經執行過無數次，成為許多套潛意識程序了。這個時候，你完全可以把腦袋意識放空，毫不費力地進行這些活動。

當你一再強化這些迴路，就會讓迴路變得十分牢固，而神經元之間的連結也會變得更加緊密，並且產生新的迴路，甚至會讓神經元分枝持續延展、增厚。這跟我們增強橋樑結構、鋪設新路或拓寬公路，以便容納更多車流量的道理是一樣的。

某項神經科學基本原理指出：「一起發送訊號的神經細胞會彼此相連。」❸當你的大腦一再以同樣的方式發送訊號，你的心智層級只會原地踏步。根據神經科學理論，心智指的就是正在運轉或工作的大腦。因此，如果你每天都使用同樣的心智來提醒自己你認定自己是什麼樣的人，你的大腦就只會繼續用相同的方式發送訊號，並且在往後的許多年不斷啟動同樣的神經網絡。當你的年紀邁入三十好幾，大腦就會進入極為固定的自動化工作模式，而這套變化空間有限的模式，就會形成你的「自我」。

這個狀態，就像是你腦袋嵌了框架一樣。當然，你的腦袋裡不會嵌著真的條條框框，但正如圖3.6所示，所謂把自己限制在框架中思考，其實相當於將大腦結構給定型。要是你不斷讓心智層級原地踏步，最常聽令發送訊號的神經迴路組合就會早早替你的人格定型。

神經僵化

限制在框架中思考

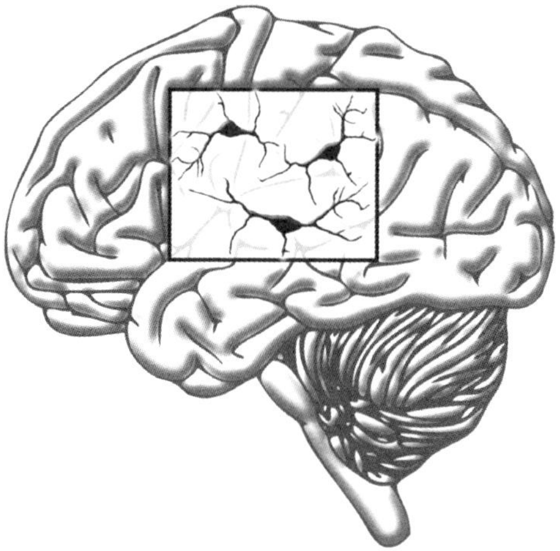

圖 3.6

當你的意念、抉擇、行為、經驗、情緒狀態經過數年始終如一，而且當同樣的意念永遠只會引發同樣的感受，讓自己不斷在同樣的循環中打轉，那麼，你的大腦結構就會因此定型。畢竟，你每天都讓大腦以相同的模式發送訊號，心智狀態自然會原地踏步。時間一久，原先變化有限的神經網絡就會更加固化，讓大腦更容易陷入同樣的心智狀態，於是，你的思考模式就被框住了。這些固化的迴路加總起來，就形成了你的自我。

神經可塑性

因此，我們的目標就是要跳出框架思考，讓大腦以新的方式發送訊號，如圖3.7所示，而這就是所謂的敞開心胸。只要你能讓大腦採取不同的工作模式，心智就會隨之轉變了。

研究顯示，我們在使用大腦的同時，大腦會基於「神經可塑性」而跟著成長和改變，而所

神經可塑性

跳出框架思考

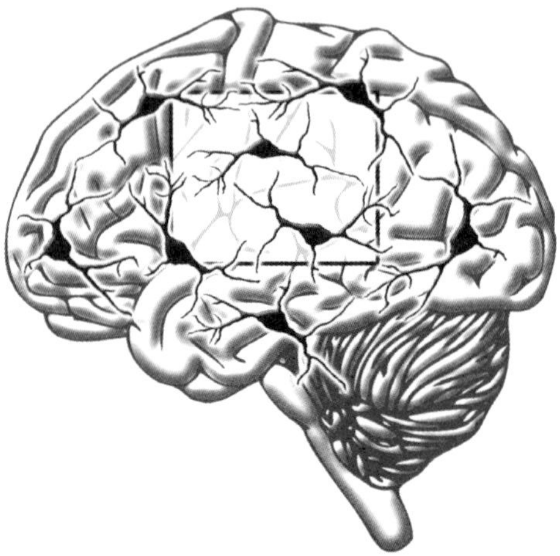

圖 3.7

當你學習了新事物、使用新的方式思考，就會讓大腦採取不同的步驟、模式、組合方式發送訊號。換言之，你會以新方法啟動各式各樣的神經網絡。當你能讓大腦採取不同的工作模式，心智就會隨之轉變。如果你能跳出框架思考，新的意念就會帶來新的抉擇、新的行為、新的經驗、新的情緒，你的自我也會跟著改變。

謂的神經可塑性，指的就是大腦為了適應新資訊而改變的能力。舉例來說，當數學家鑽研數學越久，用來處理數學問題的腦區就會長出更多神經分枝❹；又好比專業的樂團樂手，一旦在交響樂團中打滾演出了幾年，就會讓處理語言和音樂的腦區不斷成長❺。

神經科學專家會用「修剪」（pruning）、「出芽」（sprouting）這兩個詞來描述神經可塑性的運作模式，顧名思義，這兩個詞指的就是除去某些神經連結、模式和迴路，並建立新的神經連結、模式和迴路。當大腦運作順暢時，上述步驟只需要幾秒鐘就能完成，加州柏克萊大學的研究人員也已經透過實驗室大鼠證明這點了。他們發現，相較於生長在資源匱乏環境中的大鼠，周遭資源豐富的大鼠（和兄弟姊妹與後代共處一籠，籠裡備有各式各樣的玩具）大腦體積較大，腦內的神經元和神經連結也比較多❻。我們可以再次發現，只要能學習新事物、經歷新的經驗，就能改變大腦結構。

想要擺脫僵化模式的束縛和讓人一成不變的制約反應，是需要付出大量心力的。除此之外，知識也是必備的條件，因為當你能掌握關於自己和人生的重要概念，就能在大腦灰質上繡出新的圖樣。如此一來，你手上能讓大腦以新鮮、多元方式運作的素材就變多了，你也會因此透過全新的心智觀看人生，並且開始以不同的角度思考、體察現實。

跨越阻礙，追求改變

看到這裡，你就能明白一旦想追求改變，就必須覺察到自己的潛意識自我，而你現在也知道，潛意識自我不過就是一套僵化的程式罷了。

追求改變最困難的地方，在於拒絕做出和過去相同的抉擇。這點之所以困難，是因為當我們拋開慣常的思維模式，就不會再引發同樣的抉擇，無法再靠全自動慣性模式、透過經歷同樣的事件來確保自身情緒始終一致的狀態，於是，我們會立刻覺得渾身不自在。新的存在狀態相對陌生、充滿未知，和「正常」狀態的感覺不同，我們會

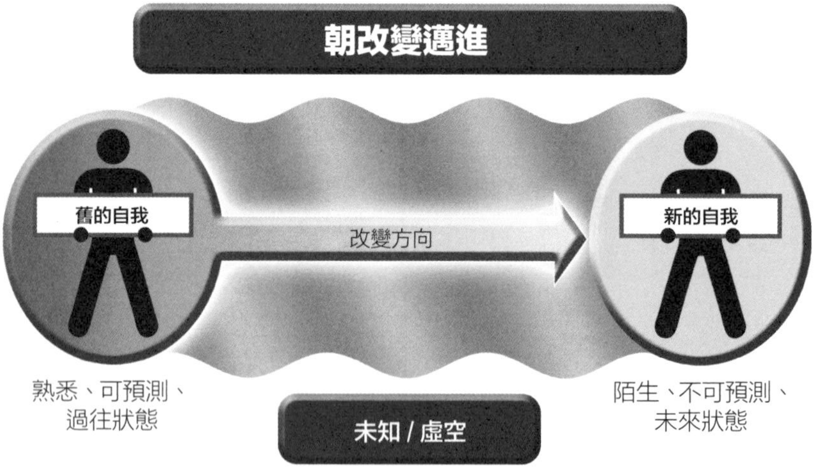

圖 3.8

想跨越障礙、追求改變，你就必須拋開總是和相同的意念、抉擇、行為、感受為伍，而且全然可預測的熟悉自我，並一腳踏入虛空或未知當中。舊自我和新自我中間的虛空，象徵了舊人格的滅亡。想讓舊自我滅亡，你就必須建立新自我，創造新的意念、新的抉擇、新的行為、新的感受。追求改變相當於踏上全新的道路，追求不可預測的陌生自我。在未知當中，你才能獲得創造的空間，在已知當中是不可能創新的。

覺得自己不像是自己，因為我們已經不是那個習慣的自己了。此外，由於一切都像是未知數，我們不但沒辦法預測自己過去習於產生的感受，也無法預知這些感受會對生活造成哪些影響。

不過，剛起步時不自在的感受，正是我們跨越了障礙、朝改變邁進的證明。我們已經踏入了未知的世界，而且當我們擺脫了舊的自我，就必須跨過圖3.8所示、阻擋在舊自我和新自我之間的虛空。換句話說，我們不可能在一瞬間就輕鬆獲得新人格，這是需要時間才能完成的。

很多人只要一跨越障礙、追求改變，就會因為舊自我和新自我之間的虛空而感到不安，因此選擇縮回舊自我的陣地裡。他們會潛意識告訴自己「這感覺不對」、「我覺得不舒服」或「感覺不太好」，一旦他們接受了這些念頭，又因為自我暗示作用而更容易受念頭暗示，就會在潛意識間做出和過去相同的抉擇，接著引發毫無二致的行為和經驗、自動重溫習以為常的情緒和感受。他們會告訴自己「這感覺就對了」，但這句話真正的意思，其實是「這感覺好熟悉」。

只要我們明白跨越障礙、追求改變、感受不安相當於在生理、神經、化學、基因上消滅舊自我，我們就能駕馭隨之而來的變化，把心思放在障礙另一端的目標之上；只要我們願意接受所謂的改變就是打破多年潛意識慣性思維形成的僵化迴路，我們就能隨遇而安；只要我們明白不安感來自於卸除在大腦上紮根的舊心態、舊信念、舊感受，我們的忍受力就會變強；只要我們明白追求改變的過程中必須對抗的慾望，其實是身體在戒除化學──情緒成癮而產生的戒斷症狀，我們就能安然度過難關；只要我們了解透過改變潛意識習慣和行為，會帶來真正的生理變化，我們就能繼續朝目標邁進；只要我們記得自己正在調整體內的祖傳基因，我們就能隨時專心致志、激勵自己，直到達成目標。

這樣的經驗，有人稱之為靈魂的黑夜。就好像鳳凰自燃為灰燼，我們必須讓舊自我灰飛煙滅，才能讓新的自我重生。這樣的過程當然不會舒服到哪去了！

但無所謂，因為未知當中才有創造的空間和各種可能性。天底下還有比未知更好的事物嗎？大多數人已經習於逃避未知，所以我們現在必須拋開對未知的恐懼，學習在虛空或未知當中自處。

如果你說你不喜歡虛空，是因為虛空讓你摸不著頭緒、無法預測未來的事件發展，我反而會認為這樣的狀態才是好事，因為預測未來最好的方法就是創造未來——不是由已知創造，而是在未知當中創造。

新的自我誕生後，我們的生理結構必定得隨著改變。在當事人每天有意識採取新的思考和行為模式下，新的神經連結也得跟著萌芽、穩固，也唯有靠持續不斷創造同樣的經驗，讓經驗化為習慣，才能鞏固這些神經連結。我們在累積夠多經驗和相關情緒之後，才能熟悉體內新的化學狀態。我們還必須指揮新基因製造新蛋白質，才能讓自己的存在狀態進入新的模式。這時，由於蛋白質表現相當於生命狀態表現，生命狀態表現相當於身體的健康狀態，那麼不管在結構或功能上，健康和生命狀態都會邁入新境界，而全新的心智和身體必定會誕生。

當我們創造出新的自我，就像是見到了漫漫長夜後的曙光，或是成為在灰燼中重生的鳳凰，而從生理結構上來看，這個新自我的樣態也完全等同另一個人。於是，我們確確實實地脫胎換骨了。

突破環境限制

從另一個角度看，大腦也是能反映個人知識和經歷的組織結構。你已經知道，只要你一和外在世界互動，各種事件就會影響你的人格，形塑出今天的你。在人生歲月裡，隨著你學習更多知識、累積更多記憶，腦內複雜的神經網絡就會一面共同發射訊號、一面彼此相繫，建立起數以兆計的神經連結。每個神經元連結點都可以稱作一段「記憶」，如此一來，大腦就成了儲存過去事件的資料庫。你在不同時空和外界各種人、事、物相處的經驗，都會一一刻入大腦灰質資料庫中。

正因如此，多數人先天就習慣利用過去的框架，也就是過往記憶形成的同一套硬體和軟體思考。當我們每天在同一時間做著同樣的事、和同一群人在同一個地方碰面、創造和前一天同樣的經驗、過著毫無二致的生活，我們的內在世界就會被外在世界牽著鼻子走。我們的意念、行動、感受都會被外在環境掌控，而且由於個人現實不斷形塑人格，整個流程已經變得潛意識化，我們也會深陷其中無法自拔。當然，這樣的狀態也會綁定同樣的思考模式和感受，讓外在世界和內在世界相互應和，最後合而為一、一成不變——我們的命運也會是如此。

當外在環境每天都在影響我們的思緒和感受，我們如果想改變這樣的情形，就必須讓人格或人生取得更大的掌控權，以便駕馭當下每個情境條件。

意念和感受的交互作用

意念是大腦的語言，感受則是身體的語言。你的思考和感受會形塑你的存在狀態，當你的身心攜手合作，就形成了一種存在狀態。因此，你當下的存在狀態就反映了身心之間貨真價實的連結。

當你的內心萌生意念，你的大腦除了產生神經傳導物質，還會製造另一種稱為「神經胜肽」的小型蛋白質。神經胜肽會向身體發送訊號，身體則會形成感受予以回應。當大腦意識到身體形成了感受，就會引發和感受相應的意念，而意念又會引發更多化學訊號傳遞，最後讓你的思考和感受合一。

意念引發感受，感受又引發和感受相符的意念，於是形成了大多數人長年習慣的迴圈。大腦接收到身體感受之後，又會引發同樣的念頭、激發同樣的情緒，如此一來，光靠毫無新意的念頭就能將大腦轉化成僵固的迴路。

至於身體這邊會如何？感受是身體常用的表現手段，而當你感受到由自動化意念引發的情緒，這些情緒就會被身體以制約的方式牢牢記住，結果就和僵固的潛意識心智與大腦如出一轍。這個時候，意識心智完全發揮不了任何作用，而身體則會被下意識制約、模式化，成為宰制自己的心智本身。

最後，一旦意念與感受交互作用的迴圈運作夠長一段時間，身體就會記住大腦命令身體感受的情緒，而根深柢固的循環作用也會形塑出一成不變的存在狀態，一切都只是反覆利用舊素材的成果。情緒儘管只是記錄過往經驗的化學資訊，卻具備影響意念的效果，而且會一次又一次在腦海中打轉。當同樣的循環持續運作，我們就只會一直活在過去當中。有鑑於此，要成功改變未來當然是難上加難了！

當神經元發送訊號的方式維持一致，大腦和身體就會釋放同樣的神經傳導物質和神經胜肽，這批同樣的化學物質接著會引發身體結構變化，透過反覆操作讓身體記住情緒內容。過程中，細胞和組織的特定受體部位會接收上述化學訊號，而所謂的受體部位可比擬為化學傳訊物質的停泊位，讓各種形狀的傳訊物質依其圓、方、三角等外觀，像拼圖一樣和受體部位上對應形狀的開口相嵌。

這些化學傳訊物質是引發情緒的分子，對於其運作機制，我們可以想像成這些分子帶有供細胞受體部位掃描的條碼，方便受體部位取得分子的電磁能量資訊。當分子與受體部位進入配對模式，受體部位就會做好準備，讓傳訊物質能順利停泊在上頭，接著，細胞就能接收化學訊號，以便製造或改變蛋白質成分。新蛋白質會啟動細胞核內的ＤＮＡ，將相互纏繞的ＤＮＡ拉鬆攤開，細胞會依照來自外界的化學訊息讀取對應基因，接著生成並在體內釋放新的蛋白質（譬如某種激素）。

這時候，身體已經進入由心智掌控的訓練模式了。要是大腦心智層級始終原地踏步（因為當事人每天的思考、行動、感受模式完全相同），不斷向外發送同樣的訊號，就會導致上述訓練模式一再運作。在此情況下，身體接收到的環境訊息始終不變，基因被啟動的方式自然也會一成不變了。過程中，當事人既沒有形成新的意念、做出新的抉擇、展現新的行為，也沒有接收新的經驗、產生新的感受。一旦同樣的基因不斷被來自大腦同樣的訊息啟動，就會一天到晚被要求參與機制運作，結局就是像汽車齒輪一樣耗損殆盡。另一方面，身體產生的蛋白質結構也會變弱、功能變少，以至於我們年紀越大，病痛就越多。

這樣下去，可能會產生兩種結果。第一種結果，是細胞膜在不斷接收同樣化學物質後，能靠自身智慧判斷身體需求，透過調整受體部位來接納更多同類化學物質。這時，細胞膜會開闢更多停泊位滿足身體需求，就像超級市場發現結帳隊伍太長，就加開結帳櫃檯一樣；要是顧客絡繹不絕（同類化學物質源源不絕出現），店家就得雇用更多員工、加開更多結帳櫃檯。如此一來，身體就相當於心智，甚至成為心智本身了。

至於另外一種結果，則是細胞每分每秒持續接收感受和情緒轟炸，最後因為吃不消而導致某些化學傳訊物質無法順利停泊。由於同樣的化學物質會在停泊位外日夜徘徊，導致細胞習以為常，這時，大腦必須產生高昂情緒，細胞才會願意敞開大門。唯有在情緒強度提得夠高，細胞才會受到夠多刺激而啟用停泊位。

在第一種結果中，當細胞產生新的受體部位，身體就會渴望獲得大腦產量不足的特定化學物質，於是，我們的意念會被感受牽著走、心智會被身體支配，這就是我所謂的「身體記住了情緒」。換句話說，我們的身體在生理上被制約了。

在第二種結果中，當細胞不堪轟炸、受體失去敏感度後，身體就會像毒癮患者一樣，需要更強的化學劑量才能啟動細胞功能。換句話說，想讓身體獲得需要的刺激程度，你就必須變得更憤怒、更擔心、更有罪惡感。你的內心可能會湧起一股衝動，接著不分青紅皂白對自己的狗破口大罵，好讓身體得到想要的化學物質。你也可能會急著宣洩自己對岳母的萬般唾棄，好讓身體產生夠多能啟動細胞的化學物質。你還可能會開始胡思亂想、杞人憂天，好讓體內的腎上腺素爆發。身體只要得不到需要的情緒化學物質，就會命令大腦提高產量，這時，心智就被身體支配了，這和成癮症狀幾乎一模一樣。有了這些概念，你就能明白我之後所謂的「情緒成癮」是怎麼一回事了。

當情緒變成思考的手段，讓思考被限縮在情緒的框架裡，我們就會被僵化程式定型。我們的思考會和感受融為一體，兩者不會再有區別。接著，我們經歷的一切就像是思考和感受的大雜燴，進入「要思不思、要感不感」的狀態。一旦我們被困在這個迴圈之中，身體就會以潛意識心智的姿態，相信自己一年三百六十五天、一週七天、一天二十四小時都活在相同的過去事件當中。於是，心智和身體合一，共同邁向潛意識程式設定好的命運。想脫離這樣的狀態，就必須讓心智反過來駕馭身體，以及掌控身體所乘載的各種情緒記憶、上癮症狀、潛意識慣性，也就是讓身體不再佔據心智的位置。

思考引發感受、感受決定思考的迴圈，是意識心智對身體造成的制約反應。當身體佔據了心智的位置，就成了所謂的「習慣」，也就是一種身心不分導致的狀態。當你進入三十五歲，你百分之九十五的人格都會充滿滾瓜爛熟的行為、技能、情緒反應、信念、知覺、態度，全都像自動化電腦程式一樣下意識運作。

這時，你有百分之九十五的人格都處於下意識或潛意識的存在狀態。也就是說，意識心智只佔了其中的百分之五，卻要對抗百分之九十五的下意識慣性。就算你再正向思考，這百分之五的意識心智也不免陷入力挽狂瀾的境地，因為另外百分之九十五的對手是你在體內記憶、累積了三十五年，由負面情緒匯聚而成的潛意識化學反應。你一旦處在這種身心互相對壘的情境，當然沒辦法乘風破浪、持續挺進了！

這就為什麼我希望大家打破人格慣性，追求改變。因為一成不變的意念、感受、行為，會讓反映人格和個人現實的潛意識程式更加根深柢固，這時形成的人格是最難打破的慣性。我們要是永遠活在過去當中，就沒辦法開創新的未來，而且做不到就是做不到。

如何才能成為自己的安慰劑

接下來，我想舉個例子說明如何讓自己步入正軌。我會以負面事件為例，因為有別於能助我們開創美好未來的順暢、振奮事件，負面事件才是最容易使我們原地踏步的，很快你就會知道為什麼。

假設你曾經因為演講表現太差而留下陰影（你也可以把演講改成其他讓你留下陰影的事件），導致你現在不敢在大庭廣眾面前講話，這時，你光是想到會議室裡坐了二十個人，就會感到不安、焦慮、自信全失，同時喉頭鎖緊、手掌濕冷、心跳加速、臉頰脖子漲紅、胃裡翻騰、腦中一片空白。

這些生理反應都是由自律神經系統驅動的，也就是在下意識中運作、不受意識控制的神經系統。自律神經系統能調控消化、激素、體液循環、體溫等身體功能，完全不受意識支配，可以說所謂的自律其實就相當於自動化。於是，你沒辦法靠意識改變自己的心跳速率、讓血液流到四肢末端降溫、讓臉頰和脖子升溫，也沒辦法改變消化酵素的代謝分泌方式、關閉數百萬個正在依指令發射訊號的神經細胞。即使你再努力靠意識操控這些功能，最後大概也是徒勞無功。

你的身體之所以會產生這些自主生理變化，是因為你把未來要在大眾面前演講的意念，和過去演講失利的情緒經驗連結在一起了。不管是因未來事件而起的意念、想法，還是事件發生的可能性，只要不斷和過往的不安、失敗、難堪經驗產生連結，身體就會被心智制約，自動對負面感受產生反應。正因如此，我們才總是不斷落入熟悉的存在狀態：一旦我們的思考模式被感受的框架限制住，所有意念和感受就會和過往經驗重疊了。

現在，我們來看看你的大腦會怎麼處理這則負面事件。當事件以過往記憶的形式透過特定樣態的神經結構浮現（別忘了，經驗會催生更多腦內迴路），就會像足跡一樣烙印在腦中，讓你循著足跡重溫當年不堪的演講經驗。你之所以忘不掉這樣的經驗，正是因為事件經驗帶給你的情緒衝擊足夠強烈，當年拼了命呈現一場精采演說，最後卻嚴重挫敗的五味雜陳，會隨著現在的情緒一併湧現出來。經過當年的事件，你體內的化學反應模式似乎也跟著改變了。

我要強調一件事：感受和情緒是過往經驗的最終產物。當你經歷某個事件，五感會立刻被驅動，將關鍵感受資訊送入腦中。資料湧入後，神經細胞會根據新的外在事件簇擁成新的網絡，而同一時間，大腦也會向身體送出稱之為感受或情緒的化學物質，下達改變生理狀態的命令。如此一來，我們就會因為不斷重溫當年的感受，而記住過往的經驗。

當你搞砸了演講，由外界湧入五種感官的相關資訊就會改變你的內在感受。當時進入感官的資訊，包括觀眾的臉龐、寬闊的場地、頭上明亮的燈光、麥克風的回音、第一則笑話後巨大的尷尬、演講開始後驟升的場內溫度、隨你身上的汗蒸出的老氣香水味，都會改變你的內在存在狀態。當你替這次獨特的外在事件和感官經驗（因）與內在的意念和感受變化建立連結（果），記憶就形成了。只要你一建立起因果關係，自我制約反應就啟動了。

活動結束後，你邊開車回家，邊反覆回想事件的經過，每回想一次（相當於「重現」同樣的心智層級），就會在腦中觸發強度不同、本質相同的化學反應。某種程度上，你不但持續重溫了過去的經驗，也加深了制約反應。

這時，你的身體由於扮演了潛意識心智的角色，於是分不清目前感受到的情緒究竟是當年的真實事件所引發的，還是因為回想而由意念自行產生的。身體只會相信自己仍然活在過去的經驗當中，絲毫不受車內安穩的環境動搖，而且還會表現出和事件當下相同的生理反應。在相關意念催生出腦內迴路、迴路依指令發射訊號的同時，突觸連結的結構會變得越來越穩定，這些連結在網絡中存活的時間也會越來越長，形成所謂的長期記憶。

到家後，你又把當天發生的事告訴另一半和友人，甚至還和媽媽分享了。你在唉聲嘆氣、重溫傷痛之際，也會讓自己情緒高漲，結果由於事件情緒再現，你的身體也受到了當天事件所產生的化學反應給制約。經過反覆的制約訓練，你的身體會慢慢在下意識和潛意識中和個人經歷融為一體，直到自動化為止。

接下來的幾天，你的心情差到身邊的人都無法裝做沒看到，而且只要有人問：「你怎麼了？」你的情緒就會爆發。你也乾脆利用別人的關心趁機發洩情緒，讓自己對情緒化學物質越來越上癮。光是一次經驗引發的情緒，就能持續個好幾天，一旦回憶引發感受的時間從好幾週拉長到好幾個月，甚至持續好幾年，就會形成永久的情緒反應。最後，這個情緒反應不但成了你的氣質和特色，更變成了你的人格，變成自我的一部分。

如果有人要你再到大眾面前演講，你會立刻感覺全身緊繃、萌生退意，而且忐忑不安。這時，外在環境已經支配了你的內在環境，你也被綁在這個框架裡了。只要你一想到未來（演講開場）會經歷和過去（不堪回首的痛苦）同樣的感受，你的身體就會自動扮演心智的角色，下意識做出反應，你就算再拼命，也似乎無法用意識心智抵擋。不出幾秒鐘，你的大腦和身體就會產生化學物質，驅動一連串的制約反應，像是盜汗、口乾舌燥、膝蓋軟癱、噁心反胃、暈眩、呼吸急促、倦意難消。以上的生理變化過程，完全只靠一個念頭就達成了，在我看來，這根本是安慰劑效應的翻版。

條件允許的話，你應該會用各種理由推掉這個演講機會，像是「我不擅長在人前演講」、「我在人群面前沒安全感」、「我的表達能力很差」、「我很怕在一大群人前面說話」等等。只要你一開口說出「我很（自行填入你想說的話）」，就等於在宣告自己的心智和身體已經邁向同樣的結局，或者是自己的意念和感受已經決定了命運。你正在做的事，無異於鞏固自己早已滾瓜爛熟的存在狀態。

假設恰巧有人問你為什麼甘於被過往經驗和自身限制框住，我相信你會根據過去的記憶和情緒編出一套說詞，用來再次說服自己你就是這樣的人，甚至還會稍作美化修飾。從生理角度來看，你其實就是在對別人表示你的生理結構、體內化學反應、情緒狀態已經受到當年的事件左右，而且相同的狀態持續至今，沒有什麼變化。是你自己選擇被自身限制框住的。

就這個例子而言，你可以說是被自己的身體支配（因為身體佔據了心智的位置）、被外在環境條件限制（因為某個時空當中的人、事、物，不斷左右你的意念、行為和感受），而且迷失在時間當中（因為你的身體和心智始終活在過去，又預期著一成不變的未來，根本無法投入當下）。想要脫離這樣的存在狀態，你就必須打破身體、外在環境、時間三大框架。

至此，不妨回想一下本章開頭提到的安慰劑效應生成要素，也就是制約、預期心理、意義這三項，你就會明白，你確實是自己的安慰劑。為什麼？因為這三項因素都在演講的例子中起了作用。

首先，你就像高明的馴獸師一樣，制約自己的身體，進入一種下意識的存在狀態，導致身體和心智融為一體、意念和感受合而為一。在意念單獨作用下，你的身體在生理結構上已經自動成了心智。只要你的周遭一出現刺激，譬如你受邀講課，你就會用帕夫洛夫制約狗的方式制約自己的身體，讓身體下意識自動對停留在過往經驗中的心智做出反應。

既然大多數安慰劑研究都指出，要啟動體內的自律神經系統、引發顯著生理變化只需要一個念頭，你現在做的事，無非就是靠意念搭配情緒來調節內在狀態。你體內所有的下意識與自主系統，在神經化學機制上，受到了恐懼引起的熟悉感受和身體記憶影響，於是變得更加牢固了。這樣的結果完全反映在你的生理現象上。

其次，如果你的預期心理告訴自己未來發展只會和過去一模一樣，那麼你不但會讓自己的意念停留在過去，也會只根據過往經驗認定未來不會有變化，同時，你的情緒還會完全順著事件經驗起伏。到最後，已經化為潛意識心智的身體，就會以為自己正活在預期中的未來。結果，你的注意力全都投注在可預期的已知現實之上，導致你的抉擇、行為、經驗、情緒無法呈現新的風貌。當你的生理狀態緊抓著過去不放，反而在潛意識中決定了未來走向。

最後，當你為一個行動賦予意義或是有意識的意念，就會放大最後的結果。你每天對自己說的話（譬如「我不擅長在人前演講」、「演講讓我高度焦慮」）會對你產生意義，更會讓你容易接受自我暗示。要是你現在的知識都源自於過去經驗和心得，那麼只要不更新知識，你就會不斷複製心智預期的結果。如果你能改變意義和內心的意圖，就能像上一章研究中的女性飯店清潔工一樣，賦予結果新的面貌。

總之，不管你至今是以正面積極的態度創造新的存在狀態，還是始終處於自動導航模式、卡在舊的存在狀態當中，你其實都已經是自己的安慰劑了。

第四章　體內安慰劑效應

一九八一年某個清朗的九月天，八名年約七、八十歲的男士搭上了幾部廂型車，一同從北方離開波士頓，歷經兩小時車程抵達新罕布夏州彼得堡鎮的一所修道院。他們準備參加為期五天的避靜活動，這五天當中，每個人都要假裝自己還年輕，而且至少得裝出比當時年輕二十二歲的樣子。這場活動由一群研究人員主辦，總召集人是哈佛大學心理學家愛倫・蘭傑博士，在第一週活動完成之後，隔週還找了另外八名銀髮男士參加同樣的活動，當作控制組。第二團成員必須在活動當中積極回憶自己二十二年前的模樣，但不必假裝自己仍然年輕。

第一團男士抵達修道院的時候，就發現四周充滿了各種環境刺激，能幫助他們營造回春的感受。他們一面翻閱過期的《生活週刊》和《週六晚報》，一面觀賞一九五九年流行的影視節目，同時收聽當年熱門的廣播節目。他們還大談當年的時事，像是卡斯楚在古巴崛起、蘇聯領導人赫魯雪夫拜會美國。修道院活動之所以刻意提供這些刺激，都是為了幫助成員想像自己年輕了二十二歲。

五天避靜結束後，研究人員對受試者做了測試，再將後測結果和活動前的前測結果互相對照。結果顯示，兩組受試者在參加活動之後，身體在結構上和功能上都變年輕了，不過就改變幅度而言，假裝自己還年輕的第一組受試者則比單純回憶的控制組還要顯著❶。

研究人員發現，受試者的身高、體重、步態都出現了正向變化。當受試者背脊挺直後，身高就變高了；當他們身上的關節炎消失之後，關節就變得更靈活、手指也變長了；他們的視力、聽力、記憶力都變好了，認知能力測驗分數也變高了（第一組的分數提高了百分之六十三，控制組的分數則提高了百分之四十四）。在研究人員眾目睽睽下，這些受試者在這五天內真的變年輕了。

蘭傑博士表示：「研究結束之後，我還和這些受試者踢橄欖球。有些受試者甚至連拐杖都用不著了。」❷

這是怎麼一回事？顯然，這些男士啟動了腦中某部分的迴路，讓自己回想起自己二十二年前的狀態，而神奇的是，他們的體內也起了相應的化學變化。他們不只感覺自己變年輕，各種測試結果也證明，他們的身體真的變年輕了。這些變化不但出現在內心，更反映在身體上。

不過，身體究竟要進行哪些作用，才能引發這些驚人的生理變化？我們之所以能測量到這些結構和功能變化，究竟是誰的功勞？答案就是一般人覺得改變不了的基因。接下來，就讓我們來認識一下什麼是基因，以及基因的運作機制。

DNA解密

想像一下梯子或拉鍊被扭成螺旋的樣子，你就會知道去氧核醣核酸（一般所說的DNA）長什麼樣了。DNA位於我們體內每個活細胞的細胞核裡，上頭包含的原始資料或指示決定了我們的模樣和本質（不過你很快就會發現，這些指示並不是細胞必須終其一生遵循的教條，內容也不是全然不能更改）。DNA螺旋的兩條鍊子上都有成對的核苷酸，稱之為鹼基對，每個細胞裡大約有三十億對鹼基。當核苷酸排成了各式各樣的長序列，就形成了所謂的基因。

基因是種微小而獨特的結構。如果你從體內某個細胞的細胞核中抽出DNA，再把DNA螺旋從頭到尾攤開，其總長可達六英呎。如果你把全身的DNA都抽出來再完全攤開，其總長足以來回太陽和地球一百五十次❸。不過，要是你把全球近七十億人的DNA全部捏成一團，總體積其實不會超過一粒米的大小。

我們的DNA會利用自身鹼基序列上承載的指示製造蛋白質。蛋白質（protein）這個詞源於希臘語中的protas，意指「具最重要的地位」。蛋白質是一種原料，能被身體用來建造頭尾連貫的立體結構（也就是我們的生理構造），也能用來執行各種精細的生理功能和複雜的生理反應。事實上，我們的身體就是蛋白質產生器。肌肉細胞會製造肌動蛋白與肌凝蛋白；皮膚細胞會製造膠原蛋白和彈力蛋白；免疫細胞會製造抗體；甲狀腺細胞會製造甲狀腺素；某些眼部細胞會製造角蛋白；骨髓細胞會製造血紅蛋白；胰臟細胞則會製造蛋白酶、脂肪酶、澱粉酶等酵素。

以上這些由細胞製造的產物，全部都是蛋白質。蛋白質能控制免疫系統、消化食物、治療傷口、催化化學反應、支撐身體結構、提供外型美麗的細胞間訊息傳遞分子，功能族繁不及備載。總之，蛋白質表現了我們的生命及健康狀態。如果你想複習基因結構的相關概念，可以參考圖4.1的簡要說明。

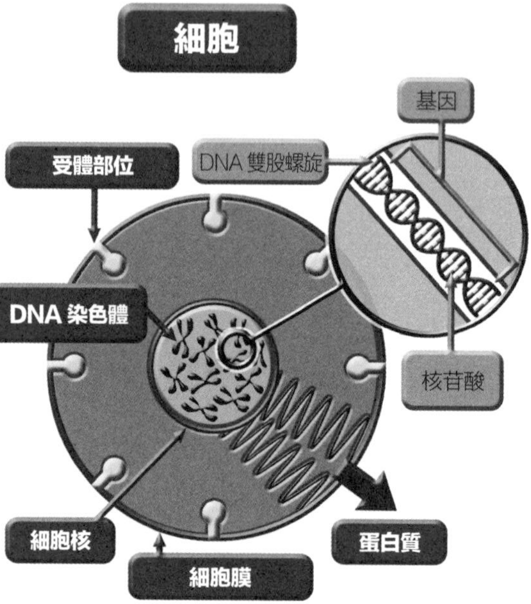

圖 4.1

本圖為某細胞與其核中的 DNA 遺傳物質。DNA 鍊會互相纏繞成所謂的雙股螺旋，外觀如同被扭成螺旋的拉鍊或梯子。梯子上的每一階是成對的核苷酸，上頭載有製造蛋白質的指令碼。長度不同、核苷酸序列不同的 DNA 鍊稱為基因，基因會在製造蛋白質時表現出來。人體內的各種細胞會製造不同的蛋白質，各自組成或參與不同的生理結構與功能。

六十年前，詹姆斯·華生（James Watson）博士和法蘭西斯·克里克（Francis Crick）博士發現了DNA雙股螺旋結構，並在一九七〇年的某期《自然》期刊中發表了所謂的「中心法則」，也就是基因會決定一個人的所有生理現象❹。六十年來，這套說法始終牢不可破，即使反證三不五時就冒出頭，也常被研究人員視為複雜系統中的異常現象，因此完全不受重視❺。

中心法則發表後四十幾年來，一般大眾普遍奉基因決定論為圭臬，使得大多數人對基因有所誤解，以為遺傳特徵早在出生時就註定了，而且只要我們天生帶有癌症、心臟病、糖尿病等各種特殊基因，就完全沒機會改變由基因決定的命運，就像我們無法控制眼珠顏色或鼻子形狀一樣（暫且不論戴變色隱形眼鏡或動整形手術的情形）。

基因會決定某些特徵或疾病的論調，也不斷透過新聞媒體強力放送，導致閱聽大眾常常相信自己的命運被基因拖累，自己的健康、身心安寧、人格也都任由基因擺布。有人甚至相信，我們的人際關係完全取決於基因特徵，而且光看基因就能預測一個人未來的命運。只是，我們的人格和所作所為，難道都是天生就註定的嗎？乍看之下，我們的文化對基因決定論實在深信不疑，總是認為思覺失調症狀、領袖特質等狀態都是由特定基因決定的。

這些老掉牙的說法，其實全都過時了。首先，有些疾病症狀完全和基因無關，像是讀寫障礙、注意力缺失症或酒癮，因此我們不能直接把所有健康狀態或生理現象和基因畫上等號。譬如第一型糖尿病、唐氏症、鐮刀型貧血症這些病症，世界上只有不到百分之五的患者是先天就帶有病症基因，至於另外百分之九十五的患者，都是因為生活型態和行為習慣出問題才得病的❻。反過來說，也不是每個人身上的症狀基因都會表現出來，像阿茲海默症或乳癌基因就是這樣。基因跟蛋不一樣，不是等久了就一定會孵出成果。真正該思考的問題，其實是我們體內的基因究竟表現出來了沒，以及我們的所作所為會不會啟動或關閉這些基因。

當科學家定序出人類基因體之後，大眾理解基因的方式終於有了大轉變。一九九〇年，研究人員展開了人類基因體計畫，預期要定序出人體含有的十四萬種不同基因。他們之所以認為是十四萬，是因為人體總共會製造十萬種蛋白質，外加四萬種用來製造其他蛋白質的調控蛋白質，而基因正好扮演了製造蛋白質和控管蛋白質生產的關鍵角色。換句話說，科學家認為每種蛋白質都有各自對應的基因，而且希望透過人類基因體計畫將基因一一定序出來。只是到了二〇〇三年，當計畫接近尾聲時，科學家只定序出了兩萬三千六百八十八種基因。

就華生提出的中心法則來看，光靠兩萬多種基因不但架構不起複雜的人體系統、維持不了體內的功能，甚至連讓大腦正常運作都不夠。要製造這麼多蛋白質，還要維持身體機能，如果不是從基因當中抽取所有資訊，究竟還能從哪邊取得呢？

聰明的基因

為了回答這個問題，科學家又提出了新的解釋：在人體系統中，基因必須互助合作，才能讓細胞既包含表現中（啟動）的基因，又存在被抑制（關閉）的基因。換句話說，在製造人體所需的各種蛋白質時，涉及的基因不只一個，而是一組同時啟動的基因。這些基因就像聖誕樹上閃爍的燈飾，一串燈泡裡會有某幾個同時亮、某幾個同時暗。我們也可以把這些基因想成城市夜間天際線上的燈火，在不同的時間點，來自各大樓不同房間的燈光會排出不同的明暗景象。

基因會有這樣的表現，當然不是偶然。其實，整個基因體或整條DNA鍊都對個別基因的職責瞭若指掌，因為所有職務都經過精心分配，並且互相串連。人體的每個原子、分子、細胞、組織、系統運作時，能量不但前後連貫，還能和個體人格的意識或潛意識存在狀態達到平衡❼。如此一來，基因自然會因為細胞外環境而啟動或關閉。至於這裡說的細胞外環境，有時指的是人體內部的環境（如情緒、生理、神經、心理、能量、精神等方面的存在狀態），有時則指人體外部的環境（如創傷、溫度、海拔、毒素、細菌、病毒、食物、酒精等）。

討論基因種類時，一般會按照讓基因啟動或關閉的刺激形式來分類。譬如經驗決定型（experience-dependent）或認知活動決定型（activity-dependent）的基因會在個體經歷全新經驗、學習新知識和自我療癒時被啟動，接著會合成蛋白質並釋放化學傳訊物質，透過這些物質指揮幹細胞進行分化，以滿足療傷時特定的細胞需求。

如果是行為狀態決定型（behavioral-state-dependent）基因，則會在個體情緒高昂、背負壓力或處於不同認知程度（包括作夢）時被啟動。這一類基因是意念和身體的橋樑，也相當於心智和身體之間的連結，能幫助我們學習如何讓身心進入安寧、堅韌、自體療癒的狀態，以便調控個人健康狀態。

科學家目前認為，基因還可能隨時切換表現狀態。根據研究的結果，我們的意念、感受和所作所為（包括抉擇、行為和經驗）都能替身體帶來深層療癒和再生效果。所以說，無論是你和家人、朋友、同事的互動，還是你的靈修儀式、性癖好、運動習慣，甚至是你常用的清潔劑類型，都會影響你體內的基因。最新研究結果顯示，人體大約有九成的基因都會和環境訊號協調運作[8]。如果經驗是啟動眾多人體基因的要角，那麼後天因素就能左右先天條件了。既然如此，我們何不好好利用這項機制，靠一己之力透過各種可行方案改善體質，省得一天到晚看醫生？

恩尼斯特・羅西（Ernest Rossi）博士在個人著作《基因表現的心理生物學機制》（*The Psychobiology of Gene Expression*）中提到：「無論是我們的主觀心智狀態、有意識的積極行為或是對自由意志的覺察，都具備調節基因表現的功能，有助於我們大幅改善身體健康。」[9]最新的科學理論也認為，每個人在一生當中都有機會調整體內基因。即使基因演化的時間可能長達數千年，卻能在幾分鐘之間透過不同的行為和嶄新經驗改變表現狀態，再將改變後的結果傳給下一代。

這樣看來，基因就不再像是一塊鄭重刻著個人命運的石板，而是儲有大量加密訊息的資料庫，甚至是記載蛋白質表現可能性的龐大檔案室。不過，這些資料畢竟不是公司倉庫裡的貨品，沒辦法想調出來用就調出來用。我們因為不清楚資料庫裡有什麼資料，也不太知道如何調閱，於是只動用了其中能確實取得的一小部分。我們真正表現出來的DNA，實際上只有總數的百分之一點五，而剩下的百分之九十八點五則仍處於沉睡當中。這百分之九十八點五的DNA雖然被科學家稱為「垃圾DNA」，但其實並不是沒用的，科學家只是不曉得怎麼利用這些DNA，頂多知道這些DNA負責製造調控蛋白質而已。

道森．裘奇博士在他的著作《基因中的精靈》裡表示：「基因能形塑我們的身體特質，但不會導致這些特質一成不變。我們使用的意識工具，像是信念、祈禱、意念、動機、信仰等等，反而比基因更能影響我們的健康、壽命和幸福感。」❿就好像我們的身體不單是骨頭和肌肉的總和，我們的基因也不純粹是一堆庫存的資訊。

基因表現的生理機制

現在，讓我們一起來了解要如何啟動基因。能啟動基因的條件其實不少，不過我會盡量以簡單的方式說明。

當細胞外（即外部環境）的化學傳訊物質（譬如神經胜肽）嵌入細胞表面的停泊位，並且穿透細胞膜，就會一路朝含有DNA的細胞核游去。該傳導物質能修飾或製造新蛋白質，本身攜帶的訊號也會被轉譯成資訊，接著被送入細胞內。該傳導物質會穿過某個小窗口進入細胞核，並根據蛋白質訊息內容與特定染色體（由單一DNA螺旋組成，其中包含許多基因）在核內相會，就像你在圖書館書架上尋找某本特定的書一樣。

每一股DNA外都套有一層蛋白質，這層套膜能將DNA內部的資訊和細胞核內的環境隔絕開來。在挑選DNA編碼之前，必須先去掉或解開DNA外的套膜，讓DNA上的編碼暴露出來，就像是從圖書館挑了一本書之後，必須先翻開才能閱讀內容一樣。DNA上的編碼帶有遺傳訊息，當訊息被讀取並啟動之後，蛋白質生產程序才會開始運轉。相反地，要是DNA外的蛋白質套膜沒掀開，DNA編碼沒露出來，DNA就會持續處於沉睡狀態。總之，DNA這座儲存加密資訊的檔案庫，需要有人解鎖或開啟才會產生作用。你可以把DNA想像成一張潛能列表，每項潛能都需要收到命令才能製造蛋白質，進而調控並維持各式生命機能。

當傳訊蛋白質選定了目標染色體，就會移除DNA外的套膜以便將該染色體解開，接著則會出現另一種能調控染色體內某完整基因序列（相當於一本書中的某一章）的蛋白質，負責讓該序列從頭到尾進入可供讀取的狀態。一旦基因編碼露出、蛋白質套膜移除且序列讀取完成，讀取序列的調控蛋白質就會製造另一種核酸，稱為核糖核酸或RNA。

在基因已經表現或啟動之後，RNA就會離開細胞核，和自身攜帶的編碼所產生的蛋白質結合。這時，基因會從單純的潛能草圖模式轉變為主動表現模式，而由基因製造的蛋白質則能在細胞內與細胞外活動，針對各式生命機能進行建構、組裝、互動、回復、維持、干預等機制。圖4.2簡要描繪了上述基因表現的流程。

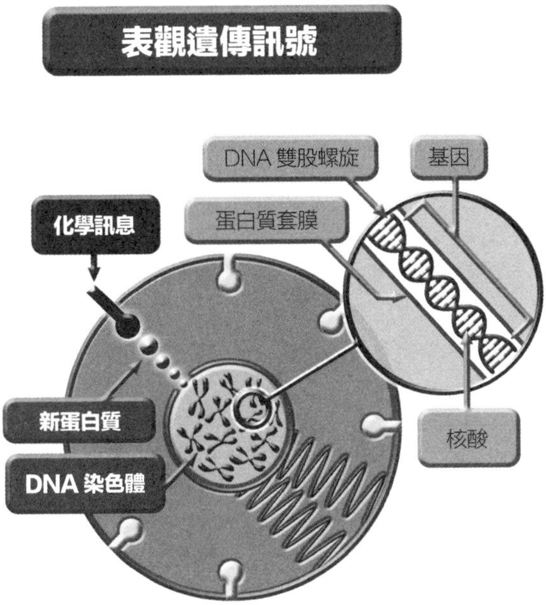

圖 4.2A

圖 4.2A 為表觀遺傳訊號準備嵌入受體部位的狀態。當化學傳訊物質和細胞膜上的物質產生反應，另一組訊號就會以新蛋白質的形式送入細胞核內，以便挑選目標基因序列。目標基因外仍罩著一層能隔絕外部環境的蛋白膜，在讀取基因內容前必須去除這層套膜。

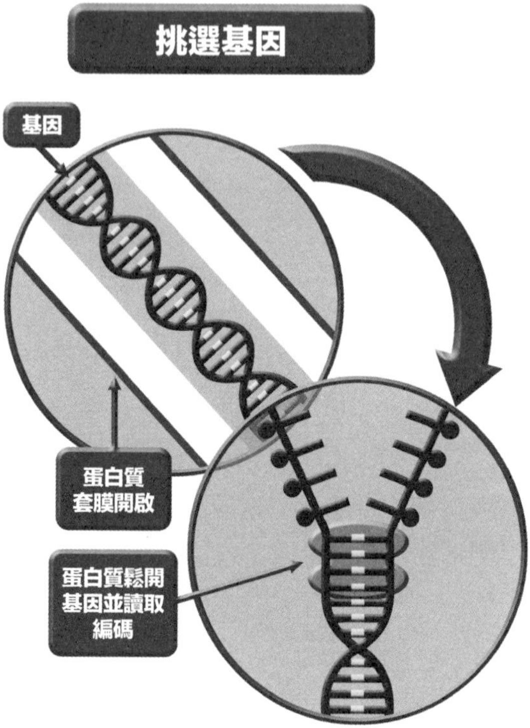

圖 4.2B

圖 4.2B 顯示，在包裹 DNA 基因序列外的蛋白質套膜開啟後，調控蛋白質便能鬆開基因，讀取基因承載的特定編碼內容。

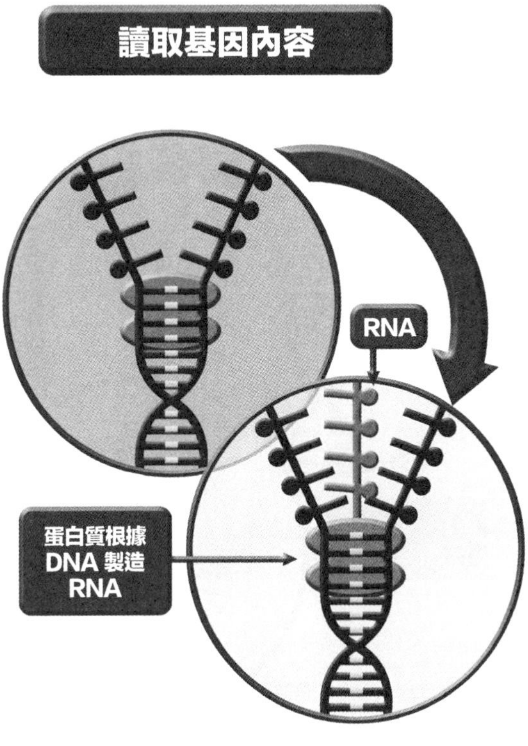

圖 4.2C

圖 4.2C 顯示調控蛋白質製造 RNA 分子的過程，RNA 能將基因編碼內容轉譯並轉錄為蛋白質。

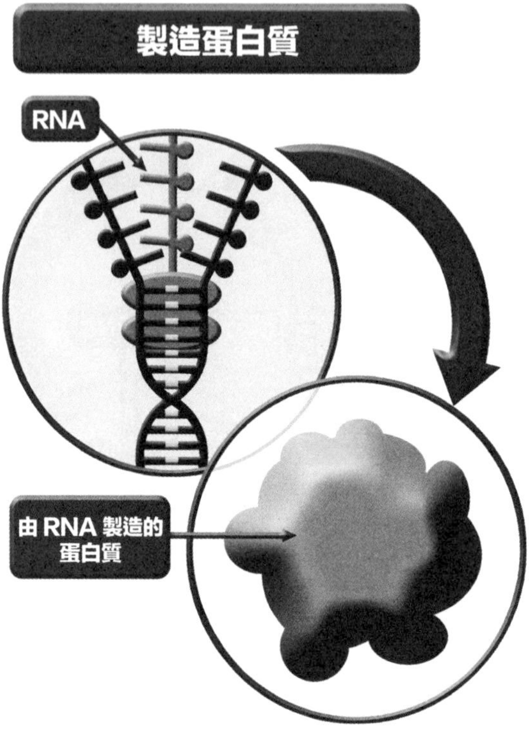

圖 4.2D

圖 4.2D 顯示蛋白質製造過程。RNA 會利用稱為胺基酸的基礎建材組合出新蛋白質。

建築師在根據草圖蓋房子之前，必須先掌握所有關鍵資訊；身體跟建築師很像，在製造能維持生命機能、由染色體DNA驅動的複雜分子之前，必須先接收相關指示才行。建築師在閱讀草圖前，必須把圖紙從紙筒裡抽出來攤開，否則草圖上的內容只會捲在紙裡，無法發揮作用；細胞也一樣，要是蛋白質套膜還覆蓋在基因上，細胞就無法讀取基因序列內容，於是基因也無法發揮作用。

以前，科學家認為身體在蓋房子之前只需要獲得資訊（草圖）就夠了，他們的研究多半也朝這個方向進行，至於真正引發連鎖效應的細胞外訊號，則往往乏人問津。但事實上，包括意念、抉擇、行為、經驗、感受在內的細胞外訊號，才是決定細胞應該讀取哪些基因的關鍵角色。如此一來，要是你能調控這些訊號，顯然就能控制體內的基因表現。

指導凡人扮演上帝的表觀遺傳學

如果基因不會決定我們的命運，裡頭也還有成千上萬組潛在編碼有待發掘和讀取，那我們要如何才能開發這些潛能，好讓自己更加健康、身心更安寧？修道院研究中的受試者確實達到目標了，但他們是怎麼辦到的？一切的解答，都藏在「表觀遺傳學」（epigenetics）這個新的研究領域裡。

Epigenetics 字面上的意思是「在基因上方」，指的是某些細胞外部訊息能夠控制基因，也就是仰賴環境因素而不靠細胞核內的DNA。這些訊號能讓甲基（一個碳原子連接三個氫原子）接在基因結構的某個位置上，整個過程稱為「DNA甲基化」（DNA methylation），是能用來啟動或關閉基因的重要手段。

表觀遺傳學告訴我們，一個人的命運不會被基因綁死，我們只要在意識內做出改變，就能引發生理結構和功能變化，同時透過各種能影響基因的環境因素啟動目標基因、關閉非目標基因，改變自己的基因命運。這些環境訊號可能是人體主動生成的產物，像是感受和意念，也可能是身體接收外在環境刺激後產生的反應，譬如身體接觸汙染或陽光後的反應。

表觀遺傳學的重要課題，就是觀察能指揮細胞採取何種行動、何時行動的外部訊號，判斷哪些訊號會活化或啟動基因表現（調增表現量）、哪些會抑制或關閉基因表現（調降表現量），並分析其間的能量交互作用如何隨時調控細胞功能。表觀遺傳學認為，雖然DNA編碼內容永遠不會改變，但每個基因卻可能表現出上千種特徵組合、序列和型態變化，就像腦內神經網絡的組合、排序和形狀可能有好幾千種一樣。

綜觀整套人類基因體，其中就包含了千萬種表觀遺傳組合，著實讓科學家費盡心思。二〇〇三年，人類基因體計畫告一段落，而歐洲研究人員則著手醞釀人類表觀基因體計畫[11]。有些研究人員認為，一旦表觀基因體計畫順利完成，就會「大幅超越人類基因體計畫，讓前者看起來像是十五世紀小孩靠撥算盤完成的作業」[12]。即使序列草圖已經定型了，我們依然能改變建物色澤、建材種類、建物規模，甚至是調整結構體次序，形成無數種排列組合，而且過程中完全不需要更動草圖內容。

要了解表觀遺傳學的運作模式，最經典的參考範例就是DNA相同的同卵雙胞胎。假設基因決定論完全正確，也就是所有疾病都是基因決定的，那麼同卵雙胞胎表現出來的基因特徵理論上要彼此一致。不過，同卵雙胞胎卻不會永遠罹患同樣的疾病，有時候，甚至只會有一人表現出基因疾病，另一人則安然無恙。也就是說，雙胞胎雖然擁有相同的基因，但表現出來的特徵卻可能完全不同。

這樣的想法，在西班牙國家癌症研究中心的研究裡正好得到印證。該研究中心位於馬德里，中心內部的癌症表觀遺傳實驗室曾經募集四十對小至三歲、大至七十四歲的同卵雙胞胎進行研究。結果發現，生活型態接近、同住時間較長的年輕同卵雙胞胎容易表現出類似的表觀遺傳特徵，而年長的同卵雙胞胎，尤其是生活型態大不相同、同住時間也較短的組合，彼此表現出來的表觀遺傳特徵就會大相逕庭[13]。以某對五十歲雙胞胎為例，兩人表現出來的基因特徵差異就是三歲雙胞胎組合的四倍。

雙胞胎出生時雖然具備同樣的DNA，但一旦出現生活型態和人生道路差異，彼此就會表現出不同的基因特徵，而且兩人活的時間越久，這樣的情形越明顯。或者換個比方，年長的雙胞胎就像是同一機型的電腦，一開始都安裝了類似的出廠軟體，但隨著使用時間拉長，兩台電腦內安裝的軟體會越差越大。即使兩台電腦結構（DNA）前後一致，但由於使用者下載安裝的軟體（表觀遺傳特徵變異）各自不同，依舊會導致電腦的實際運作內容和運作模式大異其趣。當我們的內心萌生了意念或感受，身體就會在進行繁複運算之後，產生各種生理調節和變化；此外，不同的經驗也會觸發細胞內不同的開關，帶來貨真價實的基因變異。

有時候，基因變異的速度可說是相當驚人。在某項研究中，三十一名罹患低風險前列腺癌的男性受試者，在接受短短三個月的密集性飲食及生活調理之後，就能調增四十八種基因的表現量（多數為抑制腫瘤相關的基因），同時調降四百五十三種基因的表現量（多數為促使腫瘤生長相關的基因）⓮。這項研究是由加州大學舊金山分校的迪恩・奧尼希（Dean Ornish）醫師發起的，隨著研究不斷進行，受試者的體重、腹部贅肉、血壓、血脂肪也逐漸減低了。對此，奧尼希表示：「基本上，這樣的結果不是因為去除了哪些危險因子，或者預防了什麼負面狀況才出現的。身體的生理變化其實非常迅速，我們不必等上好幾年就能看見成果了。」⓯

某份瑞典研究則呈現了更驚人的變異結果。這份為期六個月的研究，主要針對二十三名輕微過重的健康男性，要求這些受試者改變久坐的生活型態，嘗試每週上平均一到兩次的飛輪和有氧課程。這批隆德大學的研究人員發現，受試者在研究期間內一共改變了七千種基因，相當於人類基因體內所有基因數量的三成！⓰

事實上，表觀遺傳變異還能夠傳給下一代，甚至是世世代代的子孫⓱。華盛頓州立大學生殖生物學研究中心主任麥可・史金納（Michael Skinner）博士是第一位發現這項事實的研究人員，他在二〇〇五年時讓懷孕大鼠直接接觸殺蟲劑，結果發現，由懷孕大鼠產下的雄性幼鼠不但容易失去生殖能力，精子數量也較少，身上總共有兩種基因出現表觀遺傳變異。變異大鼠繁衍了四代之後，後代雄性大鼠在從未接觸殺蟲劑的情況下，仍有百分之九十表現出同樣的遺傳變異。[18]

只是，外界經驗對我們造成的基因變異影響，也只佔了整體的一部分而已。我們已經知道，當我們以不同方式賦予經驗各種意義時，就會引發一連串的生理、心理、情緒、化學反應，進而啟動基因。我們透過感官接觸資訊時，可能會無視資訊真假而直接視其為事實，也可能賦予資訊各種意義，而這些行為都會在細胞內引發顯著生理變化。如此一來，我們的基因就會和意識產生交互作用，形成複雜的關係網絡。某種程度上，我們賦予的意義會不斷形塑神經結構，而神經結構又會在微觀層次上形塑我們的自我，到最後，我們整個人在巨觀層次上也會受到影響。

表觀遺傳學研究也想知道，要是外在環境條件始終維持原狀，會帶來什麼結果？如果你每天在同一時間和同一批人做同樣的事，而這些事又會引發同樣的經驗，進而引發同樣的情緒，再以同樣的方式指揮同樣的基因，結果又會如何？

我們可以說，你只要選擇活在過去，並且使用同樣的神經結構、同樣的心智層級應對外界條件，就會讓自己朝早已寫定的基因命運走去。除此之外，你對自己的人格、人生抱持的信念，以及基於這些信念做出的抉擇，都會持續對同樣的基因發送同樣的訊息。

唯有使用新資訊、透過新的方式刺激細胞時，才有可能讓細胞由同樣的基因衍生出千萬種變異型態，接著讓蛋白質產生新的表現，進一步改變個人體質。你或許掌控不了外在世界中的所有條件，但內在世界的方方面面卻是你能夠駕馭的。不管是你的信念和感知，還是你和外在環境互動的方式，都會對你的內在環境造成影響，而對細胞來說，你的內在環境仍然算是一種外在環境。總之，能決定基因命運的不是你與生俱來的生理機制，而是你手上握著的鑰匙。你必須將對的鑰匙插入對的鎖孔，才能解放體內的潛能。既然如此，我們不就更應該認識基因，明白基因能帶來各種可能、具備無窮潛力，更是能替個人指令編碼的系統？事實上，基因可說是一種蛻變工具，能幫助人脫胎換骨。

壓力帶來生存意志

壓力是相當容易引起表觀遺傳變異的因素，因為身體處在壓力之下就會失衡。壓力的形式分為三種，包括生理壓力（創傷）、化學壓力（毒素）及情緒壓力（恐懼、擔憂、崩潰等），每一種壓力都能引發超過一千四百種化學反應，同時產生超過三十種激素和神經傳導物質。當壓力激素引發一連串的化學反應，我們的心智就會透過自律神經系統影響身體，使我們感受到身心之間的連結。

但諷刺的是，我們之所以會有壓力，其實是為了適應環境。在自然界中，包括人類在內的各種生物，全都具備足以應付短期壓力的機制，以便在緊急狀況下能動用必要資源。當你察覺外在環境中的威脅，你的交感神經系統（自律神經系統的一種）就會開啟戰或逃反應，促使心跳加速、血壓升高、肌肉緊繃，並使腎上腺素及皮質醇等激素布滿全身，讓你準備好逃跑或正面迎敵。當你被一群飢腸轆轆的野狼或一群兇猛的戰士追著跑，但最後成功甩掉追兵，你的身體就會在確定安全之後回到平常的恆定狀態，這就是生存模式下身體的運作機制。雖然身體在一時半刻間失衡，但等到危險過去就恢復平衡了，至少理論上是如此。

同樣的現象也會出現在現代社會中，只是情境不同。你在高速公路上開車的時候，如果遇到有人想超你車，你會在一瞬間心驚膽跳，但只要一發現自己沒有生命危險，就會把出車禍的憂慮拋諸腦後，身體也會因此回到日常狀態，除非你當天還接二連三碰上類似的壓力事件。

如果你的生理機制和大部分的人一樣，那麼在碰上一連串神經緊繃的事件時，身體就會脫離恆定狀態，並長期維持戰或逃模式。就算一整天裡只有超車事件攸關生死，其他像是上班途中遭遇的車流、準備重要簡報的壓力、和另一半起爭執、收到信用卡帳單、硬碟突然壞掉，或是照鏡子時發現自己多了一根白頭髮等狀況，都會使壓力激素在體內不停流竄，幾乎全天無休。

不管是回想起過去的壓力經驗，還是預期未來會發生的壓力事件，這些狀況都會形成短期壓力，接著彼此融為一爐形成長期壓力，這就是專屬二十一世紀的生存模式。

在戰或逃模式下，身體就會動用各種維生能量，以便執行逃跑或戰鬥反應。然而，要是你不斷感受到生命威脅，導致身體無法回到恆定狀態，生命能量就會在系統中耗損。一旦這股能量被四處消耗，能用來進行細胞生長與修復、細胞結構長期建築工程、自體療癒的內在能量就會變少。最後，細胞會紛紛關閉，變成不和其他細胞往來的「自私鬼」，因為這時的首要之務已經不是實施例行檢修或改善體質，而是自我防衛了。於是，每個細胞只會自掃門前雪，原先合作無間的細胞社群也會變得各自為政。當來自細胞外的指揮訊號消失，使得相關基因的效能受限，免疫和內分泌等系統也會跟著減弱。

這樣的情況，就好比國家將百分之九十八的資源都投注在國防上，導致學校、圖書館等機構或造橋修路、通訊系統、糧食生產等事務完全領不到預算。到頭來，路面會不斷出現沒人填的坑洞、學校會基於預算縮編大砍教學內容、照顧老窮人口的社會福利措施會被迫中止，乃至於大眾賴以維生的糧食都供不應求。

這麼一來，長期壓力自然會引發焦慮、憂鬱、消化不良、記憶受損、失眠、高血壓、心臟疾病、中風、癌症、潰瘍、風濕性關節炎、感冒、流感、老化加速、過敏、身體疼痛、慢性疲倦、不孕、性無能、氣喘、激素失調、起疹、掉髮、肌肉痙攣、糖尿病等不同症狀（其實，這些症狀全都是表觀遺傳變異的結果）。在自然界裡，沒有生物是天生擅長應付長期壓力的。

某些研究已經透過強而有力的論據，描述表觀遺傳指令在緊急狀況下會如何停擺。舉例來說，俄亥俄州立大學醫學中心發現，人體內有超過一百七十種基因會受壓力影響，其中一百種還會因此完全關閉（包括能製造蛋白質、加快對應傷口癒合的基因）。醫學中心研究人員表示，當病患處於壓力之下，傷口癒合的所需時間會多出百分之四十：「壓力會改變基因體平衡，而負責製造出引發細胞週期停滯、死亡、發炎蛋白質的基因，會因此變得更強勢。」[19]另一份研究在分析一百名底特律居民的基因之後，又密集研究了二十三名罹患創傷後壓力症候群的受試者，結果發現，這些患者身上表現出的表觀遺傳變異量是其他人的六到七倍，而且大多會使免疫系統功能減弱[20]。

加州大學愛滋病研究中心的研究人員則發現，承受強烈壓力的愛滋病患者體內的人類免疫缺乏病毒（HIV）擴散速度較快，而且患者所受壓力越大，抗反轉錄病毒藥物就越難對患者產生作用[21]。相較於血壓、皮膚濕度、靜止心率都反映出受壓狀態的患者，藥物對生活較平靜的患者產生的藥效是前者的四倍。有鑑於上述研究結果，研究人員因此認定神經系統會直接影響病毒繁殖。

對早期人類而言，戰或逃反應是一種有助於存活的環境適應能力，但很顯然，當這套生存系統越常啟動，身體就越會挪用資源讓健康狀態維持高峰，到最後反而使生存系統越來越難適應環境。

負面情緒的遺毒

當我們的身體不斷產生壓力激素，就會同時引發具有高度成癮性的負面情緒，像是憤怒、敵意、衝動、競爭意識、恨意、挫折、恐懼、焦慮、嫉妒、不安、罪惡感、羞愧、悲傷、憂鬱、無望感和無力感等等。一旦我們只惦記著過去痛苦不堪的回憶，或是成天擔心令人膽顫心驚的未來，導致內心容不下其他念頭，就會讓身體無法回到恆定狀態。的確，我們可以光靠意念就啟動壓力反應，但要是反應啟動之後又關閉不了，基因就會像骨牌一樣一個個被調降表現量，使我們落入身體不適或者生病的情境（有人可能會染上感冒，有人可能會罹癌），直到基因命運降臨的那一天。

舉例來說，如果我們事先知道某未來事件必定會發生，因此心裡不斷惦記著這件事，完全容不下其他念頭，我們的身體就會開始出現生理變化，準備迎接該未來事件。在這之後，制約反應就會啟動自律神經系統，使神經系統自動製造相應的壓力化學物質。這就是人被身心連結反噬的過程。

當我們處在這個狀態下，就會完美展現安慰劑效應三大要素。首先，我們使身體被爆發的腎上腺素制約，企圖製造能量充沛感。接著，當我們將外在現實中的人、事、時、地、物等經驗和腎上腺素爆發反應建立連結，身體就會再度被制約，讓我們只要一想到這些刺激，身體立刻會有所反應。到最後，我們就能單靠涉及某次經驗中某人、某事、某時、某地、某物的某個意念，使身體產生制約，進入高昂情緒的狀態。如果我們能根據過往經驗預判未來情境，那麼，只要我們完全接受這樣的期望，就會讓身體產生生理變化。此外，如果我們又替行為和經驗賦予意義，就會讓個人的意念和事件結果形成連結，於是我們的身體也有可能隨之轉變，而轉變後的模樣會等同於個人對現實和自身的認識。

無論生活中的壓力對你而言合不合理、正不正當，讓身體承受壓力依舊毫無益處，也無法改善健康，因為你的身體會以為自己正在被獅子追、正處於險峻的懸崖邊，或者正在和眼前的一千食人族奮戰。以下，我會透過幾則科學研究案例，來說明身體承受壓力之後的結果。

俄亥俄州立大學醫學院的研究人員曾測量一項基因啟動的關鍵指標，也就是壓力與輕度皮膚傷口癒合速度的關係，證實當壓力型情緒爆發時，就會引發激素和基因反應[22]。研究人員替四十二對已婚夫妻實施小型水泡吸著移植手術，並在術後三週內針對三種最常於傷口癒合時表現的蛋白質，觀察該蛋白質在受試者體內的表現量。研究人員要求每對夫妻先花半小時討論無傷大雅的話題，以此作為測量基準點，等到半小時過後，再改談婚姻生活中曾經吵過的架。

研究人員發現，當夫妻談完曾經吵過的架之後，體內和傷口癒合相關的蛋白質表現量會稍微降低，也就是基因的表現量被調降了。至於談到最後吵起來，還對彼此發出各種酸言酸語、嘲諷貶低詞句的夫妻，其體內的蛋白質表現量更驟降將近百分之四十。

至於條件反轉後的效應，研究結果也顯示，只要利用正向情緒降低壓力，就能引發有助於改善健康的表觀遺傳變異。波士頓市麻塞諸塞州的班森─亨利身心醫學研究院，曾經做過兩份重要的冥想研究，觀察這套公認能激發寧靜和幸福感的技巧和基因表現之間的關聯。於二〇〇八年做出的第一份研究中，有二十名志工接受了為期八週的身心強化鍛鍊，包括不同的冥想、瑜珈、反覆禱告活動，一般公認這些鍛鍊能誘發放鬆反應，也就是深沉休息狀態㉓。同時，研究人員也追蹤了十九名長期實施上述鍛鍊的技術人士。

研究結束後，新手學員身上的基因共有一千五百六十一種出現變異（其中八百七十四種的表現量調增，六百八十七種的表現量調降），而且血壓、心率、呼吸速率也跟著下降；至於經驗豐富的人士，總共表現出兩千兩百零九種新基因。其中大多數的基因變異，都改善了身體應對慢性生理壓力的方式。

於二〇一三年做出的第二份研究則發現，光是實施一次冥想引發的放鬆反應，就能使基因表現出現變異，而且初階學習者與資深學習者皆然（其中，資深學習者不意外地獲得了最多的正面效果）㉔。表現量獲調增的基因，包括了與免疫功能、能量代謝、胰島素分泌相關的基因，至於表現量被調降的基因，則包括和發炎、壓力相關的基因。

這些研究結果都顯示，基因變異的速度其實可以非常迅速，這也是安慰劑效應能在一瞬間引發生理變化的原因。

一旦我們處於生存模式下，讓體內的壓力反應隨時啟動，我們就只會關注生理狀態（「我的身體有沒有狀況？」）、環境（「哪個地方才安全？」）以及時間（「我身邊的威脅會持續多久？」）等三項因素。要是我們一天到晚想著這三件事，就會讓自己損失靈性、降低注意力和覺察力，因為這時我們會更關注外在世界中出現的各種麻煩，以及自己的身體狀況和物質世界（像是個人財物、個人居住環境、個人戶頭數字等等）之上。我們還會因為惦記著過往創傷經驗、不斷作最壞的打算，而讓自己擔心歲月不待人，畢竟時間永遠不夠用，而且世界上每件事又非常花時間。

總之，壓力激素讓體內細胞變得更自私後雖然有利生存，但也會讓我們變得更自大、更自私自利，成為靠感官感受定義現實的物質主義者。當我們始終讓自己處在緊急狀態，思考時就容易始終以自我為中心，就會漸漸走上自我耽溺、利己營私、自以為是的道路，讓自己永遠和新的可能性絕緣。到最後，自我就會淪為一具為環境和時間而活的肉體。

你現在應該明白，只要透過意念、抉擇、行為、經驗、情緒，自己就或多或少能調控體內的基因機制。《綠野仙蹤》裡的桃樂絲為了追求需要的能力而踏破鐵鞋，卻沒發現自己早就具備了這項能力，而她的情況正是你的寫照：你或許從未察覺自己已經具備了某種能力，也就是能讓你擺脫基因表現的限制、迎向寬廣人生的能力。

第五章　意念如何改變大腦和身體

現在你明白，當你心裡出現了意念、產生了情緒，或者經歷了某些事件，不管這些成分會不會帶來喜悅或造成壓力，你都會扮演進行體內細胞調節的表觀遺傳基因工程師，決定自己的命運。這時，我們又得思考另一件事：假如我們能隨著環境改變而透過新的方式調節體內基因，是否有可能根據個人感受和信念，在新環境建立之前就完成調節工作？即使個人感受和情緒通常在事件結束後才會出現，我們有沒有可能在事前結合清晰動機和剛萌芽的情緒，好在未來事件實際發生之前，讓身體先體驗未來事件的滋味？

當你能專注於因未來事件而萌生的動機，又能讓意念變得比外在環境還真實，大腦就會分不出意念和外在環境的差異。接著，你的身體會化為潛意識心智，開始在當下體驗新的未來事件，這麼一來，你就能透過新的方式指揮新基因，讓基因為想像中的未來事件做好準備了。

只要你能針對一連串你渴望的新抉擇、新行為、新經驗在內心反覆進行預演，讓同一套全新的心智層級不斷重現，你的大腦就會出現生理變化，也就是會有新的神經迴路產生，讓你能利用新的心智層級思考。這時，你就像是已經經歷了未來事件，而且光靠意念就能讓身體產生表觀遺傳變異，進而帶來貨真價實的生理結構和功能變化，達到跟服用安慰劑一樣的效果。如此一來，你的大腦和身體就能擺脫過往一成不變的框架，進入你在內心建構的新鮮未來當中了。

善用心理預演技巧，就能達成以上的目標。心理預演的操作方式很簡單：只要閉上眼睛，在內心反覆想像自己正在做某一件事、仔細觀察自己期待的未來，同時提醒自己要拋棄舊的自我、朝新的自我邁進。在操作過程當中，需要規畫未來行動、衡量各種抉擇，同時將心思匯聚在全新的經驗上頭。

接下來，我想介紹更多心理預演技術的細節，讓你能深刻理解這套技術的內涵和運作機制。只要你能在內心預演某套命運、想像某種新的情境，在反覆操作之後，你就會對這樣的命運或情境滾瓜爛熟。對於你內心期待的新現實，只要你能在大腦內嵌入越多相關知識和經驗，你就越能左右逢源，讓自己在心理預演過程中不斷建造出更好、更新的現實架構，而內心的動機和期待強度也會越變越高，就跟先前提過的女性飯店清潔工一樣。這些步驟都是為了提醒你自己，一旦你順利獲得內心期待的新現實，究竟會經歷哪些事件、獲得哪些感受。這麼做，其實就是為你的注意力賦予一個意圖。

接著，你得讓自己進入高昂情緒狀態，譬如喜悅或感激，並有意識地結合想法及意圖。等到你能接受新的情緒狀態、讓自己處於亢奮之中，你的身體就會沈浸在未來事件可能引發的神經化學狀態裡了。這時候，你的身體正在體驗未來事件的滋味，也和大腦一樣分不出這樣的狀態是真實還是想像，因為就神經化學狀態來說，兩者其實沒什麼區別。最後，你的大腦和身體就會相信自己正在經歷新事件。

如果你能專心思考未來事件，不受各種雜念干擾，就能快速關閉和舊自我有關的神經迴路，外加關閉舊基因，接著啟動並鞏固新的神經迴路，再送出適當訊號，並且透過新的方式啟動新基因。這時，腦內迴路會透過先前提過的神經可塑性機制，按照當下的心理預演畫面呈現對應狀態。只要你反覆讓新意念及預演畫面結合高強度正向情緒，就能讓身體和心智攜手合作，最後，你就會進入新的存在狀態。

到了這個階段，你的大腦和身體已經能跳脫過去的框架，開始替未來勾勒藍圖了。你的意念全都化成了個人經驗，你也變成了自己的安慰劑。

心理預演成功案例

你可能聽過某位少校被囚禁在越南集中營裡的故事。這位少校被俘虜的時候，每天都會在心裡想像一座高爾夫球場，再靠揮桿練球讓自己神智清明。他獲釋返鄉的時候，竟然能夠揮出最低桿數。你可能也聽過蘇聯人權鬥士納坦．夏蘭斯基（Natan Sharansky）的故事。一九七〇年代時，夏蘭斯基被人誣陷為美國間諜，於是在蘇聯被關了九年，每天只能待在漆黑冰冷的狹窄牢房裡。在這四百天的牢獄生涯當中，夏蘭斯基每天都會在心裡和自己下西洋棋，邊下邊記憶每顆棋子在棋盤上的位置，多虧這番工夫，他才保住了許多腦內神經網絡，否則一般來說，沒有外在刺激是很難達成的。夏蘭斯基獲釋後決定移民以色列，最後當上了以色列的內閣部長。一九九六年，世界棋王蓋瑞・卡斯帕洛夫（Garry Kasparov）造訪以色列，和二十五名以色列棋士進行車輪戰，夏蘭斯基還在賽事中打敗了棋王❶。

綠灣包裝工隊的四分衛阿隆・羅傑斯（Aaron Rodgers）也會在腦中做進攻路線演練，讓自己在球場上的表現萬無一失。二〇一一年某場超級盃季後賽，身為第六種子的包裝工隊對上了第一種子亞特蘭大獵鷹隊，在這場比賽中，羅傑斯全場傳球三十六次、成功三十一次（成功率八十六點一），幫助包裝工隊以四十八比二十一獲得該場比賽勝利，季後賽結束時，全隊也順利捧起金盃。羅傑斯出色的傳球表現，更讓他在季後賽傳球成功率歷年排行榜名列第五。

羅傑斯某次接受訪問時，對記者表示：「六年級的時候，有個教練告訴我們在內心演練很重要。所以，我現在不管是在開會、看電影，還是躺在床上準備睡覺之前，都會在內心演練進攻方式。我在球場上執行的很多招數，都是我事先演練過的。我一躺在沙發上，就可以做內心演練了。」❷在那場季後賽中，羅傑斯成功躲過三次擒殺，他在回憶賽事內容時也提到：「我在球場上用到的大部分招數，都是我事先想過的。」

會用心理預演技術提升賽事表現的職業運動員太多了，像是高爾夫球手老虎伍茲、職籃明星麥可・喬登、麥可・柏德（Larry Bird）和傑瑞・韋斯特（Jerry West），以及職棒投手羅伊・哈勒戴（Roy Halladay）都會使用。曾經稱霸高爾夫球壇的傑克・尼克勞斯（Jack Nicklaus）在個人著作《打出坦途》（*Golf My Way*）中也提到：

在比賽場上，甚至是在練球過程中，我在揮出每一桿之前，腦中都會浮現清晰、精確的擊球方式，整個過程就像一部彩色電影。首先，我會在心裡想像我想要的擊球落點，先讓小白球順利落在翠綠果嶺上。接著，畫面會切換到小白球的飛行軌跡，我會模擬球的飛行路線、拋物線、球的形狀，甚至是球落地後的滾動方式。在這幕畫面淡出之後，我就會看見自己擺出能將想像化為現實的擊球姿勢。在這部屬於我個人的好萊塢短片播完之後，我才會動手挑球桿、走到擊球位置上。❸

在這些例子當中，充滿了各種證實心理預演十分有效的實務經驗，類似例子更是族繁不及備載。顯然，我們可以利用這套效果奇佳的技術，靠著少量實際練習就掌握特定運動技巧。

我還想再舉一個例子，主角是金凱瑞。一九八〇年代末期，金凱瑞到達洛杉磯，以演員的身分四處求職，為了職涯付出了驚人的努力。金凱瑞表示，他當年會在紙上列出一小段人生理想，包括自己應該認識的人物、應該獲得的演出機會、應該參與的電影和共事演員名單，並提醒自己在功成名就之後要貢獻社會，試著影響整個世界。

每天晚上，他還會把敞篷車開到好萊塢山上的穆荷蘭大道上，然後坐在車裡仰望夜空。這時，金凱瑞會一面複誦自己寫下的人生理想、一面想像理想已經化為現實，好讓自己牢牢記住這些段落的內容，等到他覺得自己已經確確實實成為理想中的人之後，才願意開車下山。他甚至還開給自己一張一千萬美元的支票，在支付項目上寫著「演出費用」，兌現時間設定為

「一九九五年感恩節」。往後幾年，金凱瑞都會把這張支票放在皮夾裡，隨時帶在身上。

到了一九九四年，金凱瑞總算靠著主演三部電影成了大明星，包括二月上映的《王牌威龍》、七月上映的《摩登大聖》，以及十二月上映的《阿呆與阿瓜》。拍了《阿呆與阿瓜》之後，他真的領到了一張一千萬美元的支票，在這個當下，他的理想真的實現了。

上面這些人的共同點，就是他們能超越外在環境、身體狀況和時間，讓體內的神經狀態產生明顯變化。當他們接著踏入真實世界，就能順利讓身心攜手合作，最後使內心圖像化為外在現實。

這些人經歷的變化，全都是有科學根據的。首先，很多探討心理預演的實驗紛紛證實，當一個人把心思貫注在身體特定部位上，意念就會刺激管控該部位的腦區❹，只要反覆使用這樣的方式控制意念，就能讓掌管感知的腦區出現生理變化。會有這樣的結果，其實一點都不意外，因為當你把意念反覆聚在同一個點上，就會促使同樣的神經網絡不斷發射訊號、不斷強化自身，到最後，對應的腦區就會建立起堅固的神經網絡了。

哈佛大學做過一項研究，要一群從沒彈過鋼琴的受試者在內心進行簡單的五指指法練習，練習時間共五天，每天練習兩小時。結果，這些受試者完全沒出力氣動手指，腦內控制手指運動的區域就和實際動手練習的受試者一樣，出現大幅度的增長❺。這樣的結果，看起來就跟實際經歷過想像中的情境沒兩樣。這些受試者正是因為在腦內同時架了硬體（神經迴路）和軟體（控制程式），才能單靠意念建立起新的神經網絡。

另一份為期十二週、包含三十名受試者的研究，則要求某些受試者出力規律鍛鍊小指，而剩下的受試者只進行想像鍛鍊。最後，實際使力組的小指力氣成長了百分之五十三，但想像鍛鍊組的力氣也成長了百分之三十五❻。光看想像鍛鍊組的生理變化，我們會以為受試者也在現實中出力鍛鍊了小指頭，但實際上，這組人只進行了想像鍛鍊而已。換句話說，他們的生理變化都是靠意念引發的。

在另一項性質類似的實驗當中，十名受試者嘗試在想像中彎曲單邊手臂，讓二頭肌盡量繃緊，一週鍛鍊五次。當受試者一面鍛鍊，研究人員就一面記錄受試者的腦電波起伏，並且每兩週測量一次這些人的肌肉強度。靠想像鍛鍊二頭肌的受試者，肌肉強度在幾週內就增加了百分之十三點五，即使訓練結束了，肌肉的新強度還多維持了三個月❼。這些人身上出現的生理變化，正是新的意念引起的。

最後一個例子是一項法國研究，研究人員要求受試者在腦中進行舉啞鈴訓練，而且每個人分配到的啞鈴重量不一。最後，相較於鍛鍊重量輕的受試者，鍛鍊重量較重的受試者實際上練到了更多肌肉❽。在以上三個心理預演研究實例中，受試者全都靠著調整意念就讓身體變壯了，還有數據為證。

你可能會問，有沒有要求受試者執行整套預演流程，也就是讓腦中想像搭配高昂正向情緒，再將實驗結果公諸於世的研究？有的，確實有這種研究，我之後很快就會提到。

透過嶄新心智指揮體內新基因

想深入了解心理預演的運作機制，就必須進一步認識大腦解剖構造，同時快速學習一些神經化學知識。先從大腦前額葉，也就是位在你額頭正後方的腦區說起。這塊腦區相當於你的創意中樞，也是能學習新事物、揣想各種可能性、進行意識決策、醞釀行為動機的大腦區域。其實，前額葉就像是身體的總裁，能幫助你觀察自己的性格特徵、評估自己的舉止和感受。更重要的是，前額葉也是良心的所在地，當你越能察覺自己的意念，就越能讓意念朝更好的方向前進。

在你進行心理預演、專心想像預期目標的時候，前額葉會提供大力支援，幫助你過濾掉過多的外界資訊，讓你不會因為各種感官訊息而分神。大腦造影資料顯示，當一個人處於高度專注狀態，譬如進行心理預演的當下，會暫時失去時間和空間感[9]，這都要歸功於前額葉降低了來自感官中樞（能讓你的身體「感受」到空間感的腦區）、運動中樞（負責掌管各種肢體運動的腦區）、聯合中樞（儲存各種關於身分和人格意念的腦區）以及頂葉迴路（帶來時間感的腦區）的訊息強度。當你能超脫環境、身體、時間的影響，就能讓當下的意念變得比任何事物更栩栩如生。

在你想像未來新情境、新事件發展、自問「沒有痛苦和限制的人生是什麼感覺」之類明確問題的同時，前額葉就會進入凝神狀態。幾秒鐘後，前額葉不但會產生追求健康的動機，幫助你釐清自己該建構什麼、了解自己排斥什麼，還會產生自己處在健康狀態中的心像，讓你能想像獲得健康之後的樣貌。

前額葉身為總指揮官，會和所有腦區密切往來，也會藉由挑選神經網絡建構新的心智狀態，替提出質疑的自我解惑。這時候，你可能會覺得前額葉很像交響樂團指揮，一方面要求陳舊的神經網絡停止發出聲響（也就是神經可塑性的修剪機制），另一方面在各腦區中挑選並串聯不同的神經網絡，以便創造新的心智狀態、呼應內心的未來圖像。你的心智能夠改變，全都是前額葉的功勞，當心智改變之後，你的大腦在工作流程、運作模式和神經組合上都會全然不同。當前額葉根據預期產生的心智層級挑選專屬神經網絡，並有條不紊地讓這些網絡同時啟動，你的內心（也就是前額葉）就會浮出一張圖像，這就是所謂的內在表徵。

接下來，我們就要進入神經化學相關知識了。當你明確關注內心浮出的清晰意念，只要前額葉啟動了足夠的神經網絡，要求這些網路同時發出訊號，你關注的念頭就會在某個瞬間化為內在經驗。在這一刻，你的內在現實會變得比外在現實還栩栩如生。一旦你的意念化成了經驗，你就會開始感受到這個事件會引發的真實情緒（別忘了，情緒就是經驗的化學表現形式），大腦也會製造另一種化學傳訊物質，也就是神經胜肽，再將該物質送到體內的細胞裡。神經胜肽會在細胞間尋覓適合的受體部位，或是所謂的停泊位，以便將訊息傳入體內的激素中樞，最終傳送到細胞內的DNA，而細胞接收到新訊息之後，就會認為事件真的發生了。

當細胞內的DNA自神經胜肽手中接過新訊息，立刻會啟動某些基因（即調增表現量）、關閉某些基因（即調降表現量），以便全力支持新的存在狀態。對於所謂的調增與調降表現量，你可以把前者想像成燈泡既變亮又發燙，而後者則是燈泡變暗變涼。當基因被啟動而發亮時，就會開始製造蛋白質；至於基因被關閉時，則會變暗變弱，導致最後製造的蛋白質總數減少。透過測量結果，我們可以看見體內的生理變化與後續效應。

請參考以下兩張圖，讓自己更熟悉單靠意念改變身體狀態的整個流程。

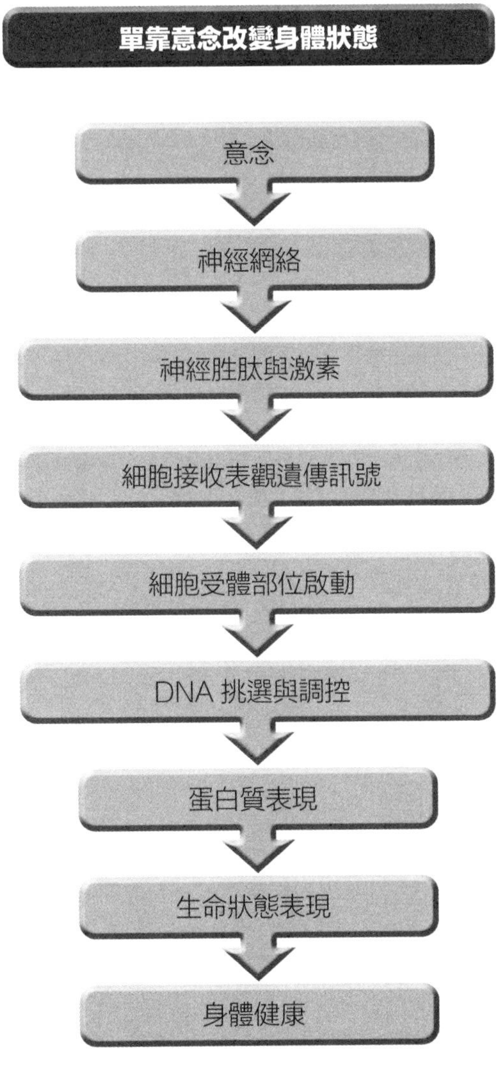

圖 5.1A

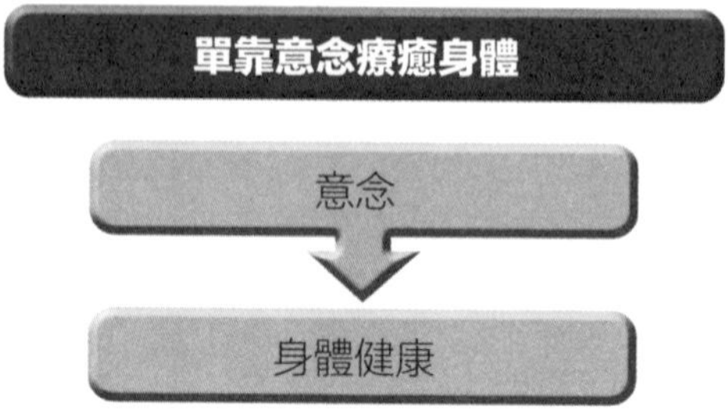

圖 5.1B

圖 5.1A 中的流程圖顯示，意念會透過一連串簡單的機制和化學反應，以下向因果的方式改變身體狀態。依此類推，假如新意念能藉由啟動新神經網絡創造出新的心智，並產生更健全的神經胜肽和激素（這些物質會以新的方式指揮細胞，再透過表觀遺傳途徑促使新基因製造新蛋白質），再假如蛋白質表現又相當於生命狀態表現及身體健康狀態，意念就能如圖 5.1B 所示療癒身體了。

幹細胞：人體的潛能寶庫

要掌握改變機制的全貌，我們就必須認識幹細胞，了解這個讓不可能化為可能的推手。

就學理來說，幹細胞是尚未分化為特殊細胞的母細胞，相當於一種尚未開發的潛能。這些如同一張白紙的幹細胞被啟動後，就會轉型為身體所需的各種細胞，包括肌肉細胞、骨骼細胞、皮膚細胞、免疫細胞乃至於腦內神經細胞，以便淘汰身體組織、器官、系統中損傷或破敗的細胞。你可以把幹細胞想成還沒淋上調味糖漿的甜筒刨冰，或是擱在陶輪上、尚未被捏成杯碗盤瓶的陶土塊，甚至是一捲銀色牛皮膠帶，一下子能用來修補破洞的水管、一下子又能巧妙拼成一件舞會洋裝。

關於幹細胞的運作方式，我想直接舉例說明。當你不小心劃破手指，身體會想辦法修補皮膚上的傷口，而傷口附近的組織則會對細胞外基因送出訊號，讓基因在被啟動後製造適當的蛋白質，最後，這些蛋白質則會指揮幹細胞特化成健康的皮膚細胞。只要幹細胞接收受傷訊號，就能分化成皮膚細胞。這樣的修補流程，每個人全身上下每天總共會發生幾百萬次，而研究也證實，人的肝臟、肌肉、皮膚、腸子、骨髓、大腦和心臟都會利用這類基因表現方式癒合傷口⑩。

根據某些傷口癒合研究，當受試者處於高昂而負面的情緒（譬如憤怒）之中，幹細胞就無法準確接收訊息，因為只要訊號中出現干擾，幹細胞就會像廣播裡出現雜訊一樣，無法順暢接收正確的刺激，讓自己分化為健全的特化細胞。

如同前面提到的壓力反應和生存模式這些概念，憤怒情緒會拉長身體的療癒時間，因為全身大部分的能量都用來處理怒氣和後續化學效應了。在這時候，身體不但需要進行製造、生長、培育等工作，還必須應付危急狀況。

但如果你能引發安慰劑效應，運用清晰的動機，搭配有益身心的高昂情緒，建立起適當的心智層級，就能讓細胞內的ＤＮＡ接收到適當訊號。這些適當的訊號不但能影響蛋白質產出，使產物具備健全結構、有助於提升身體機能，還能喚醒沉睡中的幹細胞，使其特化為全新的健康細胞。

你甚至還可以把幹細胞想像成大富翁遊戲裡的「出獄卡」，只要你一翻開或啟動這項工具，就能汰換體內損壞的細胞，讓自己重獲新生。事實上，對於假手術中發生的安慰劑治療效應，包括第一章提過的膝關節炎手術或冠狀動脈繞道手術，至少有一半的案例能用幹細胞分化機制解釋。

意念和高昂情緒究竟如何改變生理狀態

情緒在療癒過程中扮演的關鍵角色，我已經在前面提過了，但我們不妨繼續探討下去。進行心理預演的時候，如果我們關注的新意念引發了高昂情緒反應，表觀遺傳變化就會隨之加速，讓整體進度突飛猛進。

情緒其實不是達成目標的必要元素，以鍛鍊舉重的受試者為例，他們光是靠想像就能讓肌肉變強、改變體內基因，完全不需要讓自己沈浸在幸福感當中。不過，這些受試者在腦中每舉起一次槓鈴，就會對自己大喊：「用力！用力！用力！」來激勵自己。這種一貫的情緒就像是能量催化劑，可以加快生理變化的速率⓫。我們只要能維持高昂情緒，就能加速產生更多令人嘆為觀止的成果，就像透過安慰劑效應獲得神奇效果一樣。

還記得第二章提過的大笑研究嗎？日本研究人員發現只要看一小時喜劇表演，就能調增三十九種基因的表現量，其中有十四種涉及免疫系統中天然殺手細胞的活性。另外幾項研究也指出，受試者在看完一支搞笑影片之後，體內的抗體數量就增加了⓬。北卡羅萊納州大學還做過一項研究，發現當正向情緒增強，就會讓迷走神經的張力提高[13]——迷走神經是負責調節自律神經系統和恆定性的要角之一，透過張力測量能判斷其健康程度。另外，某日本研究嘗試透過搔癢實驗激發正向情緒，實驗幼鼠在連續五天接受搔癢、每天持續時間達五分鐘之後，大腦就長出新的神經元了。[14]

以上所有案例中的受試者，都在高昂的正向情緒催化之下，產生了各種讓健康改善的真實生理變化。只要有正向情緒加持，身體和大腦就能煥然一新。

許多安慰劑研究顯示，當一個人能對新的未來抱持明確的期待（希望全身無病無痛），再將這樣的期待和高昂情緒（對全身無病無痛的興奮與盼望）結合，身體就會跳脫過去的框架，活在新的未來當中。身體在這時候完全無法區分情緒來源，不曉得是來自真實經驗還是由意念引發。在整個過程中，用來搭配新意念的高昂情緒儼然扮演了關鍵角色，相當於來自細胞外的新資訊，不過對身體而言，這樣的經驗來自外界也好、內在也罷，感覺起來都是一樣的。

還記得第一章裡的萊特先生嗎？萊特先生聽說強效新藥問世之後，就開始想像自己服用藥物和成功痊癒的畫面，整個人也因此雀躍不已，甚至還對醫生死纏爛打討藥吃。他在得償所願服藥的當下，其實不知道藥物完全沒有療效，不過，由於他的大腦已經分不出身體痊癒究竟是真實事件，還是高昂情緒下產生的想像，使得身體的情緒反應也跟想像成真沒兩樣。當時，萊特先生的身心正攜手合作，用新的方式指揮新基因，而幫助他清除腫瘤、讓身體康復的，正是攜手合作指揮基因的身心，而非該款「強效新藥」。他能進入新的存在狀態，也是身心合作的功勞。

接著，當萊特先生發現試驗顯示藥物無效，過去的意念和情緒又再度湧上心頭，讓他回到舊的思維模式當中，當然，他後來不但腫瘤復發，存在狀態也再次改變了。當醫生又告訴萊特先生該藥物已經經過改良，可以嘗試服用的時候，萊特先生又進入了興高采烈狀態。曾經見證（或純粹是他個人認為）舊藥療效的他，依舊打從心底相信新藥能治好自己的病。

於是，萊特先生的內心重新燃起康復的動機，也開始想像新的痊癒可能性，腦內自然又會長出新的神經連結，新連結在發送各種訊號之後，又會形成新的心智。萊特先生再次流露出的雀躍和盼望之情，更在體內引發了能呼應新意念的化學物質。同樣地，他的身體依舊無法分辨健康狀態改善究竟是尚未實現的意念和感受，還是真實發生的事件；至於大腦和身體反應的方式，也依舊如同想像確實成真了一般，這時，萊特先生體內的腫瘤又消失了。

最後，當他從新聞報導得知這款「神奇靈藥」全是一場騙局，過去的意念和情緒又重新浮上心頭，連帶讓舊的人格和腫瘤重現，這也是他經歷的最後一次變化。其實，世上並沒有所謂的神奇靈藥，真正帶來療效的是萊特先生本人；世上也沒有所謂的安慰劑，真正引發安慰劑效應的，其實正是萊特先生自己。

由此看來，我們除了應該努力避免產生恐懼、憤怒等負向情緒，更應該有意培養真切的正向情緒，讓自己的內心充滿喜悅、感激、雀躍、衝勁、熱情、讚嘆、靈感、信任、讚美、驚奇、善意、同理心和積極態度，好讓自己的身體健康更容易居於巔峰狀態。

研究顯示，一個人只要抱持豐沛的正向情緒，譬如與生俱來的善意與同理心，體內就更容易釋放名為催產素的神經胜肽[15]。催產素能關閉腦內杏仁核的受體，讓杏仁核停止散發恐懼和焦慮，當我們能免於恐懼，就能時時刻刻獲得信任、寬恕與愛的感受，而且會變得更加無私，不再自私自利。

當我們一進入全新的存在狀態，腦內神經迴路就會敞開心胸接納各種意料之外的情境，畢竟，我們已經不需要忙著生存而耗盡體內能量了。

科學家發現，某些身體部位也具有能夠接收催產素的受體部位，包括腸道、免疫系統、肝臟、心臟及其他器官。當催產素產生療效時，這些器官內部的變化尤其明顯，像是心臟內部長出更多血管[16]、免疫功能啟動[17]、胃蠕動增強[18]、血糖值回復正常平穩狀態等[19]。

到這裡，我想先回頭談談心理預演。還記得當我們進行心理預演時，前額葉會扮演得力助手的角色嗎？我先前也解釋過，前額葉能幫助我們將身體、環境與時間等三大生存模式要素拋諸腦後，讓我們能超脫自我，進入純然無我的意識狀態。

我們進入新狀態後，只要能在內心勾勒出自己的目標，心胸就會變得更開闊，全身上下也會洋溢著正向情緒。這時，感受引發意念、意念引發感受的正向循環就會啟動，並將生存模式下的自私心態一掃而空，因為原先用來維繫生存的能量已經改變用途，成為有助於創造的動力了。這就像是有人幫忙付清了我們當月的房租或房貸，於是我們能動用的現金就變多了。

我們已經知道，如果能對嶄新未來抱持著清晰的期盼、輔以高昂豐沛的情緒，並且反覆操作前述步驟，直到創造出新的心智和存在狀態，我們的意念就會變得比先前狹隘的現實觀更加具體。這時，我們終於獲得了自由。當我們願意敞開心胸接納這樣的感受，就更能對自己企盼的事件發展抱持正向情緒。

前額葉這位總指揮就好像走進糖果店的小孩，因為神經之間不但可能形成各式各樣的新連結，新連結還能進一步形成新的神經網絡。一旦指揮把我們帶離過去的存在狀態，再啟動新存在狀態的迴路，我們體內的神經化學物質就會不斷向細胞發送新訊息，讓細胞準備引發表觀遺傳變化，而這些變化也會透過強而有力的全新方式指揮新基因。另外，當我們利用高昂情緒讓想像變得栩栩如生，就能在環境變化前先一步指揮基因。於是，我們就不會再抱著期盼枯等變化來臨，而是直接化身為改變的力量。

重返修道院

讓我們回頭看看上一章開頭提過的研究，也就是一群年長男性在假裝自己還年輕之後，最後身體確實回春的實驗。他們能回春的秘密，在本章中已經解釋得一清二楚了。

這群男士抵達修道院之後，形同離開了熟悉的俗世生活，也不再會受到外在環境提示而執著於自己的身分。他們參與避靜活動時，也同時抱持著清晰的動機：假裝自己還年輕（同時使用生理和心理預演技術，因為這兩種方式都會改變大腦和身體），而且裝得越像越好。由於他們能渾然不受現代事物干擾，全心接觸二十二年前的電影、雜誌和廣電節目，他們也成功將自己實際上已經七老八十的事實拋諸腦後。

慢慢地，這群男士越活越年輕了。當他們的內心萌生回春的意念和感受，大腦就會指揮神經元以新的次序、模式和組合發送訊號，包括某些二十二年來都處於沉睡狀態的神經元。不管是這些受試者身邊的事物，還是他們內心活躍的想像，都讓回春體驗變得更加愉悅而真實，以至於受試者的大腦已經無法判斷身體到底是真的年輕了二十二歲，或者純粹是裝出來的結果。不出幾天，這群男士已經能夠指揮基因變化，使生理狀態反映出他們的回春感受。

這時候，受試者們的身體已經開始根據新情緒製造對應的神經胜肽，這些神經胜肽被釋放後，就會向身體細胞傳遞新訊息。只要這些化學傳訊物質遇上了對應細胞，細胞就會邀請這些傳訊物質和核內的DNA接觸。雙方接觸後，細胞就會開始製造新蛋白質，新蛋白質也會根據新基因上的資訊尋找配對基因。蛋白質發現配對基因之後，就會解開DNA外的套膜，並且啟動靜待多時的基因，進而引發表觀遺傳變化。這些表觀遺傳變化發生時，身體就會根據二十二年前的舊蛋白質種類，製造出神似的新蛋白質。要是這些男士的體內剛好缺少引發表觀遺傳變化所需的生理結構，表觀遺傳基因體也會直接對幹細胞下指令，要求對方特化成需要的細胞。

隨著表觀遺傳變化與被啟動基因的數量增加，這些受試者的生理狀態也漸入佳境。一週前，他們還得拖著腳走進活動場地；一週過後，他們已經能踏著輕快的步伐揮別修道院，成為另外一個人了。

如果這套技術對這批受試者管用，我保證你用了也一樣有效。你想讓自己活在什麼樣的現實當中？你想（或不想）讓自己變成什麼樣的人？改變真的有可能這麼易如反掌嗎？

第六章　被暗示性

紐約下東區某間四星飯店的員工入口外，有幾名狗仔記者聚在紅絨圍欄後守株待兔，而三十六歲的伊凡・桑提亞戈也站在一干記者身旁耐心等待。這些人想捕捉的對象，都是某位外國使節，此時外國使節即將走出飯店，坐進人行道旁兩輛黑色SUV加長型禮車的其中一部。只是桑提亞戈不像別人手持相機，而是一手提著全新紅色背包，另一手則伸進拉鍊半開的背包，緊握著一把滅音槍。身為賓州獄警的桑提亞戈身材魁梧，頂著一顆媲美馮迪索的大光頭，對各種致命武器也略知一二。以往執行勤務時，桑提亞戈從沒機會開槍，不過當天他可是蓄勢待發，隨時準備扣下扳機。

不久之前，桑提亞戈還走在回家的路上，手槍、背包、外國使節、暗殺這些事也跟他一點關係也沒有。但不久之後，他卻眉頭深鎖、滿臉怒容，手指還扣在扳機上，扮起殺手的角色。當員工入口的大門一開，一位身穿平整白襯衫、頭戴運動太陽眼鏡、手提皮質公事包的男士悠悠哉哉走出了門口，他就是桑提亞戈的狙擊目標。這位男士才朝禮車方向跨了兩三步，桑提亞戈就立刻從背包抽出槍枝，朝目標開了三槍，就這樣，他的目標直接癱倒在人行道上，白襯衫也被鮮血染成一片紅。

說時遲，那時快，另一位名叫湯姆．史利福的男士突然出現在桑提亞戈的面前，同時一手扶住他的肩膀、一手放在對方的額頭上，嘴裡喊著：「我數到五的時候，會喊『清醒』，這時候，你就把眼睛睜開，讓自己醒過來。一、二、三、四、五！清醒！」

事實上，桑提亞戈是被人催眠了。這是某群研究人員進行的實驗，他們透過催眠要求桑提亞戈手持安全道具槍，親自槍殺其實是替身演員的陌生人。這項看似無稽的實驗，是想測試我們究竟能不能透過催眠，讓奉公守法的善良公民轉眼變成冷血殺手❶。

當時還有一些人躲在SUV禮車裡，從頭到尾盯著實驗經過。他們是和史利福合作的一群研究人員，成員包括專攻實驗精神病理學的哈佛博士後研究員辛西亞．梅耶斯伯格（Cynthia Meyersburg）博士、鑽研決策時動用的神經路徑的牛津神經科學家馬克．斯托克斯（Mark Stokes）博士，以及曾於超大型安全管理監獄及醫院中處理心智失常囚犯的司法心理學家傑佛瑞．奇里薛夫斯基（Jeffery Kieliszewski）博士。

實驗前一天，研究人員招募了一百八十五名志願受試者，接著再請認證臨床催眠治療師、司法催眠調查專家史利福出馬，一一判定每名受試者能接受催眠暗示的程度。全世界只有百分之五到十的人非常容易被催眠，而該實驗的測試組當中，只有十六名受試者通過了催眠程度考驗。這批過關的人還必須接受心理狀態評估，只要有人可能會因為實驗而永久留下內心陰影，就必須被踢出受試者名單。最後，有十一名受試者進入了下一階段的測試，在第二階段測試當中，研究人員會測試這些人是否能在催眠狀態下忽視深植內心的社會常規，進而判斷哪幾名受試者最容易接受暗示。

這十一名受試者被分成幾個小組之後，分別被帶到一間生意興隆的餐廳吃午餐，只不過，他們沒發現自己已經被下了催眠後暗示：當他們在餐廳裡一坐下來，會開始感覺椅子不斷發燙，燙到他們不得不直接在餐廳裡脫衣解衫，直到剩下內衣內褲為止。所有受試者都順著暗示脫衣了，但配合的程度仍然有些落差。結果，研究人員淘汰了其中七名受試者，因為他們認為這七人要不只是順著情勢走，要不就是被暗示性依然不夠，無法完整配合指令做動作。至於最後留下來的受試者，則是不出幾秒就脫到只剩內衣內褲，因為他們真心認為椅子燙到不行。

進入下一階段的剩餘四名受試者，要面臨的是一項沒有假裝餘地的測驗。在這項測驗當中，受試者必須泡在裝著冰水的金屬大浴缸裡，而且水溫只有華氏三十五度，離冰點只差三度。這四名輪流下水的受試者，每個人身上都裝了能監測心跳率、呼吸速率及脈搏的裝置，而浴缸旁則架了一台特殊的熱像攝影機，能監測受試者的體溫和浴缸內的水溫。史利福邊催眠這幾名受試者，邊表示這缸冷水不但不會讓人不舒服，還會像在泡舒服的熱水澡一樣。負責執行這項測驗的是麻醉師賽卡爾．烏帕哈尤拉，另外幾位急診醫師則在一旁待命。

這項測驗能夠決定實驗的成敗。一般來說，當一個人泡在這樣的低溫冰水裡頭，只要水位超過乳頭高度，身體就會產生不隨意反射動作，讓人自動大口喘氣，還會使心跳率和呼吸速率攀升，讓泡水的人全身發抖、牙齒打顫。這些反應都是由自律神經系統自動引發的，能夠達到維持體內平衡的目的，而且完全不受意識控制。在這樣的極端狀況下，即使當事人處於深層催眠狀態，大腦依然會接收到排山倒海的刺激，催眠狀態有可能會因此中斷。不管是哪位受試者，只要能通過這項考驗，被暗示性程度肯定特別高。

四名受試者雖然都處於深層催眠狀態，但有三名卻催眠得不夠深，無法一面維持體內恆定狀態、一面承受強力低溫，因此最多只能在冰水裡撐十八秒。不過，第四名受試者桑提亞戈卻整整泡了兩分鐘，兩分鐘過後，烏帕哈尤拉醫師才決定中止實驗。

實驗開始前，桑提亞戈的心跳率其實不低，但當他全身泡進水裡，他的心跳卻瞬間緩和了。這時候，心電圖上的曲線不但沒有起伏，他的呼吸速率也絲毫沒有波動。桑提亞戈雖然坐在浮著冰塊的水裡，但感覺卻像是在泡熱水澡——沒錯，桑提亞戈正是認為自己在泡熱水澡，而且他的身體不僅連縮都沒縮，也沒有陷入失溫狀態。就這樣，研究人員找到了心目中的人選。

顯然，桑提亞戈非常容易在催眠狀態下接受暗示，讓身體能在極端條件下撐過兩分鐘，並且透過心智操控自律神經功能。到這裡，他已經夠具備接受最終測試的資格了。

研究人員對桑提亞戈做了身家調查之後，發現他不但工作能力備受信賴、懂得孝順父母，還是個疼晚輩的叔叔，簡直是個大善人。這樣的好人，是絕對不會願意成為冷血殺手的。史利福想把桑提亞戈改造成殺手的計畫，究竟會不會成功呢？

為了讓下一階段實驗產生有效結果，研究人員決定不對桑提亞戈透露任何實驗布局，也不讓他發現自己參與的實驗和隔壁飯店前的布景有關。為了貫徹這項隱瞞計畫，負責拍攝實驗的電視公司製作人還告訴桑提亞戈他落選了，沒辦法繼續參與實驗，只是研究團隊希望他隔天能回來接受簡短的完成實驗訪問。桑提亞戈離開前，研究人員還對他表示，之後不會再對他進行催眠。

隔天，桑提亞戈又回來報到。正當他和製作人閒談時，外頭的研究人員也開始布置測驗：他們在替身演員身上綁了血袋，再把能像真槍一樣產生爆炸聲和後座力的道具槍放進一個紅色背包裡，接著把背包放在場地大樓入口外一台摩托車的座墊上。研究人員還在隔壁飯店的員工入口外拉起紅絨圍欄，再安排假狗仔記者拿著攝影機和相機各就各位。最後，用來接送「外國使節」和隨扈的兩台SUV禮車，也都在路上停好，準備就緒。

鏡頭回到實驗場地，心情不錯的桑提亞戈回答著「完成實驗訪問」的問題。訪談進行到一個階段，製作人突然表示她得暫時離開現場，很快就會回來，而她才一踏出房間，史利福就走進門來，還表示想和桑提亞戈道別。史利福趁著和桑提亞戈握手的時候，輕輕扯了一下對方的手臂，這個動作其實就是能催眠桑提亞戈的制約提示。結果，桑提亞戈立刻陷入了出神的催眠狀態，癱坐在沙發上。

接著，史利福告訴桑提亞戈樓下有個「壞蛋」，還說「我們得讓他從世界上消失、要宰掉他才行，這個任務就交給你了」。史利福對桑提亞戈說，當桑提亞戈一走出大樓，就會看到某台摩托車上放著一個紅色背包，背包裡裝了一把槍，他的任務就是拿著紅色背包走到紅絨圍欄前，等待拎著公事包的使節在飯店門口現身。「當這個人一走出大門，你就要拿槍對準他的胸口，然後『砰！砰！砰！砰！砰！』發射子彈。可是開完槍之後，你馬上就會忘記你做過的事。」

史利福又告訴他，他會在大樓外碰到認識的節目單元製作人，製作人會邊和他握手，邊說「桑提亞戈，恭喜你順利完成任務」。史利福這段話，在桑提亞戈心裡埋下了聽覺和觸覺刺激開關，當開關被觸發，桑提亞戈就會回到催眠狀態，接著執行史利福透過催眠後暗示交代的任務。說完這段話後，史利福又說，如果桑提亞戈願意配合執行任務，就點個頭表示同意，而桑提亞戈也點頭了。然後，史利福就替桑提亞戈解開了催眠狀態，再裝出真心前來道別的樣子。

當史利福向桑提亞戈道完謝、離開現場，製作人又再度現身，同時告訴桑提亞戈訪問到此告一段落，他可以離開了。很快地，桑提亞戈就離開了大樓，而且以為自己正走在回家的路上。

他一走到室外，事先安排好的那位節目單元製作人隨即現身。製作人來到他的面前，一邊和他握手，一邊跟他說「桑提亞戈，恭喜你順利完成任務」，同時也觸發了桑提亞戈內心的開關。就在這個瞬間，桑提亞戈四處張望，發現了摩托車，他走到車旁，從容拿起機車坐墊上的背包，然後又看見了所謂的紅絨圍欄和狗仔記者群。於是，他又走到這些人旁邊，然後慢慢地把背包的拉鍊拉開。

過了一會，一名提著公事包的男士走出了大門。桑提亞戈見狀，毫不猶豫地掏槍、開槍，朝那名男士的胸口射出數發子彈。這時，這位「使節」襯衫下藏著的血袋直接爆開，整個人也癱倒在地。

緊接著，史利福來到事發現場，命令桑提亞戈閉上眼睛，替桑提亞戈解除催眠狀態，此時扮演使節的替身演員也趁機退場。心理學家傑佛瑞．奇里薛夫斯基也來到了現場，要桑提亞戈跟他到室內和其他人一起聆聽成果簡報。到了室內，研究人員向一臉錯愕的桑提亞戈解釋了來龍去脈，還問他記不記得自己做過什麼、外面發生了哪些事，但桑提亞戈壓根不記得半點細節，直到史利福暗示他會想起來，他才記起各種細節。

設定下意識狀態

我在前幾章中說過，有許多人光是想像事件可能的發展，就能讓身體像變魔術一樣，慢慢隨著內心想像而變化。一名長年受帕金森氏症所苦，身體總是不由自主顫抖的病患，居然單靠意念就讓體內多巴胺生成量增加，身上的痙攣性癱瘓症狀也神奇地消失了；另一名長期罹患憂鬱症的女性，也透過改變大腦生理結構強化了纖細脆弱的情緒狀態，讓自己過著幸福愉悅的生活；至於另一批氣喘病患，則是在吸了水蒸氣之後，就出現嚴重的支氣管堵塞症狀，但症狀出現後幾秒鐘，這些病患又靠著同樣的水蒸氣舒張了支氣管；還有一位膝痛嚴重、行動不便的男士，他在動了假膝蓋手術之後，膝蓋不但奇蹟康復，而且術後好幾年都安然無恙。

不管是這些例子或其他類似案例，當事人都欣然接受了身體健康有機會改善的暗示，並且抱持深信不疑的態度。只要這些人覺得自己有可能康復，就會和可能出現的未來情境產生連結，這時候，他們的心智和大腦也跟著改變了。只要他們對未來情境深信不疑，情緒上就會相信自己的身體能夠變好，作為潛意識心智的身體也會開始活在未來的現實當中。

這些人的身體被新的心智狀態制約後，就開始透過新的方式啟動新基因，在體內表現出能改善健康狀態的新蛋白質。這麼一來，他們就進入了新的存在狀態。當他們全盤接納新的未來情境，就不會費心揣測事件發生或顯現的確切時機，只會全心全意相信自己的存在狀態會改善，讓新的身心狀態不斷延續。最後，多虧新的存在狀態不斷持續，當事人才能啟動正確的基因，讓自己繼續按部就班朝目標邁進。

這些參與實驗的受試者，不管是連續數週或數月每天服用糖片、純粹接受生理食鹽水注射或動假手術，都在過程中一再確認自己全心接納未來情境的信念。對每天服用糖片減輕疼痛或憂鬱症狀的受試者來說，糖片能提醒自己記得制約內心的各種動機，並且對動機抱持期待、賦予意義，讓內在變化越來越穩固。至於選擇每週固定回院就診、同時接受健康改善程度訪談的受試者，則會因為主動進入了充滿醫生、護士、醫療器材、候診室的場域，而產生許多感官刺激反應，接著又在聯想記憶作用下，意識到可能的未來情境。有了這些經驗，這些人就會相信「醫院」是能幫助人改善身體健康的場所，最後讓自己被這種想法制約。於是，他們會開始盼望新的未來情境，進而為整個療程賦予意念。當各種要素都被賦予了某種含義，服用安慰劑的患者就會因此更容易接受暗示，相信自己經歷的新事件是真實的。

直白地說：這些人的健康狀況之所以出現變化，靠的完全不是物理或化學療法。這些受試者沒有半個真正動過手術、服用過具有療效的藥物，也沒有人接受過真正的療程，但身體健康卻顯著提升了。他們的症狀能痊癒，其實都要歸功於心智力量大幅調節了身體的生理結構。準確來說，這些變化並不是由有意識的心智所主導。意識頂多扮演啟動連鎖反應的角色，發生變化的場域是在下意識，也因為這樣，受試者才會察覺不到變化的來龍去脈。

這就是伊凡．桑提亞戈經歷的過程。在催眠狀態下，桑提亞戈的心智力量大幅改變了他的生理狀態，讓他的身體在冰水中連縮都不縮。不過，真正讓桑提亞戈變得如此耐寒的不是他的意識，而是下意識接受暗示之後產生的力量。要是他一開始沒接受暗示，結局就會完全翻轉了。另外，他除了專心完成眼前的任務，根本沒多想自己是怎麼辦到的，而且在他的想像當中，自己正在泡的並不是冷冽的冰水，而是一缸讓人身心舒暢的溫水。

安慰劑效應和催眠一樣，都是意識和自律神經系統交互作用之後形成的結果。這裡所謂的交互作用，簡單來說，就是意識心智和下意識心智融為一體。當服用安慰劑的病患視內心意念為現實，情緒上也全盤認同可能形成的情境，身體就會自然好轉了。

過程中所有的生理變化，都是由一連串生理反應自動引發的，而且完全不涉及意識心智作用。一般情形下，下意識作業系統會固定執行同樣的反應，因此當這些反應進入下意識作業系統時，就會像在肥沃土壤上播種一樣，自動觸發作業系統的接管模式。到最後，一切變化都是自然而然發生的，沒有半個人需要親自負責執行。

在所有受試者當中，沒有人能靠意識將多巴胺生成量提高百分之兩百，再透過心智控制非自主顫抖，也沒有人能靠意識生成新的神經傳導物質來消除憂鬱、指揮幹細胞特化成能執行免疫反應的白血球，更沒有人能靠意識讓膝蓋重新長出軟骨、緩解疼痛，這就跟桑提亞戈全身泡入冰水時，無法靠意識控制肌肉要不要收縮的道理是一樣的。想靠意識達成以上任何效果，到最後只會白費力氣。如果要達到目的，就必須利用能夠引發連鎖反應的心智。換言之，必須啟動下意識心智中的自律神經系統，命令它製造新細胞和健康的新蛋白質。

全心接納，順從信念

我在本書多次提到「被暗示性」，乍看之下，接受暗示好像是自己想要就辦得到的事。不過，看過本章開頭故事的你應該會發現，事情其實沒那麼簡單。講白了，有些人就是比別人更容易接受暗示，伊凡．桑提亞戈正是個標準的例子。而對容易接受暗示的人來說，某些暗示又比其他暗示更容易影響自己。

舉例來說，有些受試者可以因為接受了催眠後暗示，而在大庭廣眾下脫到剩下內衣內褲，卻無法把冷冽的冰水浴當成熱水澡來泡；雖然，相較於能暫時改變某人狀態的暗示，催眠後暗示（包括要求桑提亞戈槍殺陌生人的暗示）的效果其實更難維持。

安慰劑效應跟催眠一樣，到了某些人身上就是不靈。之前那些靠安慰劑效應改善健康、效果還持續好幾年的病患（像是動了假膝蓋手術的男士），就像是在催眠療法中接收催眠後暗示的受試者。確實，有些人就是能順暢接受暗示，但有些人依舊對暗示毫無反應。

比方說，許多人生病的時候，對於吃藥打針、接受療程還是相當排斥，因他們覺得這些手段對病情毫無助益，更不用說服用安慰劑了。為什麼？因為他們做不到先讓意念凌駕感受，再讓新的意念引發新的感受，而新的感受又會回頭鞏固新的意念，直到新的存在狀態誕生為止。一個人要是始終陷在熟悉的感受裡，導致思考模式一成不變、跳脫不出習慣迴圈，就會永遠困在過往的身心狀態當中，人生也會跟著原地踏步。

反之，如果對藥物或治療沒信心的人能調整心態，試著讓自己全心全意擁抱某種信念，並且放下所有杞人憂天、分析算計的念頭，就能一步步獲得豐碩成果。當一個人能將某個念頭化為虛擬經驗，再讓身體用新的方式予以回應，就具備被暗示性了。

被暗示性包含「接納」、「相信」、「順從」三個面向。我們嘗試改變內在狀態的時候，如果能接納、相信、順從自己採取的手段，最後就能獲得更好的成果。就好比被催眠的桑提亞戈，當他進入受下意識指揮的狀態，就會全盤接納史利福說的話，深信真的有個欠人消滅的「壞蛋」，於是，桑提亞戈就能順從史利福的指令，不假思索地完成各項交辦任務。他沒有因此天人交戰、沒有向史利福追討證據，也沒有起任何疑心，而是說行動就行動。

考慮情緒因素

當我們發現自己有機會改善健康狀態（也就是外在事物有可能改變我們的內在），同時將這股期待或意念和盼望改變經驗的情緒結合，我們就會更容易受最終結果暗示。我們對於整套意念傳輸系統進行制約、心懷期盼，並且賦予意義。

不過，要能體驗這項經驗，就少不了情緒這個關鍵要素。接受暗示跟理性思考不同，很多人理智上能明白自己會變得更健康，但情緒上卻無法接受變化後的結果，因此始終無法影響自律神經系統（反倒是桑提亞戈靠著催眠就辦到了）。這點之所以重要，是因為自律神經系統就是下意識的駕駛艙，主掌所有決策。其實，心理學上普遍認為，越能感受強烈情緒的人越容易能接納新的概念，也會因此更容易接受暗示。

自律神經系統是由大腦邊緣系統操控的。大腦邊緣系統（如圖6.1所示）又稱「情緒腦」或「化學腦」，負責如調控體內化學恆定狀態等下意識功能，讓身體處於天然的生理平衡狀態。事實上，邊緣系統就是你的情緒中樞，當你感受到各式各樣的情緒，就會刺激腦內邊緣系統製造相應的情緒化學分子。又因為這顆情緒腦不歸意識心智管轄，於是你只要一產生情緒，就會啟動體內自律神經系統。

要讓安慰劑效應順利引發療癒經驗，你必須先維持高昂情緒。當你放大情緒反應，脫離日常的平靜狀態，就會啟動下意識系統。想直接接觸體內作業系統、執行改變程式，其中一種方式就是讓自己盡情感受情緒。如此一來，你會自動對自律神經系統下命令，要求系統製造身體療癒時會產生的化學物質，接著，身體也會接收到來自大腦和心智的天然萬靈丹。最後，從情

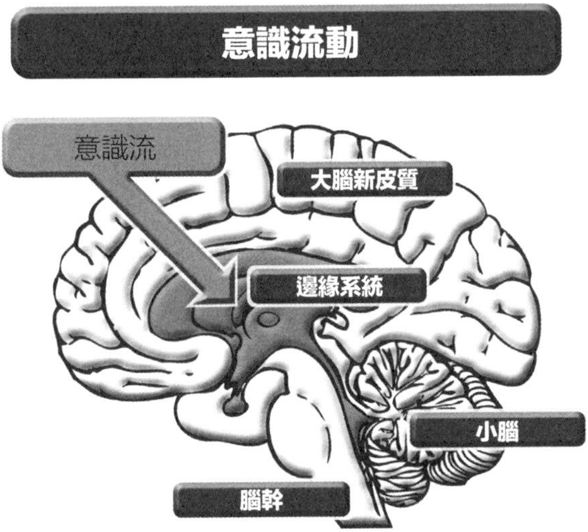

圖 6.1

當情緒來臨時，你有機會繞過大腦新皮質（意識心智所在之處）直接啟動自律神經系統。當你跳脫了理性思考的腦區，就會進入負責調控、維持、執行身體健康的腦區。

緒反應的角度來看，身體就會慢慢化為心智了。

但我們也知道，不是任何情緒都能引發療癒效果，譬如上一章提到的生存模式情緒就會讓大腦和身體失衡，同時調降（或關閉）用來引發最佳健康狀態的必要基因。舉凡恐懼、徒勞、憤怒、敵意、焦躁、悲觀、競爭意識、擔憂等情緒，不但無法指揮有助於改善健康狀態的基因，效果甚至剛好相反——這些情緒會啟動戰或逃神經系統，讓身體進入戰備狀態。這時，原本用來療癒身體的能量就會一步一步減少了。

其實，這跟刻意努力引發的效應很類似。當你為了改變情境而刻意努力，就會讓自己處於對抗狀態，雖然你可能毫無自覺，但你實際上的確是拼了老命，期待自己的努力能開花結果。不過，這種做法跟生存模式情緒一樣，只會讓你失去平衡，而且當你越感到挫敗、焦躁，整個人就會更加失衡。想要引發安慰劑效應，只要記住：不要刻意，順其自然就好。

這些容易帶來沈重壓力的負面情緒，既是我們再熟悉不過的面孔，也會和無數過往經驗互相牽連，當我們一想到這些情緒，就會讓身體變得像過去一樣衰弱不堪。這時，外界就算出現了新資訊，也沒辦法透過新的方式調節你的基因了。於是，你的過去就這樣決定了未來。

相反地，感恩、讚美等正面情緒能讓人心胸開闊，將體內能量提高到新的境界，擺脫讓人低潮的激素反應。提高被暗示性的手段很多，其中，抱持感恩的效果可說是數一數二強大。一般而言，我們會因為事件發展一如預期而對他人表示感謝，正因如此，只要你能抱持感恩的心，身體就會認為自己經歷了令人由衷感激的事件。

只要你能在真正經歷事件之前抱持感激，化為潛意識心智的身體就會認為事件已經發生過，或者正在發生。在獲得他人幫助之後心懷感恩，是最崇高的情緒境界。你可以參考圖6.2的說明，重新複習生存模式下的情緒和高昂情緒在表現形式上有什麼不同。

只要你能心懷感激，再結合內心明確的意念，就能透過情緒讓事件對自己產生具體影響了。你的大腦和身體會因此產生變化，循著化學反應途徑，將內心的想法傳授給身體。在這個當下，你會完全活在新的未來情境之中，而曾經經歷過的陳舊、原始情緒反應，也會被你擱在一旁，不會再將你綁在過去了。現在，你正運用高昂情緒，邁入新的未來情境。

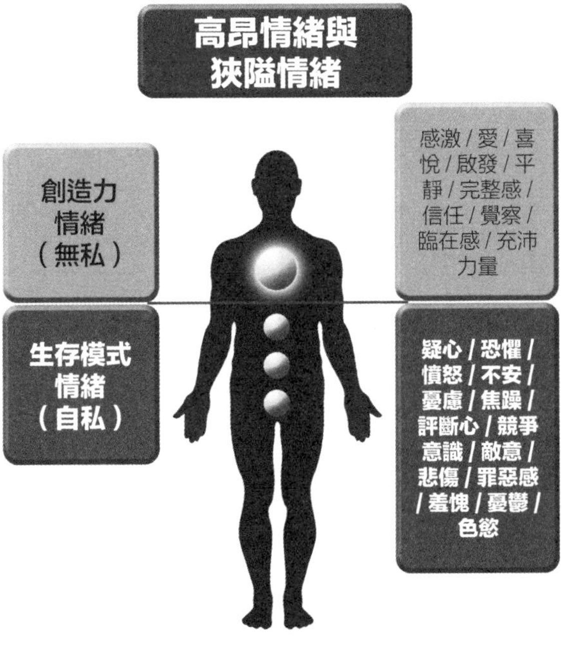

圖 6.2

生存模式情緒主要由壓力激素引發，會使身心趨向自私、狹隘。只要培養充滿創造力的高昂情緒，就能提升體內能量並引發新的激素反應，讓心胸變得更開闊無私。於是，身體就會因應新的心智出現新反應了。

理性分析的心智是把雙面刃

現在，讓我們回到之前提過的概念：每個人對暗示的接受度不同，使得被暗示性程度因人而異。當外在和內在現實對一個人發送意念、暗示和指令，接收者會因為各式各樣的變因，而表現出個人的被暗示性程度。如圖6.3所示，被暗示性程度和理性分析心智能力之間的關係，可以說是此消彼長，當你的理性分析心智越活躍、越常使用分析能力，你就越難接受暗示；當你的理性分析心智活動越平緩，你就越容易接收暗示。

所謂的理性分析心智或批判思維，指的是你有意識使用的心智能力。這是大腦新皮質，也就是意識思維腦區所具備的思考、觀察、記憶、解決問題能力，也能進行分析、比較、判斷、反思、檢驗、質疑、對比、審視、推理、推論、深思等功能。理性分析心智會累積過往經驗中獲得的知識，再將這些知識套用在未來情境或尚未經歷的事件上。

以本章開頭的催眠實驗為例，十一名受試者接受了在

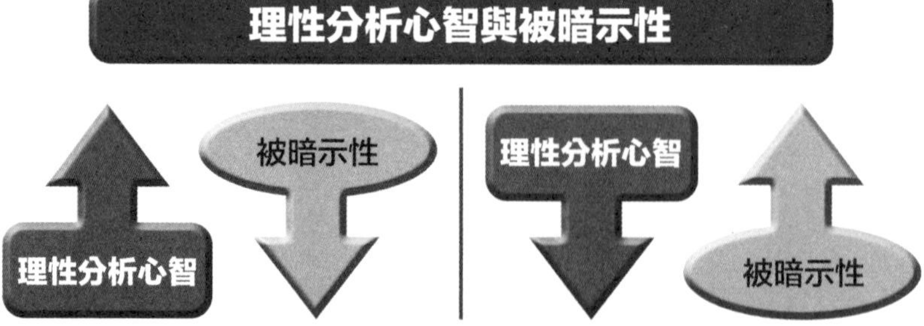

圖 6.3

理性分析心智與被暗示性具有此消彼長的關係。

餐廳眾人面前脫衣的催眠後暗示，但其中卻有七個人沒聽令照做。他們之所以會「恢復理智」，正是理性分析心智運轉後的結果。當受試者開始思考：「這樣做對嗎？我真的要這樣做嗎？這樣做好看嗎？有誰在看我？我男朋友會怎麼想？」這些問題，催眠暗示效果就減弱了，他們也會因此回到原先熟悉的存在狀態。反觀確實脫到只剩內衣內褲的受試者，則是不假思索就執行了暗示命令；換句話說，他們相較之下不太動用理性分析能力，也因此更容易接受暗示。

既然大腦新皮質二分為兩個半球，我們的思考分析模式經常使用二分法，似乎也顯得很合理了。所謂二分法的思考模式，可能包括好／壞二分、對／錯二分、正／負二分、男／女二分、異性戀／同性戀二分、過去／未來二分、邏輯／情緒二分、新／舊二分、心／腦二分；看完這些例子，你應該就明白我的意思了。當我們處在壓力之中、不斷朝心智系統輸送化學物質，這些化學物質就會加快理性分析心智的轉速，讓我們能根據過往經驗預判未來情境，以求在最壞的情況下自保。

當然，理性分析心智沒有什麼不好，在我們意識清醒的時候，理性分析心智給我們的幫助可大了。人之所以為人，就是因為具備了理性分析心智，能替外在事物（各種人、事、時、地、物相關經歷）和內在狀態（譬如意念和感受）建立一套連貫邏輯，再替兩者添加意義。

當我們冷靜、放鬆、專注的時候，理性分析心智運轉得最順暢，能同時分析生活中的各種層面，最後形成深刻的結論，為我們的人生帶來助力。當我們眼前出現了數不清的道路，理性分析心智也能協助我們進行抉擇，以利做出決策、學習新事物、檢視個人信念、根據個人倫理道德察言觀色、釐清人生方向、依個人信念判斷道德原則，並且反思重要的個人感受。

另外，理性分析心智也是自我意識的延伸，具有保護功能，讓我們能順利在外在環境中應對各種狀況，順利存活（自我意識的重要功能之一其實就是自保）。理性分析心智除了會隨時觀察外在環境狀態，還會不斷計算最好的情境，以便完成照顧自我、保全身體的任務。一旦你可能碰上危機，你的自我意識就會發出警訊，促使你想方設法應付狀況。比方說，當你一面走在馬路上、一面發現從你身邊開過的車都離自己非常近，這個時候，你可能就會選擇走到馬路另一側，以求自保。你之所以會這麼做，就是因為自我意識的引導。

不過，一旦壓力激素堆積過多，導致自我意識失去平衡，理性分析心智的運轉速度就會飆升，進入過度亢奮的狀態。這時，理性分析心智就不再是助力，而是阻力了。我們不但會開始過度分析事物，自我意識也會變得自私至極，只想確保個人利益，不過，自我意識的職責畢竟就是如此。自我意識會以掌控大局、保護自我身分為己任，也會試著出手左右事物發展，並且預先規畫能讓環境百分之百安全的手段。此外，自我意識還會緊抓著熟悉事物不放，所以才不斷埋怨、痛苦、掙扎，或是始終把自己當成受害者。面對未知狀況，自我意識更會覺得危機重重而左閃右躲，因為對自我意識來說，未知完全不可信。

到最後，自我意識就會想盡辦法維持各種快速爆發的情緒，沈浸在成癮的快感當中，還會為了獲得內心渴望的目標而爭先恐後、不擇手段。這時，自我意識可能會機關算盡，透過操縱、競爭、欺騙等方式維護私利。

當外在環境壓力越巨大，你就會越想動用理性分析心智，嘗試分析當下的情緒究竟會帶來什麼樣的生命經驗。但這時候，你就接觸不到能引發真正變化的下意識心智作業系統，並且會和這套系統漸行漸遠。再說，你在分析生命經驗的時候參考的是過往情緒經驗，但真正的解答在這些情緒裡其實是找不到的。不僅如此，這些情緒還會讓你陷入同樣的化學狀態，讓你因此鑽牛角尖、陷入思考框架之中。

如此一來，你會被困在之前提過的思考和感受迴圈當中，而同樣的意念也會不斷引發同樣的情緒，導致大腦和身體更加失控。你唯有讓自己擺脫壓力情緒，用不同的心智狀態面對人生，才更容易找到問題的解答。

當你的理性分析心智轉得越快，你就更難接受新情境的暗示。為什麼？因為敞開心胸、歡迎各種可能的新情境、毫無顧忌地接納新觀點、交付自己的信任這些事，都不適合在大難臨頭的時候做。當我們遭遇危機，通常會先判斷哪些是已知條件、哪些是未知條件，再計算最大存活機率以求自保，同時逃離未知情境。於是，當理性分析心智受壓力激素影響而加快運轉，你的念頭自然也會變得更狹窄、更不容易接納新事物，也更難全心全意信任意念的效力、積極摸清未知的真面目。總而言之，理性分析心智或自我意識可以是你的助力，也可以成為你的阻力。

心智內部的運作模式

理性分析心智可說是從意識心智獨立出來的結構，能區隔意識心智和下意識心智。當理性分析心智暫時關閉，注意力轉向下意識心智（也就是變化實際發生的場域）時，安慰劑效應才能發揮作用。也正因如此，我們只有在跳脫自我意識、讓自律神經系統逐漸取代意識心智之後，才能引發安慰劑效應。

圖6.4大略呈現了這些心智結構之間的關係。圖中的大圓代表整個心智結構，意識心智只佔百分之五左右，內容物包

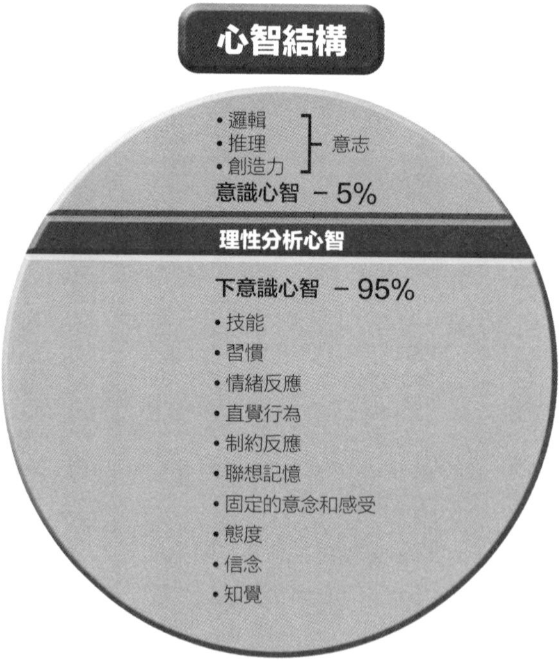

圖 6.4

意識心智、理性分析心智、下意識心靈結構一覽。

括邏輯推理和創造力，能帶給我們自由意志。大圓另外百分之九十五的部分，則是下意識心智。這套作業系統包含了所有自動化技能、習慣、情緒反應、直覺行為、制約反應、聯想記憶、固定意念和感受，會各自塑造出個人態度、信念和知覺。

意識心智是我們儲存外顯記憶，或稱為陳述型記憶的地方。顧名思義，陳述型記憶是我們有辦法陳述的記憶，包括曾經學習過的知識（又稱為「語義記憶」）以及人生中經歷過的經驗（又稱為「情節記憶」）。就好比你可能是位在田納西州長大的女性，小時候騎了一陣子馬，最後因為落馬摔斷手臂而不再騎馬；十歲的時候，你養了一隻毛蜘蛛當寵物，後來不小心讓蜘蛛跑出籠子，弄得全家人必須去飯店待兩晚；十四歲的時候，你得了拼字比賽州冠軍，而且直到現在都不會拼錯字；你大學在內布拉斯卡州念會計；你現在住在亞特蘭大，這樣就可以離在大企業工作的妹妹近一點；而且你目前還在線上修財務金融碩士學位。這些自傳式的敘述，就是陳述型記憶的內容。

另一種記憶則是內隱記憶，或稱之為非陳述型記憶，有時也稱作程序記憶。這類型記憶的作用，是讓你在操作某件事許多次之後，就不會特別意識到自己是怎麼做這件事的，而且也因為重覆次數太多，連你的身體都跟大腦一樣記得操作方式了。譬如騎腳踏車、踩離合器、綁鞋帶、輸入電話號碼或密碼，或是讀書、說話等，都是這類型記憶的例子，也是本書從頭到尾想談的自動化程式。換句話說，只要是自己熟悉的技術或習慣，就不需要經過意識分析或思考，因為一切都化為下意識了。這種記憶就是「程序化的作業系統」，可以參考圖6.5。

圖 6.5

記憶系統分為兩類：陳述型記憶（外顯記憶）和非陳述型記憶（內隱記憶）。

當你已經對某件事非常熟練，到了操作方式爛熟於心、還透過情緒制約身體的境界，身體就會跟意識心智一樣熟練，知道如何把這件事做好。這個時候，你等於是記住了已經成功內化的體內神經化學變化。能夠記住這套變化的理由很簡單：當你反覆經歷同一個事件，就會一再強化腦神經連結，等到身體被情緒制約的時候，記憶就牢固了。當事件經驗次數夠多，形成了神經化學式的記憶，你就能透過存取熟悉的下意識意念或感受，把身體開關和對應的自動程式打開；接著，你會暫時進入一種特別的存在狀態，執行這套自動化的行為。

內隱記憶是由情緒經驗形塑而成的，形塑過程會遵循以下兩種可能途徑：一、經歷「單一次數高強度情緒事件」之後，立刻替經驗貼上標籤、存進下意識中（譬如童年時在大百貨公司裡和媽媽分開的經驗）；二、將「多次經驗後累積的過量情緒」反覆存入下意識中。

內隱記憶是下意識記憶的一部分，會透過反覆經驗或高強度情緒事件被導入下意識中，於是，當你的內心浮現了任何情緒或感受，就相當於開啟了通往下意識心智的大門。我們都知道意念是大腦的語言、感受是身體的語言，所以當你的內心一出現感受，就會啟動身心連結（因為你的身體已經化成了下意識心智）、進入下意識作業系統了。

你也可以這樣理解：當你產生了某種似曾相識的感受，就表示你的下意識已經開始運轉，正在分析由感受引發的各種意念了。你每天都會透過自我暗示替意念和感受建立連結，同時全盤接納、相信、順從這些看似真實的意念。於是，只要你接觸到的意念正好和過去的感受相互對應，你就會更容易接受這些意念；到後來，你會一再接納、相信、順從那些在潛意識中盤旋的念頭。

反過來說，面對無法對應到熟悉感受的意念，你的接受度就沒那麼高了。凡是出現涉及未知情境的新意念，只會讓你渾身不自在。你所有的自言自語（也就是你每天在內心聽見的意念），都會時時刻刻鑽入意識心智內，同時啟動自律神經系統、引發一連串生理反應，加強早就塵埃落定的自我認知感受。這邊的情形，就跟第二章提到的研究一樣：樂觀的人容易對正面暗示做出正向回應，而悲觀的人則傾向對負面暗示做出負向回應。

同理，要是你的感受改變了，你有沒有可能更容易接受新意念的暗示？這當然！只要你維持高昂情緒，讓新感受引發各種新意念，就能提高自己對感受和意念的被暗示性了。你會因此進入新的存在狀態，內心產生的新意念也會和新感受配對，形成自我暗示的一部分。而當你感受到情緒的時候，就會自然而然驅動內隱記憶和自律神經系統，讓自律神經系統發揮看家本領，也就是恢復平衡、健康和規律。

看看前面提過的安慰劑研究，很多受試者不都成功接受新意念暗示了？他們不也都能抱持期盼、想像或喜悅等高昂情緒嗎？當他們發現某種新的未來情境，又不進行任何分析，不就能透過高昂情緒而提高被暗示性了？他們感受到對應情緒之後，不也進入了下意識作業系統，再單靠意念對自律神經系統發出新指令、改寫系統程式，讓自己接受新情緒的暗示嗎？

開啟通往下意識心智的大門

假如被暗示性的程度會有所差異，那麼可以用理性分析心智在各種情況下所佔的厚度，來表現這種差異。一個人夾在意識心智和下意識心智之間的理性分析心智越厚，就越難接觸到內在作業系統。

當一個人的意識心智和下意識心智之間的夾層很薄時，很容易接受暗示，跟本章開頭的伊凡．桑提亞戈一樣。只要有事件發生，這種人很自然就會接納、相信、順從事件結果，因為他們既不會拼命分析，也不太會動腦思考。跟其他人比起來，他們天生就容易把意念當成真實經驗，也能抱持正向情緒欣然接受意念內容，讓意念內容順利被刻進自律神經系統，之後就能被當成現實來實踐。在日常生活中，這類人不會花太多時間探究生命的點點滴滴，也不會一天到晚反省深思。如果你看過催眠秀的話，可以想想那些常常走到舞台前方的被催眠者，這類人的心智結構通常就是這種類型。

如果一個人的意識心智和下意識心智之間夾著一層偏厚的理性分析心智，這種人不會輕易接受表象暗示，而會先動用理性思考認真評估、思索、盤算、審視現狀。他們的批判思考能力非常強，而且會確定自己分析過所有細節之後，才願意順從、信任外界事物。

要知道，有些人的理性分析心智很發達，完全不需要靠壓力激素就能運轉自如。這可能是因為每個人大學念的科目不同、有些人的父母提早培養了子女的理性思維能力，或者人人天生資質就有差距。不過，就算你的理性分析心智很發達，你還是能透過練習讓自己跳脫分析思維。你肯定有機會辦到的，因為我就成功了。

我前面提過，這兩種心智結構並沒有高下之分，而且我認為兩種模式要能達到平衡，才稱得上健康。凡事都想透徹分析的人，很容易一天到晚起疑，讓自己無法享受人生。相反地，太容易接受暗示的人則會容易上當受騙，讓生活變得一團亂。我想強調的重點是，如果你一天到晚都在分析自己的人生、對自己指指點點、對現實中的萬事萬物都放不下心，那你就永遠不可能開啟內在作業系統，進一步修改老舊的系統程式碼。一個人唯有接納、相信、順從暗示，才能開啟橫在意識心智和下意識心智之間的那扇門。當這扇門一打開，暗示就會開始指揮自律神經系統，而在這個奇妙的瞬間，自律神經系統就會聽令行事了。

現在，請看看下一頁的圖6.6。圖中的箭頭代表意識的流動方向，也就是由意識心智進入下意識心智。而在下意識心智當中，所有被接受的暗示都會透過生理反應浮出水面。

除此之外，還有其他幾種方式能關閉理性分析心智、打開通往下意識心智的大門，讓人提高被暗示性。比方說，一個人在身心疲憊的時候，被暗示性會提高；有些研究也指出，當一個人處於感官剝奪狀態，無法接收到足夠的社會、動作、環境提示時，被暗示性也會提高；又譬如人在飢腸轆轆，或受到情緒衝擊和創傷影響時，理性分析心智的功能也會變弱，讓人更容易受到外界資訊暗示。

揭開冥想的神秘面紗

冥想跟催眠一樣，能幫助人超脫理性分析心智，潛入更深層的下意識系統裡頭。冥想的用意，基本上是要讓意識脫離理性分析心智，再讓注意力由外在世界、身體、時間轉向充滿意念和感受的內在世界上頭。

腦波示意圖：在理性分析心智之下

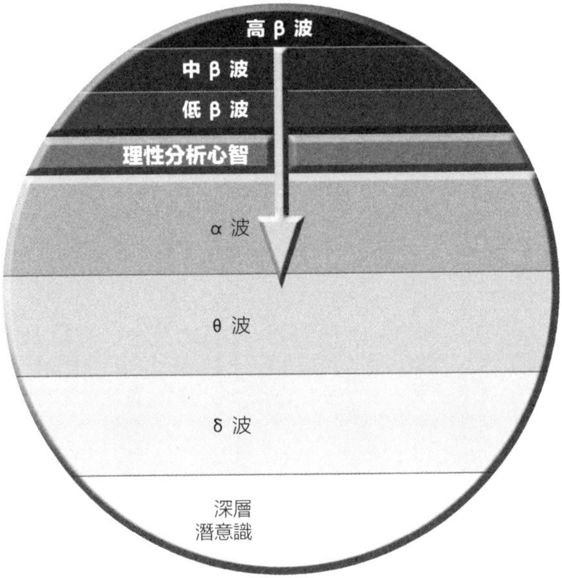

圖 6.6

此圖描繪腦波層級和意識流動之間的關係。在冥想時，意識會由意識心智出發，途中經過理性分析心智，再進入下意識心智內。

不過，冥想被貼了很多錯誤的標籤。很多人一聽到冥想，就會想到端坐山頂、不怕風吹日曬的大鬍子宗師，或是一襲素袍、臉上掛著玄妙微笑的僧人，甚至是雜誌封面上身穿時尚瑜珈服的妙齡美女，而且瑜珈美女不但肌膚完美無瑕，還散發出超脫塵世俗務的寧靜氣質。

有些人會因為這些畫面，而認為冥想訓練不切實際、遙不可及，自己完全辦不到；有些人會把冥想當成靈修，覺得和自己的宗教信仰格格不入；還有些人更會因為冥想方法五花八門而眼花撩亂，遲遲無法決定如何踏出第一步。然而，冥想其實沒那麼困難，也沒那麼「超脫」或難懂。現在，我們不妨先將冥想當成能讓意識脫離理性分析心智，幫助我們進入深層意識的活動。

在冥想過程中，我們不但會從意識心智進入下意識心智，還會由自私狀態進入無私狀態、由「有我有形」狀態進入「無我無形」狀態、由物質至上狀態進入非物質至上狀態，同時超脫空間和時間的束縛，進入超越時空的狀態。而原先相信外在世界就是現實、想透過感官定義現實的我們，也會因為冥想而改變心意，開始相信內在世界才是現實，並且認為自己遁入了「感官感受真空」（non-sense），也就是超脫感官、只剩下意念的世界。透過冥想，我們就能從存活模式進入創造模式、從分離模式進入連結模式、從失衡模式恢復平衡模式、從危急模式進入成長修復模式，同時脫離恐懼、憤怒、悲傷等自溺情緒，轉而投入喜悅、自由與愛的懷抱。總之，原先死守已知事物的我們，就會開始擁抱未知了。

現在，讓我們來動動腦思考一下。如果說大腦新皮質是儲存意識的地方，也是你形成意念、進行分析推理、運用理智、展現推論技術的場域，你就必須先將意識推離大腦新皮質，才能順利開始冥想。你必須要讓意識從理性分析腦區進入邊緣系統腦區，再深入下意識區；換句話說，想讓大腦新皮質和內部的日常神經活動趨於平靜，你得先放棄理性分析，同時清空用來儲存理性邏輯與進行分析、預判、推理的腦區，就算只有一下子也好，這就是所謂的「靜心」。

套用前一章提過的神經模型，所謂的靜心，指的就是調節理性分析腦區，讓裡頭經常被驅動的自動神經網絡進入「休兵」模式；換句話說，你得放下執著，先不去思考自己是什麼樣的人，盡量讓心智層級維持一致。

乍聽之下，要成功冥想真的非常不簡單，但其實已經有人發明了務實的科學方法，能幫助我們達成目標，習得冥想技巧。在開始談冥想技巧之前，我想先增強你的動機，好讓你在正式接觸冥想之後更有收穫。

冥想到底難在哪？

大腦新皮質具備理性分析功能，能透過五感判斷現實狀況，而且會把所有的意念集中在身體、環境、時間上。當你感受到一絲壓力，注意力就會聚集到身體、環境、時間上頭，更會把這三項因素的重要性放大。當你處於戰或逃緊急狀態，並刺激腎上腺素分泌，你就會像面臨威脅的野生動物一樣，一心想著如何保護身家性命、在環境中尋找逃生路線、判斷還有多少時間才能安然無恙。你會為了各種麻煩而左思右想、為了自己的外觀和痛苦而糾結煩惱，也會擔心能用來完成目標的時間太少，最後急急忙忙了事。這些狀況是不是似曾相識呢？

處於存活模式的你，正是因為太在乎外在世界和其中的各種困擾，才會動不動就覺得外界世界就是一切。於是，一旦外在世界消失，你就不再是人或物，你的身體和存在空間也會跟著消失。對於不斷證明自己存在、以求控制所有現實的自我意識而言，這個狀況會是多麼恐怖的事！

當你處在存活模式下，如果能提醒自己感受到的事物只是整體的冰山一角，在外在世界中只佔了一小部分，你的生活或許會好過一點。你會接收到那些與自我認知同調的外界變化，但就算如此，也不代表你看遍了大千世界。其實，當你學會了新的事物，你看世界的角度就會改變，但世界本身並沒有改變，改變的是你的認知視角。

在這個階段，你只要記得一件事：如果你打算追求改變，卻無法靠從外在世界取得的資源達成心願，那麼，你顯然不能把自己侷限在當下的所見、所聞、所感，才有可能抵達終點。你必須動用其他尚未開發的資源，也就是未知中的一切才行。這麼一來，未知就會成為你的朋友，而不會與你為敵，所有問題的解答就在其中。

一般人之所以忘不掉外在世界、無法全心關注內在世界，還有另外一個原因：大多數人都對壓力激素成癮，追求受到意識和下意識反應刺激後，化學物質瞬間釋放的快感。一旦成癮了，我們就會繼續相信外在世界比內在世界還真實，同時也會因為必須費心應付真實存在的威脅和麻煩事，而讓自己的生理狀態被這樣的信念制約。結果，我們也會對當下的外在環境成癮。我們還會透過聯想記憶，用各種困難和人生境遇合理化情緒成癮症狀，讓自己不要忘記自己是怎麼看待自己的。

從另外一個角度來看，在存活模式下釋放的壓力激素，會讓身體獲得充沛能量，而能使人聚焦於外在現實的五感，也會因此變得極為敏銳。這時候，只要壓力不斷朝我們襲來，我們就會自然而然地根據感官感受定義現實，把物質世界當成一切。我們如果想潛入內心，和「感官感受真空」以及非物質世界接觸，就得先花力氣打破被制約的習性，並讓自己在面對外在現實的同時，不要拼命追求化學物質快速釋放的快感。不過，我們到底要如何調整想法，才能相信意念的威力比物質性的三度空間現實更強大？要是我們看世界的視角依舊被制約，我們就會被身體和環境拖著跑，如此一來，想要單靠意念改變人生可就難了。

只要我們能一再接受新資訊，知道看似不可能發生的事其實都有可能發生，我們就會記得現實不限於個人的感官認知，還包含了寬廣的世界。每個人的確是自己的安慰劑，我們同意也好、不同意也罷，事實就是如此。

探索腦波

冥想是為了進入自律神經系統，讓自己更容易接受暗示、克服上述種種挑戰，但我們也必須弄清楚達成目標的手段才行。簡單來說，這跟我們的腦波有關，因為不管在什麼時候，我們接受暗示的程度都會大幅受到腦波狀態左右。

只要你能熟悉各種腦波狀態，並且學會判斷自己的腦波狀態，就能讓自己在不同狀態之間遊走，讓腦波時強時弱。當然，你得先練習一陣子才辦得到，但絕對不是不可能的任務。既然如此，我們就先來好好認識不同的腦波狀態。

當神經元同時被激發，帶電元素會在神經元之間往來，接著形成各種電磁場，而這些電磁場就是腦部掃描技術（譬如腦電波圖）想測量的對象。人類有幾種能夠測量到的腦波頻率，當腦波活動越慢，我們就越能深入下意識內在世界。人類腦波由慢到快，分別為 δ 波（有助於恢復精力的潛意識深層睡眠狀態）、θ 波（深層睡眠和清醒之間的朦朧狀態）、α 波（充滿創造力和想像力的狀態）、β 波（意識清晰狀態）以及 γ 波（意識活躍狀態）。

β 波是清醒狀態下的腦波。當我們處於 β 波狀態時，大腦新皮質會發揮思考能力，不斷分析接收到的感官資訊，替內外世界賦予各種意義，但是，這並不是最適合冥想的狀態，因為 β 波會讓外在世界看起來比內在更真實。β 波還分為三種層級，分別是低 β 波（放鬆、感興趣時的專注力，譬如閱讀時的狀態）、中 β 波（持續受體外刺激影響而集中的注意力，譬如學習和記憶時的狀態）、高 β 波（處於危機模式下、高度集中的專注力，會刺激壓力激素分泌）。當 β 波頻率越高，我們就離內在作業系統越遠。

一般狀況下，我們的腦波頻率會在 β 波和 α 波之間遊走。α 波屬於放鬆狀態，能讓我們稍微拋開外在世界、專注於內在世界上頭；α 波也屬於所謂的微冥想狀態，也就是能讓想像力天馬行空的狀態。在這樣的狀態下，我們的內在世界會比外在世界更真實，因為我們的專注力全都在內在世界上頭。

當我們從高頻 β 波進入相對低頻的 α 波，讓自己更放鬆、更專注，額葉就會自動運轉起來，接著像前面提過的一樣，開始縮減負責處理時空資訊的腦迴路規模。這時候，我們就能脫離生存模式，進入比 β 波狀態更容易接受暗示的創造力狀態。

進入 θ 波狀態是比較大的挑戰。θ 波屬於半睡半醒的朦朧狀態（即所謂「意識清醒、身體仍然熟睡」的狀態），也是我們希望透過冥想達到的狀態，因為這個時候我們最容易接受暗示。在這個狀態下，我們的理性分析心智會暫停運轉，讓我們能深入下意識，盡可能沈浸在內在世界當中。

你可以把 θ 波想像成下意識的地盤，然後再看一次圖6.6提到的各種腦波狀態，以及不同腦波頻率在意識和下意識中的分布情形。請看圖6.7中各種腦波的頻率變化。

等你開始練習冥想，你會發現這些簡單的腦波知識會給你許多幫助。當然，請不要以為只要了解腦波、練習冥想，就能隨意進入 θ 波狀態，但多學點腦波知識、明白腦波能帶來的效果，或多或少有助於我們達成目標。

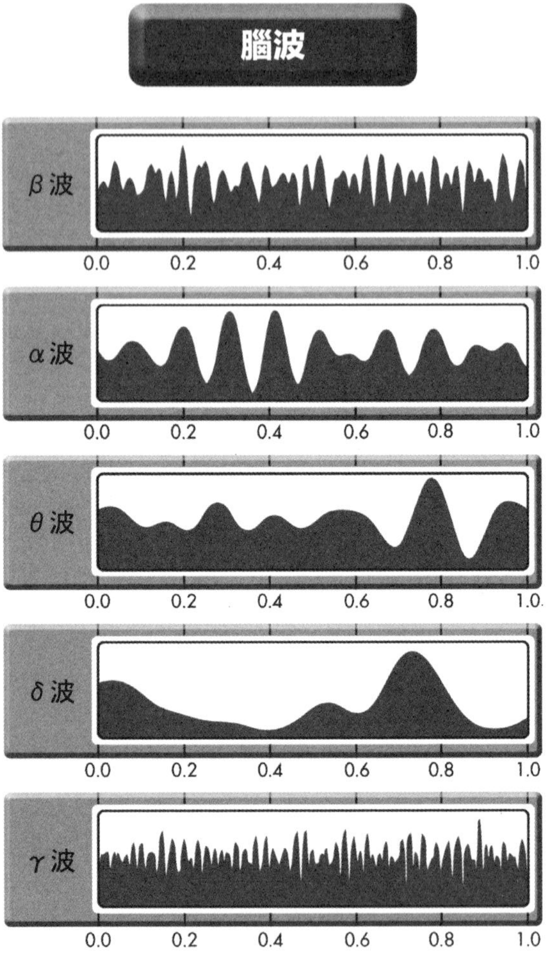

圖 6.7

本圖描繪不同腦波狀態於一秒內的變化情形，包括代表高強度意識，也就是能使意識處於高度活躍狀態的 γ 波。

「殺手」是怎麼煉成的？

現在，讓我們回頭看看本章開頭提到的伊凡．桑提亞戈和其他催眠受試者的經歷。我們可以發現，這些人比大部分的人更容易拋開理性分析心智，而他們似乎也同時具備神經可塑性和情緒可塑性，能讓內在世界顯得比外在世界還真實。他們平常清醒的時候，處在 α 波狀態的時間應該多過 β 波狀態，因此體內的壓力激素含量偏低，讓他們不會輕易被壓力激素帶離恆定狀態。這些人非常容易接受暗示，所以意識心智更能主動操控下意識心智的自律功能。

不過，這些受試者接受暗示的程度不盡相同，根據實驗結果，我們也發現了被暗示性呈現了不同的等級。通過第一輪考驗的十六名受試者，確實都具有接受暗示的潛力，但能通過第二輪公眾場合寬衣解帶考驗的受試者，他們的被暗示性卻又更上一層樓，於是，他們能夠順從催眠後暗示的指令，公然違反根深柢固的社會規範。至於通過脫衣考驗的四名受試者，對於暗示的接受度無疑非常高，高到讓他們能輕鬆忽視社會環境的規範；只不過，當他們一進入冰水浴考驗，其中三個人還是無法克服物理環境的威脅，結果敗下陣來。

能在極端條件下撐過一段時間，身體也完全沒表示抗議的受試者，只剩下被暗示性特別高的桑提亞戈了。而且，他不但能承受刺骨的冰水浴，甚至還能跳脫個人道德規範，照著催眠後暗示的指令朝「外國使節」開槍。桑提亞戈清醒時的人格，根本連冷血殺手的邊都摸不上，但他最後還是動手開槍了。

如果我們想催生安慰劑效應，就必須和桑提亞戈一樣容易接受暗示，讓自己能不斷突破身體和環境限制，全心接納、相信並順從「內在世界比外在世界更真實」的想法。後面幾章將會告訴你，我們不但能改變信念、讓自己更容易接受暗示，還能透過這樣的狀態來操控下意識心智。不過請放心，操控下意識不是為了拿道具槍射臨時演員，而是為了順利解決健康難題、情緒創傷或其他個人困擾。

第七章　心態、信念、知覺

在雅加達某座公園裡，有一名眼神空洞的十二歲印尼小男孩，他不斷從圍觀人群手中接過玻璃碎片，再把碎玻璃放進自己嘴裡。小男孩就像在吃爆米花或蝴蝶脆餅一樣，先嚼了嚼嘴裡的玻璃，再把玻璃吞進喉嚨裡，而且完全不痛不癢。小男孩是第三代騎馬舞舞者，從九歲起就不斷進行吞玻璃的神奇表演，而且他和舞團另外十九名成員每次表演前，都會朗誦爪哇咒語召喚亡魂，好讓亡魂附身在其中一名舞者身上。只要舞者被附身，當天就會獲得金剛不痛之身❶。

小男孩和舞團夥伴的表現，某種程度上就跟第一章提到的阿帕拉契地區控蛇牧師很像：這些控蛇人在神靈附體狀態下會任由毒蛇纏繞臂膀，同時自顧自在講道壇周圍雀躍搖擺，甚至還讓毒蛇貼上自己的臉頰，看起來像是不怕被蛇咬，或是對蛇毒免疫一樣。騎馬舞舞者也很像斐濟貝卡島上的薩瓦霧部落裡的走火勇士：面對被燒紅圓木和煤炭加熱一小時的白熾熱石，走火勇士依然毫不畏懼，直接光著雙腳踩過石頭；據說，這項技能是部落先民得自上天、接著又傳給後代的能力。

不管是嚼玻璃男孩、控蛇牧師還是斐濟走火勇士，他們從來都不會自問：「這次會不會成功？」內心也不會有一絲搖擺掙扎。他們決定要嚼玻璃、揮舞銅斑蛇、走過熾熱石頭的那一刻，就已經超越了身體、環境、時間等因素，同時改造了自己的生理狀態，讓自己能夠執行不可能的任務了。這些堅信自己受上天庇佑的人，是不會萌生半點疑心的。

安慰劑效應跟這些技術一樣，都需要無比堅定的信念才能見效。不過，針對這項關鍵要素的研究還不多，因為身心研究關注的多半是安慰劑效應的成效，而不太討論成因。就算我們知道內在狀態改變可能是拜信念治療、制約反應、釋放壓抑情緒、符號信仰或特定靈修方式所賜，真正的問題仍然懸而未決：當事人的體內究竟發生了什麼事，才引發了這些深刻的變化？一旦確定成因之後，我們有沒有辦法自行催生這些變化？

信念的源頭

乍看之下，信念似乎是意識層面的現象，但其實不然。對於某個想法，我們可能表面上欣然接受，但要是內心深處仍然懷疑想法的真實性，所謂的接受也只會停留在理智層次。我們知道，想要催生安慰劑效應，就必須確實改變信念，透過新的方式來認識自我、意識到身體健康可能出現的變化；既然如此，我們就得先了解信念本身和信念的源頭才行。

請你先想像底下的情境：某個人發現自己身體有些症狀，決定去看醫生，而醫生也根據客觀事實下了診斷。在這個情境當中，醫生依病患整體狀況提供了診斷、預後與治療方案等資訊，但病患一聽到醫生丟出「糖尿病」、「癌症」、「甲狀腺機能低下」、「慢性疲勞症候群」這些詞彙，可能就會聯想到過往經驗，譬如父母罹患過同樣症狀、看過的電視節目角色死於同樣疾病，甚至是被網路上的相關討論嚇過等等，導致心底不斷冒出各種意念、畫面和情緒。

當病患進了診間，聽了醫師的專業診斷，就會立刻接受自己身上的症狀，然後聽信醫師果斷的說法，最後順從眼前的治療方案和可能的療效。醫師連檢驗流程都不必操作，就能達到這樣的效果，而且無論自己說什麼，病患都會輕易地接受暗示。假設病患因此陷入了恐懼、擔憂、焦躁、悲傷等情緒當中，他們內心可能浮現的意念或自我暗示內容，都會和這些情緒完全一致。

病患雖然可以試著維持正向思考，一心想著如何擊退病魔，但身體依然會感到不適。原因是，病患已經產生了錯誤的安慰劑效應，導致存在狀態出現偏差、身體不斷指揮同一批基因，病患自己更無法預見或察覺可能出現的新情境。這時候，病患本人（加上醫師）對於症狀的信念，已經將病患自己操弄於股掌之間了。

所以說，那些靠安慰劑效應治病的人，像是後面幾章會提到的那些人，他們究竟採取了什麼特別的行動？首先，他們沒有完全接受醫師提出的診斷、預後或治療方案就是最終結果，也不相信醫師所描述的未來病情發展註定發生，更沒有一味順從醫師的診斷、預後或治療方案。相較於願意接受、相信、順從醫師說詞的病患，這些人抱持的心態可說是大不相同，讓他們能處於另一種存在狀態之中。

總之，這些人因為不覺得恐慌難過，也沒抱持受害者心態，才沒有受到醫師診斷的影響而被暗示。他們樂觀積極的態度，在內心催生了一連串新意念，也讓自己察覺到各種可能的新情境。對於可能的新情境，這些病患也抱持了與眾不同的想法和信念，於是，他們的身體不會被最壞的可能情境制約，病患自己也不會像其他對醫師言聽計從的病患一樣，只會期待千篇一律的結果；聽完醫師的診斷，這些人也不會重複其他病友的老路，替診斷賦予同樣的意義。當未來情境的意義改變了，這些人的動機也會跟著改變。而且，他們因為具備表觀遺傳學和神經可塑性的知識，所以不會只是雙手一攤，不斷抱怨自己受疾病所苦，而是能抱持積極的態度，認真發揮在本書學習到的觀念。最後，和其他病友比起來，這些人的治療結果顯然好得多了。這就跟前面提過的飯店女清潔工實驗一樣，當研究人員提供某些受試者更多資訊，這些受試者的表現就會比其他人更好。

一般人聽完醫師的診斷之後，通常會立刻對醫師說「我要治好身上的病」。但是，有的人雖然不會全盤接受醫師的診斷，卻還是無法做到上述的效果。差別在於，他們的信念其實並沒有太大改變。你很快就會明白，信念其實就是一種下意識的存在狀態，所以想要改變信念，就必須修改下意識系統的內容。

只會利用意識心智改變病情的人，是沒有辦法跳脫安穩狀態、重新調節體內基因的，他們也因為掌握不到跳脫和調節的訣竅，導致治療進度原地踏步。這些人的被暗示性不夠高，只能信任醫師的診斷，面對不同於診斷內容的可能情境，他們完全接受不了。

當治療對病患起不了作用，或者病患的健康狀況始終沒變，是不是就代表他們每天只會順著前人無數的相同經歷，讓自己活在同樣的情緒狀態當中，同時不經大腦思考，就一味接受、相信、順從醫師的指示？這樣的話，醫師的診斷不就相當於現代版的巫毒詛咒了嗎？

要回答這些問題，我們就要先分析一下信念的內涵。首先，讓我們從「心態」這個概念開始討論。所謂的心態，是你將許多意念和感受串連起來，使它們變成慣性或變得自動化，所衍生的一種狀態。前面提過，意念和感受能夠形成一種存在狀態，在這樣的情況下，心態其實只是短暫的存在狀態罷了。只要你一調整想法和感受，心態就會隨時變動，至於單一心態能持續的時間，則可能是幾分鐘、幾小時、幾天，甚至是一兩週。

比方說，當你替一連串正向意念和正向感受建立連結，可能就會覺得自己當天的心態十分正向積極；不過，要是你在各種負面意念和負面感受之間建立了連結，就會覺得自己一整天的心態都很消極負面。當你一再重溫某種心態之後，這樣的心態就會進入自動化模式了。

一旦你不斷重溫或維持某些心態，再替這些心態建立連結，就會形成一種「信念」。信念是一種能延續的存在狀態，是由一再重現的意念和感受（或者說是心態）組成的，當重現次數達到一定之後，這些成分就會嵌入你的大腦，同時透過情緒讓你的身體被制約。到最後，你可以說是對這些信念上癮。在這樣的情況下，要改變信念自然不是件容易的事，而且當你的信念被人質疑，你也會覺得渾身不舒服。此外，由於我們的經驗會透過神經迴路嵌入大腦（形成意念），也會經過化學反應以情緒的方式表現出來（形成感受），使得我們的信念多半會和過去的記憶有關。

當你不斷思考過去的經歷、重溫同樣的意念，這些意念就會被送進自動化潛意識系統當中，並且牢牢嵌在裡頭了。當你又依照過往經驗催生同樣的感受，而且重溫事件發生當下的情緒，就會讓身體被同樣的情緒制約，接著在下意識中化為心智。最後，你的身體會一直活在過去當中，而且毫無自覺。看似無用的意念和感受會一步步制約你的身體，讓身體在下意識中化成心智，因此，信念就是一種源自過去的存在狀態，而且同時存在於下意識和潛意識當中。

現在，讓我們進入下一個階段。當你替相關的信念建立連結，就會形成所謂的「知覺」。你對現實的知覺，其實都源於長期信念、心態、意念和感受，會形成一種持續的存在狀態。前面提過，信念既會成為下意識存在狀態，也會成為潛意識存在狀態（換句話說，你不知道自己為何會抱持某些信念，或者在外界質疑你之後，你才意識到自己心中的某些信念）；同理，你大部分的知覺——也就是你主觀認識世界的方式——都會進入下意識和潛意識當中，決定你如何看待過往現實。

事實上，很多科學實驗都發現，我們看待現實的方式完全不客觀。我們會不自覺根據過去的記憶，也就是以神經化學形式儲存在大腦中的資訊，替眼前的現實加油添醋❷。當知覺開始具備內隱或非陳述型特徵，就會進入自動化模式或成為下意識的一部分，使你不自覺地改變你所認知的現實。

舉個例子，你因為很常開自己的車，所以知道這台車是屬於你的。你每天都會用自己的車，而且因為習慣沒變，感受也不會變。於是，你對這台車的意念和感受就會大致不變。你對車子抱持的心態會逐漸形成一種信念，這樣的信念又會形成一種知覺：你會覺得自己的車不太出問題，所以確實是台不錯的車。然後，你會不自覺接受這樣的知覺，但知覺內容完全是主觀的。假設有人也開了同牌、同型的車，但車子卻一天到晚出狀況，這時候，他也會根據個人主觀經驗，對這台車建立和你大相徑庭的信念和知覺。

你應該跟大多數人一樣，總是等到車子出狀況了，才開始認真觀察車子的細節。否則，你平常總是暗自認為車子會跟前一天一樣運作順暢，也就是說，你很自然就會期待未來的開車經驗能和過去（譬如昨天和前天）一模一樣——這就是你的知覺內容。不過當車子出現問題，你就必須專心觀察車子的細節（譬如仔細聽引擎運轉的聲音），於是，你也會因此察覺到潛意識知覺，了解自己內心深處會怎麼看待這台車。

當你的車出現異常狀況，進而改變你的知覺內容，你看待這台車的方式就會跟著改變。同樣地，你看待另一半、同事、個人背景、甚至是身體和疼痛的方式，也有可能經歷這樣的變化。基本上，這就是現實知覺的運作模式。

現在，如果你想調整內隱知覺或潛意識知覺，就必須提高自覺程度，讓自己變得更加專注。而且，以前被你忽略的種種自我細節和人生面向，你也得開始認真關注。可以的話，你甚至必須讓自己覺醒，同時改變專注力等級，才能察覺以前沒發現的事物。

但是，要順利達成目標實在不容易。因為只要你一再接觸同樣的現實，外在世界帶給你的意念和感受就會維持不變，接著形成同樣的心態、同樣的信念、同樣的知覺，如圖7.1所示。

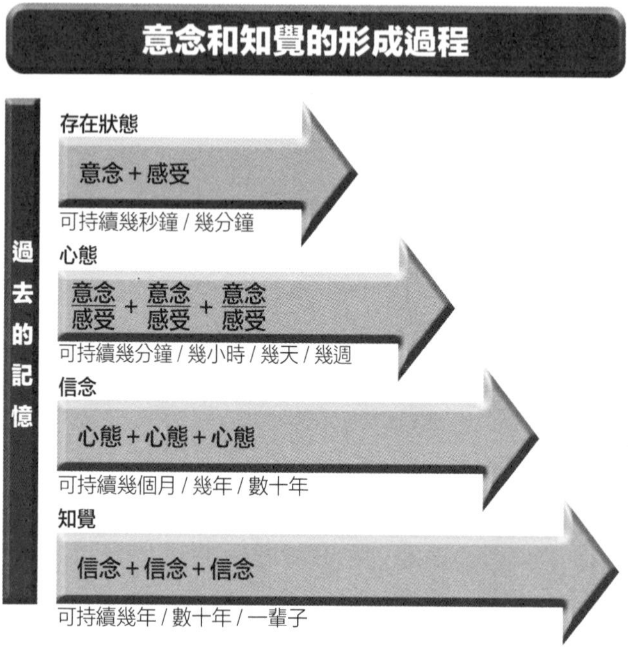

圖 7.1

過去的記憶會形塑現在的意念和感受。當你的內心產生了某種意念和感受，就會形成某種心態。心態相當於短時間內一再重溫的意念和感受，是一種短暫的存在狀態。當你把許多心態串連起來，就會形成某種信念。信念是能夠延續的存在狀態，容易儲存在下意識中。當你把許多信念串連起來，就會形成某種知覺。知覺和一個人的各種面向息息相關，譬如人生抉擇、外顯行為、主動建立的人際關係以及主觀形塑的現實。

當你的知覺慢慢成為直覺，變得越來越全自動，你就不會認真關心現實真正的樣貌，因為你只會立刻期待所有事物都維持原貌。接著，不管你眼前的現實如何，你都會不自覺照單全收，就像大多數病患總是完全相信醫師的診斷一樣。

因此，你要是想改變信念和知覺，達到催生安慰劑效應的目的，唯一的方法就是改變存在狀態。你得正視自己過時、狹隘的信念，明白這些信念都是舊時代的產物，再勇敢把舊信念拋棄掉，才能重新認識自己、接納新的信念、創造新的未來。

改變自己的信念

所以，請你先想一想，自己究竟不自覺接受了哪些關於自我和人生的信念和知覺；其中又有哪些是你必須改變，才能創造新的存在狀態？這是個必須認真思索的問題，因為就像我說的，很多潛藏在心裡的信念，我們平常是察覺不到的。

我們的心很常受到環境提示誘導，不自覺就接受了各種虛虛實實的信念。但無論信念是真是假，只要我們照單全收，我們的行為表現和抉擇就會受到信念影響。

還記得第二章提到的數學考試實驗嗎？參與實驗的女性受試者在進行測驗之前，都先讀了偽造的研究報告，以為男生的數學就是比女生好。當受試者以為兩性數學能力差異是受到先天基因影響，最後的測驗成績就會偏低，輸給讀了刻板印象研究報告的受試者。當然，受試者讀到的兩種報告都是假的，男生的數學其實沒有比女生好，但受到基因論點影響、以為自己先天數學偏弱的女性受試者，測驗成績確實比另一組人低。在另一項實驗中也有類似的情況：以為亞洲人比白人會考試的白人受試者，最後的測驗成績真的輸給了亞裔受試者。在這兩個實驗當中，受試者接收到的資訊都是錯的，但因為他們已經不自覺被誘導，以為自己的表現本來就會輸人，實際的測驗成績就一如預期的差。

請你先記住這個實驗結果，再看看底下這些常見的畫地自限信念。想想看，裡頭有哪些是你沒意識到卻深信不疑的信念呢？

「我功課很差；我很怕生；我脾氣很差；我頭腦不好、沒什麼創意；我跟父母簡直一個樣；男人要堅強，不能哭；我找不到另一半；女人一定比不上男人；人生很難；我這輩子沒辦法出人頭地；我得拼老命才能拼出成就；好事從來不會發生在我身上；我的運氣從來沒好過；我做什麼事都不順；我的時間一直都不夠；別人必須要讓我滿意；我得到這樣東西之後，人生就會快樂了；改變現實很困難；細菌會讓我生病；我很容易發胖；我每天要睡八小時才夠；我總是痛這痛那，早就習慣了；我年紀有點大，該生小孩了；這個樣子才叫美……」

這張清單列也列不完，但看到這裡，你應該已經明白我想表達的意思了。

信念和知覺是由過往經驗累積而成的，因此，在你內心當中所有關於自我的信念，也都是由過去的經驗累積而成的。這些信念到底符不符合現實？會不會都是你自己捏造的？就算這些信念曾經符合現實，也不代表現在依然如此。

說是這麼說，但我們其實不會想到這一層。畢竟，我們早就對信念成癮，也對過去感受過的情緒上癮了。我們會寧願把信念當成事實，而不是隨時都能改變的想法。我們一旦抱持了堅定不移的信念，就會無視各種顯而易見的反例，因為這些反例顯然和我們的認知格格不入。這時候，我們的想法已經被制約，會一味相信各種不見得符合現實的事物，更麻煩的是，這些事物還會經常危害我們的健康，同時製造許多煩惱。

信念影響健康的例子，在許多文化裡頭都看得到。還記得第一章的巫毒咒故事嗎？故事主角因為被巫毒牧師施了毒咒，於是完全相信自己很快就會命喪黃泉，結果巫毒真的發揮了效用。這個人之所以會產生症狀，不是因為巫毒咒語本身威力十足，而是因為他（外加同一個文化圈出身的人）真心相信巫毒咒語有咒殺效果；換句話說，當事人對巫毒咒語的信念才是元兇。

源於文化背景的信念，甚至有可能讓人更早死。比方說，美國加州大學聖地牙哥分校曾經分析過三萬名華裔美國人的死亡記錄，研究發現，這些人如果是在中國命盤和中醫公認的薄命年分出生，那麼一旦生病了，就會早其他病友五年過世[3]。研究還發現，越在乎這套傳統信念的華裔美國病患，死期縮短的幅度越大，而且對於各種常見的致死成因，這項規律幾乎完全適用。譬如有些年分跟罹患腫塊和腫瘤疾病有關，而在這些年出生、又罹患淋巴癌的華裔美國人，就會比其他年分出生的華裔美國人或非華裔美國人病友早四年過世。

從這些例子可以看出，能夠暗示我們的事物，只有存在於個人意識或潛意識裡的信念。不相信中國命盤的愛斯基摩人，聽到虎年或龍年出生容易罹患某種病的想法，也不會被暗示；這就好像美國聖公會教徒聽到巫毒牧師的毒咒能殺人，也只會覺得不以為然，不會因此接受暗示。

不過，當我們選擇全心接受、相信、順從某個事件結果，而不嘗試動腦思考分析的時候，就會讓自己接受現實事件暗示、形成信念了。而對大部分人來說，這樣的信念不會只停留在意識層面，更會深入下意識系統，在裡頭生根發芽、引發疾病。談到這裡，請想想：你自己抱持的各種文化信念，有多少可能不是真的？

改變信念看起來很難，但並不是不可能的任務。你不妨想一想，要是順利改變潛意識信念，究竟會造成什麼樣的結果。假設你內心的意念和感受原本都是「時間太少，做不完所有事情」，如果你調整成「我已經擺脫時間束縛，可以完成所有事情了」，結果會如何？假設你原本相信「全世界都在找我麻煩」，如果你改成相信「全世界都對我很好，總是會幫助我」，結果又會如何？老實說，這個信念還滿強大的！當你選擇相信全世界的人都會助你一臂之力，你的意念、生活方式、在街上走路的樣子會有什麼改變？再想想看，當你轉念之後，人生會出現什麼變化？

如果你想改變信念，首先必須相信自己辦得到，接著再利用前面提過的高昂情緒，改變你體內的能量層級，最後讓生理結構自行調節。你不用費心去想生理結構會怎麼調節，也不必去思考調節什麼時候開始，因為你只要一去想這些事，就會驅動理性分析心智，結果，你就會被拉回 β 波狀態，變得更難接受暗示。你真正應該做的決定，是能夠讓事件成為定局的決定。當你下決定的能量不斷升高，擺脫腦內僵固系統、體內情緒成癮症狀的束縛，你就能跳脫過去的框架，讓身體隨著新的心智狀態變化，於是，改變就成真了。

其實，這套流程你早就會操作了。回想一下，你以前可能曾經下定決心，想要改變自我或人生狀態，到了某個時間點，你還會跟自己說：「我不想管之後（身體）會有什麼感覺了！我也不想管我的人生（大環境）會出現什麼狀況了！我完全不在乎要花多久（時間）才能達標！我就是要這樣做！」

這時候，你已經進入了新的存在狀態，身體會立刻起雞皮疙瘩。當你感受到這股新能量，就會對身體發送新資訊，而且整個人會充滿鬥志，讓自己脫離熟悉的安穩狀態。靠著意念單獨作用，你的身體成功脫離了重複的過往狀態，邁入了新的未來狀態。於是，你的心智也會脫離身體掌控，改成由你自己操縱了。這就是信念改變的過程。

知覺產生的效應

我們的過往經驗有好有壞，而我們對這些經驗的知覺，都會像信念一樣直接影響我們的下意識存在狀態和健康。一九八四年，美國洛杉磯杜漢尼眼科中心的臨床電生理學副主任葛雷琛・范・波梅爾醫師在治療病人的時候，就發現了這項驚人的事實。當時，波梅爾醫師看了很多轉診到杜漢尼眼科中心的柬埔寨女性病患，這些病患的年紀都介於四十到六十歲之間，每個人都住在加州長灘附近（這一帶大約有五萬名柬埔寨居民），而且症狀也很雷同：她們每個人都有嚴重視覺障礙，而且高出平均比例相當多，有些人甚至還失明了。

單就生理結構而言，這些病患的眼睛都很健康。為了確定這些病患的視覺系統是否正常，波梅爾醫師先替她們做了腦部掃描，接著再拿掃描結果和視力檢查的結果做比較。她發現，每個病患的視力跟一般人其實很接近，平均不是1.0就是0.5，只是這些人做了視力檢查表測驗之後，卻都被判定為法定盲（legally blind）狀態。另外，有些人甚至失去了光感，連陰影出現了都感覺不到，但是在生理上，她們的眼睛卻是健康正常的。

後來，波梅爾醫師開始和加州大學長灘分校的派翠西亞・荷潔（Patricia Rozée）博士合作，針對這些柬埔寨女病患進行研究。她們最後發現，那些經歷赤柬統治最久，或是在共產黨獨裁者波布執政時在難民營待最久的病患，視力衰退的程度都比其他人還嚴重[4]。從一九七五年到一九七九年，赤柬曾經對柬埔寨人大開殺戒，至少有一百五十萬名柬埔寨人因此遇害身亡。

在所有受試者當中，有百分之九十的人在赤柬統治期間失去親人（有人一次就失去十名親人），有百分之七十的人則被迫眼睜睜看著自己的親友（甚至是全家所有人）被虐殺。荷潔博士表示：「這些女性因為看過太多駭人的畫面，導致她們的心智停擺，拒絕再看到任何殘酷的景象。她們不想再看到有人死亡，也不想再看到被酷刑、強暴和斷糧手段折磨的人。」[5]

其中，有一名病患曾經眼睜睜看著自己的先生和四個小孩被人殺害，事後，她馬上就失明了。另一名病患曾經親眼目睹自己的弟弟和他的三個小孩被人毆打致死，而且她三個月大的姪子還被砸到樹上，當場死亡。她看見這一幕之後，視力就開始衰退❻。此外，這些病患也經歷過毆打、斷糧、無盡羞辱、性侵和酷刑，還被迫每天勞動二十個小時。現在，儘管這些病患安全了，但很多人還是對研究人員透露自己寧願待在家裡，過著惡夢連連、侵入性想法不斷的生活，被迫重溫各種慘烈的記憶。

波梅爾醫師和荷潔博士調查了一百五十名長灘地區的柬埔寨女病患，並且將她們的心因性失明症狀全部記錄了下來，這批患者還是全球最大的心因性失明患者群。在一九八六年的美國心理學會年會上，兩位研究人員發表了她們的調查結果，在場的與會人士全都聽得目瞪口呆。

這批受試者會出現全盲或近全盲症狀，跟眼疾或生理結構衰退無關，而是因為她們經歷過慘烈事件，受到的情緒衝擊太強烈，讓自己真的「哭到瞎掉」❼。她們被迫觀看慘絕人寰的景象之後，內心翻攪的情緒實在太過劇烈，讓她們完全不想再目睹同樣的狀況。於是，她們的生理狀態跟著出現了變化，大幅扭曲了她們後半生對現實的知覺，而就變化部位而言，變化最多的應該不是眼睛結構，而是大腦結構。最後，當她們不斷在內心重溫自己曾經目睹的慘痛畫面，視力自然就毫無起色了。

這個例子看起來雖然極端，卻能反映我們會被創傷折磨的經驗。要是你的視覺出現障礙，會不會是因為你目睹過某些慘痛畫面，所以寧願對某些事物視而不見？同樣地，當你的聽覺出現障礙，會不會是因為你選擇對某些事物聽而不聞？

圖7.2描繪了重大經驗引發生理變化的過程，其中的曲線代表一個人的存在狀態變化。在事

件發生前，當事人的存在狀態還處於平靜緩和的階段，但重大事件爆發後（譬如柬埔寨女性受試者目睹赤柬軍人的殘暴行徑），圖中的曲線瞬間竄高，代表當事人的情緒產生劇烈波動。一旦當事人經歷了慘絕人寰的事件，事件經驗就會透過神經迴路烙印在當事人的腦中，透過化學反應控制當事人的身體狀態，進而改變當事人的存在狀態，也就是當事人從意念、感受、心態、信念到知覺都完全變了。就柬埔寨女性的例子來說，她們因為萌生了不想再用眼睛觀看世界的念頭，於是在神經迴路和化學訊號不斷重組、發送下，生理狀態就隨著意念而改變。

圖中的曲線雖然在事件過後節節下降，甚至進入水平延伸階段，但高

事件經驗改變生理狀態的過程

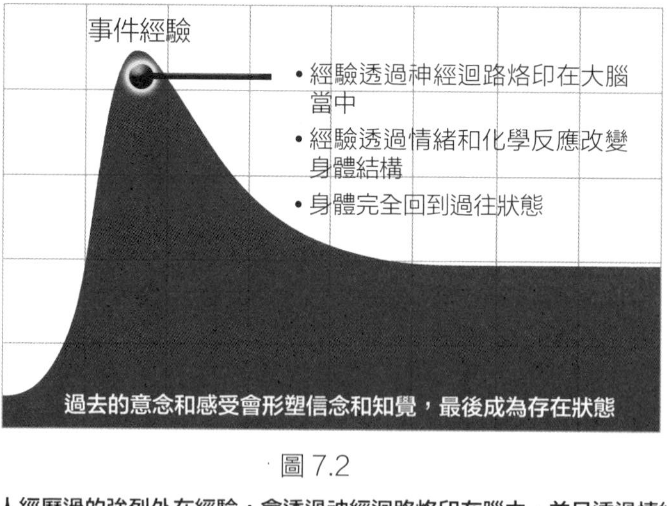
事件經驗
• 經驗透過神經迴路烙印在大腦當中
• 經驗透過情緒和化學反應改變身體結構
• 身體完全回到過往狀態
過去的意念和感受會形塑信念和知覺，最後成為存在狀態

圖 7.2

一個人經歷過的強烈外在經驗，會透過神經迴路烙印在腦中，並且透過情緒控制身體狀態。最後，當事人的大腦和身體都會回到過往狀態，存在狀態與現實知覺也會受事件影響而改變，形塑出截然不同的人格。

度卻和一開始有落差；換句話說，事件經驗已經透過化學反應和神經迴路途徑，在當事人身上留下變化痕跡了。在這個階段，這些柬埔寨女性已經受到了事件經驗影響，全身充滿了神經迴路和化學反應的烙印痕跡，使得整個人處在過去的狀態之中。這時候，她們的人格完全變了，存在狀態也因為事件而改變。

大環境的威力

不過，只改變一次信念和知覺還不夠，必須要一再強化、持續這個變化才行。為了解釋背後的道理，我想再舉一次先前提過的帕金森氏症患者實例：這些病患以為自己注射的生理食鹽水是強效藥物，運動功能竟因此改善。

這些病患的健康狀況改善之後，自律神經系統就開始在腦內製造多巴胺，協助身體維持新的狀態。這樣的結果，跟這些病患是否祈禱盼望身體製造多巴胺無關，而是因為他們已經成為能主動製造多巴胺的人了。

可惜的是，這樣的效果很難持續。對某些人來說，安慰劑的效力頂多維持一陣子，因為當這些人開始重溫舊的自我、回到過去的存在狀態之後，安慰劑效應就跟著退了。以帕金森氏症患者為例，他們一回到家，就會看到熟悉的看護和另一半，還會睡在同一張床上、吃同樣的食物、待在同樣的房間裡，甚至還會和愛抱怨病痛的老朋友一起下棋；於是，這些病患就會接收到各種熟悉的環境提示，在內心重溫當年的自我和存在狀態。由於熟悉的環境因素喚醒了病患過去的狀態，他們的人格因此又回到了過去，各種運動功能障礙也隨之復發[8]。換句話說，他們再度擁抱了舊的環境，而這就是大環境的威力。

對戒毒很多年的毒癮患者來說也是這樣。這些人一回到從前熟悉的吸毒環境，細胞內的毒癮受體部位就會因為環境提示而啟動，即使當事人完全沒碰毒品，這些受體部位的反應還是會跟當年吸毒的時候一樣。結果，這些人的身體就會像吸過毒一樣出現生理變化，導致他們萌生想吸毒的念頭[9]。這裡頭每個環節都是自動發生的，全然不受當事人的意識心智控制。

我想多做點深入討論。你已經知道制約反應會形成聯想記憶，也知道聯想記憶會觸發自律神經系統，讓下意識生理功能自動運轉。你可以回想一下帕夫洛夫的狗，當帕夫洛夫用鈴聲和餵食行為制約自己的狗之後，狗兒們的生理狀態就改變了，而且整個過程幾乎不受意識心智控制。這些狗的內在狀態變化，都是環境提示自動藉由聯想記憶作用，在自律系統、下意識和生理結構中引發的。牠們還因為一心期待食物酬賞，讓身體開始分泌唾液和消化液，這樣的結果光靠意識心智絕對辦不到，必須先有環境刺激，再讓刺激透過制約反應形成聯想記憶才行。

到這裡，讓我們再回頭看看那些帕金森氏症患者和已經戒毒的毒癮患者。這些人重溫了熟悉的環境之後，生理反應就自動回到了過去的存在狀態，整個過程也幾乎不受意識心智控制。從很久以前開始，過去的存在狀態就年復一年重溫同樣的思考和感受，於是到了現在，身體老早就被制約、也取代了心智的功能；也就是說，會直接對環境刺激產生反應的已經不是心智，而是身體了。因此，身陷其中的人很難改變自己的人生。

再說，當你的情緒癮越強，身體對環境的制約反應就越強。想像一下，假設你有咖啡癮，又想戒掉咖啡，結果你來我家作客的時候，我剛好在泡咖啡。你會聽到義式咖啡機運轉的聲音、聞到煮咖啡的香氣，還會看到我喝咖啡的樣子，讓你的感官充滿環境提示。這時候，你的身體就會取代心智功能，自動對這些刺激產生下意識反應，而且整個過程幾乎不受意識心智控制，只會呈現習以為常的制約反應。最後，你的身體和心智就會希望獲得生理酬賞，接著和意識心智唱反調，不斷說服自己喝個一兩口咖啡就好。

但要是你真的戒掉咖啡了，那麼，就算我在你面前煮咖啡，你也不會為了喝還是不喝而心神不寧，因為你的生理反應和戒咖啡之前不同了。這時候，你身體已經能脫離制約狀態，不會再取代心智功能，而且由環境引發的聯想記憶也不會再產生同樣的效果。

情緒上癮的情況也是一樣。比方說，假設過往經驗在你心中留下了罪惡感，而且到了現在，你還是天天不自覺重溫罪惡感經驗，這時候，你就會像大多數人一樣，利用各種人、事、時、地、物，反覆強化對罪惡感的上癮。你雖然可以努力用意識對抗癮頭，但當你回到老家看見自己的媽媽，你體內的自律系統、化學反應、生理狀態依然會因為過去對媽媽的罪惡感，而紛紛回到舊的存在狀態。整個過程中，你的意識心智幾乎起不了作用，而且由於身體已經被罪惡感制約，也會完全陷入過去之中。到後來，當你一走到媽媽面前，會自動萌生的念頭多半就是罪惡感了。由於你的內在狀態是由過去和當下的外在現實形塑的，當你一被罪惡感制約，內在狀態就會像毒癮患者一樣改變。你必須深入下意識，改變系統設定，讓自己戒除罪惡感癮頭，才能身處熟悉環境而怡然自得，不被過去和當下的現實困住。

紐西蘭威靈頓維多利亞大學曾經做過一項研究，召募一百四十八名大學生參與環境條件影響實驗⑩。研究人員把實驗地點布置成酒吧風格之後，先告訴其中一半的受試者他們要喝的飲料是伏特加通寧調酒，再對另一半受試者表示他們只會喝到通寧水。但實際上，負責上飲料的調酒師根本沒用上半滴伏特加，也就是說，全部的大學生受試者喝的都是通寧水。在研究人員的精心設計下，實驗場地確實非常酒吧風，而且還刻意用伏特加酒瓶裝一般的通寧水，偽裝成以假亂真的新瓶。調酒師在開始調飲料之前，甚至先拿了泡在伏特加的萊姆沾了酒杯杯緣，好讓受試者以為飲料真的是伏特加調酒。

受試者喝完假的調酒之後，整個人居然變得醉醺醺，有些人還出現了酒醉的生理反應。他們的反應其實跟酒精本身無關，而是因為聯想記憶發揮了作用，讓環境條件成功喚醒受試者過去的記憶，促使大腦和身體產生從前熟悉的反應。

最後，研究人員告訴了受試者真相，很多人因此大吃一驚，同時強調自己喝完飲料之後真的醉了，因為他們真的相信自己喝了酒。這樣的信念會透過神經化學反應，讓受試者的存在狀態出現變化。

換句話說，這些受試者只不過相信自己喝的是真酒，就成功引發體內的生化反應，讓自己進入了酒醉狀態。其實，這些學生早就習慣認為酒精會引發體內化學狀態變化，所以被這種想法制約了。當他們發覺自己的內在狀態可能會因為實驗而改變，聯想記憶就會發揮作用，讓他們回想起過去的喝酒經驗，接著，他們就跟帕夫洛夫的狗一樣，受到環境刺激影響而出現生理變化。

當然，環境條件也能帶來正面的影響，譬如讓身體復原速度加快。以賓州的醫院為例，有些動完刀的病患會住在能看到市郊樹景的病房裡，有些則是住在窗戶緊鄰棕色磚牆的病房裡。就術後復原情形來說，前者需要的止痛藥物相對較少，也能比後者早七到九天出院⓫。顯然，只要環境能形塑出正向的心智狀態，肯定就能幫助我們療癒大腦和身體。

這時候，你還需要靠糖片、生理食鹽水、假手術、觀景窗，或是外在環境中特定的人、事、時、地、物，讓自己進入新的存在狀態嗎？還是說，你其實可以單靠改變意念和感受就達到目的？你能完全不靠半點外在刺激，只單純相信自己有機會獲得新的健康狀態，就讓腦中的意念化為新的情緒經驗，進而使自己改變身體結構、跳脫被外在環境制約的狀態嗎？

如果這些都是辦得到的事，那麼，我建議你可以試著每天改變自己的內在狀態，而且要在回到熟悉的環境之前進行，才不會像帕金森氏症患者一樣，被熟悉的環境條件推入過去的存在狀態當中。還記得第一章提到的珍妮絲．熊菲爾德嗎？她就是因為相信自己正在服用抗憂鬱劑，才成功引發了腦內生理變化。熊菲爾德之所以能順利引發安慰劑效應，一部分是因為她每天固定服用無作用藥物，又像百分之八十服用抗憂鬱劑的病患一樣，認為服藥之後能使病情改善，因此將服藥與正向意念和感受相互連結在一起，最後，服藥行為就變成了天天會出現的提示，提醒她必須改變存在狀態。

如果你能結合明確動機和先前提過的高昂情緒，並透過冥想進入新的存在狀態，就能好好感受每天產生的變化，讓自己活得興高采烈、脫離先前的安穩狀態。這時候，外在環境已經箝制不了你的意念和感受，你會因此培養出新的心態、信念、知覺，進入全新的存在狀態，並且用全新的方式應對熟悉事物。你會開始做出新抉擇、表現出新的行為，讓自己獲得新的經驗和情緒。最後，你就能獲得全新的人格，擺脫關節炎、帕金森氏症運動能力障礙、不孕症或各種有待改善的症狀。

不過，我也想要強調一件事：並非每一種疾病和症狀都是由心智活動引起的。舉例來說，嬰兒身上的基因缺陷和症狀就跟意念、感受、心態和信念的影響無關。另外，創傷經驗和意外事故也會引發疾病和症狀，更不用說是會殘害人體的外在環境毒素了。請注意，雖然壓力激素的確有可能關閉人體免疫系統，讓我們的身體更容易生病，然而，我的意思絕對不是「疾病和症狀都是我們自找的」。我想表達的重點是，不管我們的疾病是怎麼形成的，我們都有機會改善健康狀況。

改變能量強度

顯然，我們如果想靠改變信念、引發安慰劑效應來改善健康和人生狀態，就要採取和柬埔寨女性病患完全相反的做法。我們得抱持明確、堅定的動機，並且提高情緒能量強度，才能在內心和體內創造全新的內在經驗，幫助我們跳脫過去的外在經驗。換言之，當我們決定要建立新的信念，就必須提高決心的振幅或能量強度，讓決心有辦法壓過體內僵固的系統和情緒制約狀態。

光是這樣做會產生什麼結果，可以參考下一頁圖7.3的內容。你會發現，充滿決心的全新經驗如果能比圖7.2中過往的創傷經驗能量更強，圖7.3的最高峰值就會比圖7.2還高。這時候，全新經驗就會產生抵銷效應，幫助我們跳脫過往經驗造成的神經連結和情緒制約狀態了。

追求全新經驗能幫助我們重塑大腦和身體生理結構，但前提是手段要正確。一旦我們成功了，全新經驗就會修改陳舊的程式碼，同時移除舊經驗遺留的神經連結，這就好比沖上岸邊的海浪，會把岸上的各種貝殼、海草、海面泡沫或沙紋給沖散、帶走。強烈的情緒經驗能形成長期記憶，所以當全新內在經驗的情緒強度夠高，就能形成全新的長期記憶，把從前留下的長期記憶蓋掉，於是，追求全新經驗的決定就會變成一段難忘的經驗。最後，大腦和體內的過往殘跡就會完全消失，而內部發出的新訊號也會重塑神經迴路，同時透過基因改變身體狀態。

現在，請再看一次圖7.3的內容。請注意曲線的高度到後面慢慢下降，不斷降到低點，這和

圖7.2的曲線下降之後，高度卻還是比一開始高的情形完全不同。根據新的曲線變化，可以看出過往經驗已經全部消失，在新的存在狀態中看不見半點痕跡了。

新訊號除了能重塑神經迴路，還能打破過往經驗和情緒之間的緊密連結，進而改變身體的制約狀態。在改變成真的瞬間，我們的身體會完全活在當下，不會再被過去困住。接著，體內的高昂能量還會化成新的情緒（一般稱為「會流動的能

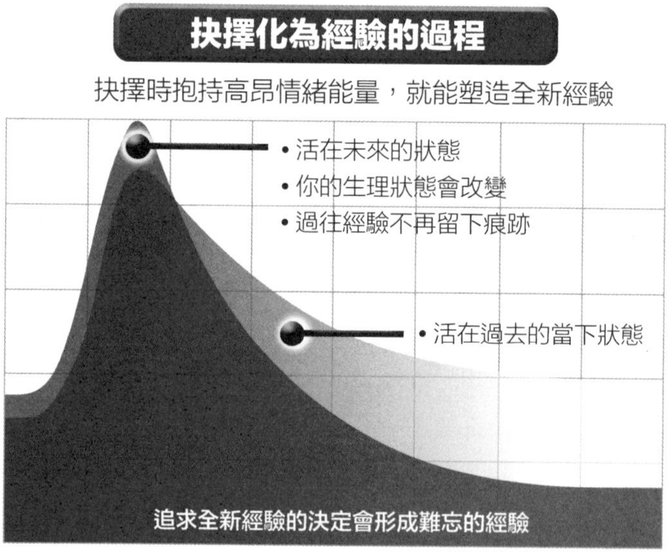

抉擇化為經驗的過程
抉擇時抱持高昂情緒能量，就能塑造全新經驗
• 活在未來的狀態
• 你的生理狀態會改變
• 過往經驗不再留下痕跡
• 活在過去的當下狀態
追求全新經驗的決定會形成難忘的經驗

圖 7.3

想改變關於自我和人生的信念或知覺，你必須先抱持堅定的動機做出抉擇，讓決心的振幅或能量超越腦內僵固程式和體內情緒成癮強度。這時候，身體就會隨著新的心智狀態做出反應。當抉擇化成了全新的內在經驗，並且超越了過往外在經驗的強度，新的內在經驗就會重塑腦內神經迴路，同時透過情緒用新的方式指揮身體。經驗會形成長期記憶，而當抉擇形成了難忘回憶之後，你就會變成全新的人了。在生理狀態上，過往經驗不會留下半點痕跡，於是，當下的你就可說是活在新的未來當中。

量」），像是覺得自己所向無敵、神勇無比、精力充沛、悲天憫人、鬥志高昂等等。我們的生理結構、神經迴路、基因表現之所以能產生變化，並不是化學反應的結果，而是能量運轉的功勞。

這樣的變化，都發生在走火勇士、嚼玻璃人和控蛇人身上。一開始，這些人就知道自己的心智和身體狀態會改變。當他們內心想改變的動機越來越堅定，決心的能量就會引發腦內和體內變化，讓他們維持不壞之身一段時間，不受外在環境條件侵擾。這時候，他們已經有能量護體，能突破生理極限了。

整個過程當中，會隨著高昂能量狀態變化的除了體內神經化學反應，還包括細胞外的受體部位。這些受體部位對能量和頻率更敏感，比對於能親自接觸細胞ＤＮＡ的生理化學訊號（譬如神經胜肽）還敏感一百倍⓬。很多研究都發現，不同的電磁波會各自形成肉眼看不見的力，能影響細胞結構和基因調節的所有面向⓭。細胞受體接收能量訊號時，會依照訊號頻率高低產生不同的反應。電磁波能量種類很多，包括微波、無線電波、Ｘ射線、超低頻波、聲音諧波、紫外線、紅外線波等。某些頻率的電磁波能量會影響ＤＮＡ和ＲＮＡ的行為、左右蛋白質合成反應、改變蛋白質的形狀和功能、控制基因調節和表現功能、刺激神經細胞生長、影響細胞分裂和分化作用，甚至指揮某些細胞分化為組織和器官。這些細胞功能都會受到能量影響，也都是生命表現的形式。

如果能量真的能改變細胞作用，背後一定不是沒道理。你還記得曾有科學家說，人體有百分之九十八點五的基因沒什麼作用，都是「垃圾基因」嗎？大自然不會沒事在我們的細胞裡存放一堆有待解碼的訊息，又不給我們製造特定訊號進行解碼的能力。畢竟，大自然的原則一向都是物盡其用。

你的內在能量和意識，會不會就是能在細胞外製造必要訊號的推手，讓你有辦法運用無邊無際的「潛能列表」，發揮各種潛能的功效？如果事實真的是如此，而且你也照著前面提過的方法改變體內能量強度，那麼，你是不是就有辦法驅動體內天然的療癒能力，改善自己的身體狀況？其實，你在改變能量強度的同時，也會改變自己的存在狀態。等到腦內神經連結開始重組、體內出現新的情緒化學反應，就會引發各種表觀遺傳變化，讓你成為全新的人了。這時候，你已經不再是過去的你，而且由神經迴路、情緒化學癮、基因表現構成的過往存在狀態，也會和某部分舊人格一同消失。

第八章　量子心智

現實其實是不斷變動的。我們常常以為現實的運作模式很規律明確，但讀完本章之後，你馬上就會發現以前學到的概念都和實際狀況有落差。如果你想透過心智影響物質，讓自己能變成安慰劑，那麼你就必須好好認識現實的本質、了解心智和物質之間的關聯，以及現實可能會如何變動。你要是不參透現實變化的模式和背後的道理，就沒辦法順利實現內心期盼的結果。

在探討量子宇宙之前，讓我們先看看現代人的現實觀從何而來，再看看這些現實觀帶來了哪些影響。幾百年來，學者基於笛卡兒和牛頓的理論，已經習慣把宇宙現象分為心智和物質兩個層面討論。凡是探討物質世界的學問，通常都屬於科學領域，因為客觀外在世界所遵循的宇宙規律，大部分都能計算出來，要預測任何結果完全不難。相反地，人類的內心世界總是讓人覺得太複雜、難以預料，所以遇到這類現象，我們往往都會靠宗教解釋一切。久而久之，物質世界就和心智世界慢慢分家，形成二元對立了。

牛頓物理學（或稱為古典物理學）關心的課題，是物體在時間和空間裡的運作模式，譬如物體會如何在物質世界裡進行交互作用。有了牛頓定律，我們就可以針對行星繞太陽旋轉的軌跡、蘋果從樹上掉落後的加速度、飛機從西雅圖到紐約的飛行時間等等，進行各種計算和預測。

牛頓物理學處理的對象，主要是能夠預測的事物，而且在這套理論看來，宇宙就像是一台龐大的機器，或是一只巨型計時器。

但是一牽扯到能量、時空外的非物質世界現象，以及原子（組成物質世界中所有物體的基本粒子）行為，古典物理學就不夠用了，必須借助量子物理學才行。量子世界非常微小，是由電子和質子等次原子粒子組成的，內部的現象和一般人熟悉的巨觀世界（由行星、蘋果、飛機等大型物體組成的世界）截然不同。

量子物理學家研究原子的時候發現，越是想看清楚原子內的所有微小成分（譬如組成細胞核的物質），原子反而會顯得越來越模糊，最後整個消失不見。根據這些學者的說法，原子內有百分之九十九點九九九九九九九九九九九的空間看起來空空如也❶，不過，這些空間其實不是空的，而是充滿了能量。明確來說，原子內部充滿了各種能量頻率，形成了無形而緊密的訊息場。如果說原子是由百分之九十九點九九九九九九九九九九九的能量或訊息組成的，那麼，不管是我們熟悉的宇宙，還是宇宙間各種看似堅固的事物，主要都是由能量和訊息組成的，而且有科學為證。

原子內確實還有少量物質，不過量子物理學家研究這些物質的時候，卻觀察到一個不尋常的現象：在量子世界中，次原子尺度物質的行為和我們平常能接觸到的物質大不相同。次原子尺度的物質不遵循牛頓物理學定律，而是混亂無序、難以預料，不斷打破各種時間和空間限制。在次原子尺度的量子世界中，物質其實是一下出現、一下消失的瞬間現象，頂多像是一種趨勢、機率或可能性。依照量子觀點，世界上沒有任何實物是必然而絕對的。

讓科學家覺得莫名其妙的現象，還不只是這樣而已。他們發現，自己只要一觀察次原子物質的粒子，就會影響或改變粒子的行為。這些粒子因為處在無形而無邊無際的量子能量場中，又能在無限多種可能性中以無限多種機率同時存在，所以才會不斷忽隱忽現。當觀察者想專心觀察某個電子的時候，電子才會現身，一旦觀察者移開視線，這些次原子物質就會重新化為能量，消失得無影無蹤了。

根據所謂的「觀測者效應」，我們只有在觀察、全心留意實體物質的時候，這些物質才能存在或顯現。一旦我們移開注意力，這些物質就會遁入發源地，完全不見蹤影。換句話說，物質的外觀會不斷變化，一下形成可見的物質、一下化為無形的能量，變化速率大約是每秒七點八次。身為觀察者的人類心智會與物質的行為和外觀密切相關，這時候，心勝於物儼然就是量子世界的實相了。從另一個角度來看，在微觀的量子世界內，主觀心智是可以影響客觀現實的。你的心智有可能變成物質，也就是說，你有機會讓心智化為物質。

我們在巨觀世界中看得見、接觸得到的事物，如果都是由次原子物質構成的，那麼，某種程度上來說，我們自己也會像各種事物一樣，在世界上不斷消失又重現。如果次原子粒子會同時在無限種可能的空間裡存在，那麼某種程度上，我們自己也是如此。既然這些粒子一下子會以波或能量的形式在所有地方同時存在，一下子會以粒子或物質的形式出現在專注的觀察者眼前，我們自己同樣有能力把無限多種的潛在現實轉化為具體情境。

換句話說，如果你能在內心想像自己渴望體驗的未來情境，就能讓這樣的情境超越當下的時間和空間，在量子場中占有一席之地，並等待你親自觀察這樣的可能性。一旦你的心智有辦法透過意念和感受影響電子出現的時間和位置，那麼，不管你能想像出多少可能發生的情境，你都有辦法控制這些情境的發生方式。

從量子的角度來看，如果你能想像一個和過去不同的未來情境，好好觀察情境中的自己，一面期待情境會成真、一面調整情緒接納最後的結果，那麼在某個瞬間，你不但能活在未來現實當中，還能透過制約反應讓身體相信自己確實身處未來。根據量子模型，所有的可能性都蘊含在當下裡頭，也正因如此，我們才能從中挑選新的未來情境，並期待被挑選的情境能化為現實。再說，既然整個宇宙是由原子組成的，而且原子內百分之九十九的空間都是能量或可能性，這就表示，我們始終沒發現的潛勢應該還不少。

不過，你也有可能因此原地踏步。身為量子觀察者的你，如果每天都抱持同樣的心智層級面對人生，那麼根據量子現實模型，本來無窮無盡的可能性會因此縮為一成不變的單調資訊，也就是你所謂的人生。單調資訊沒有任何變動空間，也會扼殺所有改變人生的可能。

我之前提過的心理預演，絕對不是要你做白日夢或畫大餅。這項技術的精神，是利用意念將內心期盼的現實顯現出來，譬如想像無病無痛的人生。只要你認真關注自己想要的東西、少分心注意自己不想要的事物，就能順利讓期待化為現實，同時讓不想要的事物自行退場。當你關注某件事，你的能量就會投注在同一件事情上；當你用心關注各種可能性，你的能量就會灌注到可能性當中，讓你能靠注意力或觀察行為影響物質了。這時候，安慰劑效應就不是癡人說夢，而是一種量子現實。

量子尺度的能量

在元素界中，不同的原子會各自放出不同的電磁波能量。比方說，原子會放出各種頻率不同的無形能量場，包括X射線、伽瑪射線、紫外線、紅外線、可見光射線等類型。這就跟看不見的無線電波一樣，不同頻率的無線電波（不管是九十八點六或一〇七點五赫茲）都會攜帶特定的編碼資訊，而不同的頻率也各自蘊含豐富的資訊，如圖8.1所示。舉例來說，X射線的頻率因為和紅外線不同，所以攜帶的資訊也和紅外線大相徑庭。每種能量場都是

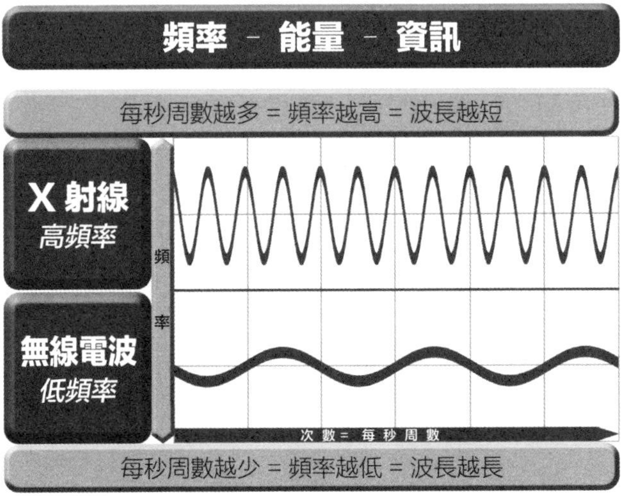

圖 8.1

本圖顯示兩種頻率不同、攜帶不同資訊，因此具備不同性質的射線。X 射線和無線電波具有不同的表現模式，因此特性互有差異。

一種能量型態，會各自放出原子尺度的資訊。

原子就像是不斷振動的能量場，也像是不斷轉動的微小漩渦，為了方便理解，我們不妨把原子想像成電風扇。當電風扇啟動、扇葉轉動，就會開始送風（即空氣漩渦）；同樣地，當原子開始旋轉，就會放出能量場。風扇能靠改變轉速送出強風或弱風；同樣地，原子也能靠改變頻率放出或強或弱的能量場。原子振動速度越快，放射出的能量和頻率就越高；反之，當原子的振動速度或漩渦轉速越慢，放出的能量就越低。

風扇扇葉轉速越慢，送出的風量（或能量）就越小，我們也越能看清楚扇葉的外觀，這時候，扇葉就就相當於物質現實中的實體。反過來說，當扇葉轉得越快，放出的能量就越多，我們也越難看清楚扇葉的外觀，於是，扇葉就會變得像非物質一樣了。你觀察扇葉的角度和方式，會決定扇葉可能出現的位置，這就跟量子科學家觀察次原子粒子時，粒子總是忽隱忽現一樣。觀察原子的時候，也會出現類似的情形，我接下來會繼續深入探討。

在量子物理學中，把物質定義成固態「粒子」，而非物質訊息能量場則被定義成「波」。當我們把注意力放在原子的物理性質（譬如質量）上，原子的行為就會接近物質。原子振動的頻率越低，在物質現實中停留的時間就越長，呈現出來的粒子性也越明顯，這時候，原子看起來就跟固態物質沒兩樣。事實上，實體物質內部還是以能量為主，但之所以會呈現固態，是因為內部所有原子都用跟我們一模一樣的速度振動。

另一方面，原子也會表現出能量或波動性質，像是光、波長和頻率。原子振動速度越快，放出的能量就越強，在實體現實中停留的時間也越短。這時候，原子出現和消失的速度太快，已經超越了我們振動的速度，所以我們的肉眼根本來不及觀察。不過，我們雖然看不見能量，但偶爾還是能觀察到反映特定能量頻率的物理現象，畢竟原子力場也會造成物理變化，像是紅外線能使物體升溫。

你可以比較一下圖8.2A和圖8.2B的內容。你會發現頻率越低的波，在物質世界中停留的時間越長，看起來也越接近物質。

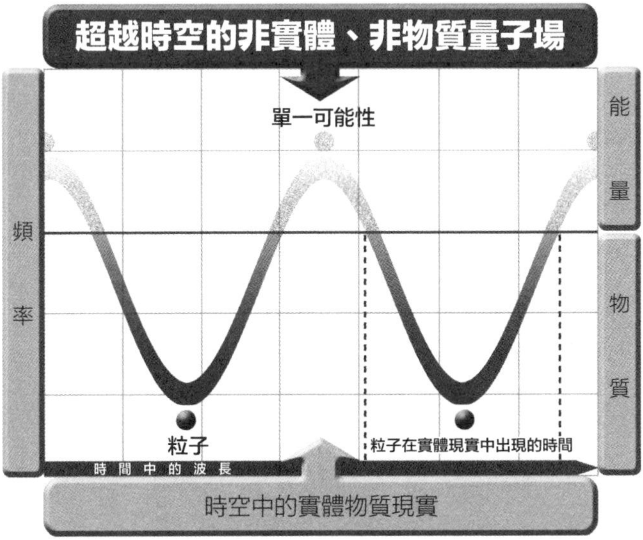

頻率越低、振動速度越慢、波長越長 = 在實體物質現實中停留時間越長

圖 8.2A

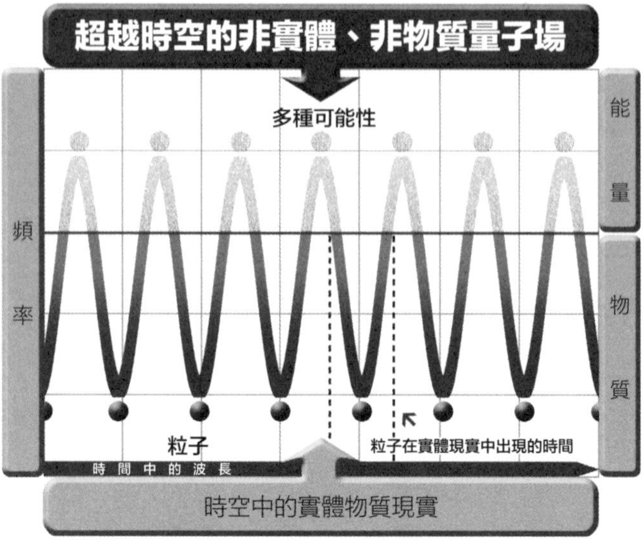

頻率越高、振動速度越快、波長越短 = 在實體物質現實中停留時間越短

圖 8.2B

能量振動速度越慢，粒子在實體現實中的停留時間越長，因此外觀越接近固態物質。圖 8.2A 描繪頻率低、波長較長的物質所呈現的型態。圖 8.2B 則顯示在實體現實中存在時間較短的粒子，由於其波長較短、頻率較高、振動速度較快，因此性質上偏向能量，而非物質。

乍看之下，實體世界似乎都是由實體物質組成的，但實際上，所有物質都建立在訊息場（即量子場）之上。在超越時空的非物質無形訊息場中，所有粒子都會互相串連，使得物質和能量緊密結合，讓我們沒辦法把物質和能量切割開來。這樣的訊息場，其實是由意識（意念）和能量（頻率，也就是物體振動的速度）所組成的。

每個原子都有自己的能量場或能量印記，當兩個以上的原子組合成分子時，原子就會共用訊息場，同時散發出獨特的組合能量型態。既然所有實體都是由原子組成的，宇宙間的各種物質就會各自散發專屬的能量印記，因此，包括你我在內的每個人，都會各自散發出個人專屬的能量印記。我們時時刻刻都會根據個人存在狀態，向外界發送訊息形式的電磁波能量。

所以，當你為了改變關於自我或人生的信念或認知而刻意調整能量強度，你其實就是在提高體內原子和分子的頻率，讓自己散發的能量場變強，過程如圖8.3所示。這時候，你就像是在撥動體內的原子風扇，讓葉片轉得更快一樣。一旦你能抱持創意、鬥志、感激或堅毅等高昂情緒，就會讓體內的原子像風扇葉片一樣加快轉速，而身體散發出的能量場也會變強，改變屬於你的物質特性。

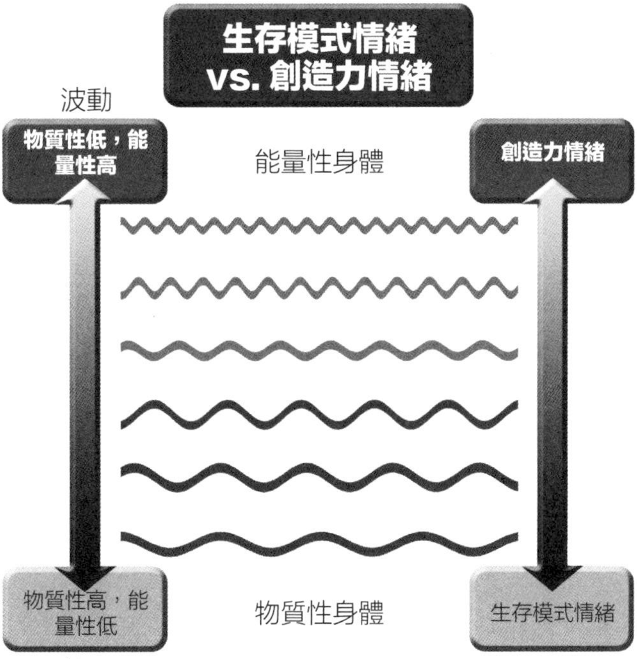

圖 8.3

當你改變體內能量強度，就會讓物質更接近新的心智狀態，身體的振動速度也會加快。你的能量性、波動性會增加，物質性、粒子性會減少。你的情緒越高昂、創造力越強，能用來重塑體內系統的能量就越多。這時候，你的身體就會隨著新的心智而變化。

這時候，組成身體的實體粒子就會隨著高昂情緒而變化，讓你整個人的能量性、波動性增加，物質性、粒子性減少。只要好好操作意識，你就能製造出更多能量，讓物質的頻率不斷提高，最後，你的身體也會隨著全新的心智而變化了。

接收正確的能量訊號

所以說，物質要經歷什麼階段，才能和新的心智並駕齊驅？我們可以回頭看看傳道牧師喝番木鱉鹼的例子。牧師在宗教狂喜狀態下，喝了對一般人有害的劇毒，身體卻一點反應也沒有，他究竟是怎麼全身而退的？事實上，這是因為他體內的能量強度夠高，高到可以超越物質引發的效應。當他下定決心準備喝下劇毒，體內就產生了一股能突破環境限制、身體反應、線性時間的能量波動，於是，他整個人的能量性增加、物質性減少，新能量也開始重塑腦內神經迴路、體內化學反應和基因表現型態。當下的他，已經不是過去那個熟悉的自己了，他不但超越了肉體，也超越了線性時間。當物質一出現，他內心同時萌生了飽滿的意識和能量；換句話說，多虧了訊息和頻率，物質才能一步步現形。當我們內心的意識和能量都相當飽滿，就會進一步影響物質特性，因為物質就是靠低頻和少量訊息形成的。

看起來，傳道牧師體內的細胞受體部位不但沒有為番木鱉鹼而開啟，反而還能拒毒素於大門之外，讓牧師的身體不受影響。當牧師進入聖靈充滿、能量充滿狀態，全身的免疫細胞表現量就立刻調增，同時調降了接收毒素細胞的表現量。走火勇士也一樣，當他們一改變自己的存在狀態，體內的感熱細胞受體就關閉了。除此之外，第一章提到的救父少女更是如此。當她們看見父親被重達三千磅的拖拉機壓住，正面臨生死交關之際，她們體內的能量強度就瞬間提高，一方面關閉平常會覺得拖拉機太重扛不動的細胞受體，一方面開啟能負荷重物的肌肉細胞受體。結果，她們順利把拖拉機抬了起來，成功救出了父親。救父過程中，真正移動拖拉機這項物質的並不是身體這項物質，而是少女們體內的能量。

你應該不會否認，身體是由各種原子和分子組成的，而且你應該也同意，各種原子和分子會形成化學物質。接著，化學物質會聚合成細胞，不同的細胞會形成組織、組織會形成器官，而器官又會構成不同的體內系統。比方說，肌肉細胞是由蛋白質、離子、細胞激素、生長因子等化學物質組成的，這些化學物質是經過各種分子交互作用形成的，而分子又是靠各種原子間鍵結組成的。此外，這些原子還必須共用同一個無形訊息場，彼此才能組成分子。

構成細胞的化學物質也會彼此共用訊息場。細胞內成千上萬的功能，都是分分秒秒由無形訊息場暗自發動的。科學家漸漸發現，在物質世界之外其實還存在著其他訊息場，負責發動無數細胞功能。

體內細胞、組織、器官和系統的功能，都是由無形的意識場暗自發動的。細胞內特定的化學物質和分子，究竟是怎麼做出精確判斷，決定自己要參與哪些反應呢？其實，當原子、分子、化學物質反應達成平衡，反應的總能量會聚集在細胞裡，讓細胞四周圍繞著能形成物質的能量場。至於物質的各種特性，都是從這個關鍵的訊息場中衍生出來的。

比方說，前面提到的肌肉細胞能組合、特化成所謂的「肌肉組織」。我們先以「心肌」這種肌肉組織為例，由細胞組成的心肌組織會形成「心臟」這種器官，還會彼此共用同一個訊息場，讓心臟能以一貫的模式運作。作為全身心血管系統的一部分，心臟只要共用了這個訊息場，就會讓物質變得井然有序，以和諧、全面的方式運作。這時候，形成物質的場域其實就是操控物質的那隻手。當場強度越高，原子的振動速度就越快；當然，你也可以想像成體內的次原子扇葉越轉越快。

用牛頓定律來分析生理現象，只能著重先後次序發生的線性化學反應。但是，人的生理機制不是這樣運作的，我們如果不了解訊息傳遞機制、不明白訊息傳遞路徑互通連貫的特性，就會連割傷痊癒這樣單純的生理現象都解釋不了。訊息在細胞間傳遞的模式，其實是非線性的。不管是宇宙本身，還是宇宙內所有的生物系統，都是建立在同樣的能量場集合之上，而集合內部彼此獨立又互相糾纏的能量場，每分每秒都會在時空限制之外互傳訊息。

科學研究證實，細胞進行交互作用的時候，大部分都是超越光速的❷。但因為在實體世界中，所有事物都無法超越光速，這也就表示細胞得在量子場中才能彼此溝通。當原子和分子進行交互作用，就會彼此形成溝通網路，在物質世界和能量場之間搭起橋樑，讓事物呈現完滿狀態。量子世界中的事物跟牛頓模型不同，既不會線性發展，也不具備可預測性，而是相互交織、牽一髮而動全身。

從量子現實的觀點來看，各種疾病都是因為頻率變低才引起的。我們可以想想壓力激素的例子：當你的神經系統進入戰或逃模式，協助你存活的化學物質就會改變你的狀態，讓你的物質性增加、能量性減少。這時候，你的眼睛裡只看得見物質，會完全靠五感來定義現實；你還會不斷調度細胞周圍的重要能量來救急，導致能量消耗過度；而且，你的注意力會全部轉移到外在世界上頭，一心只想著環境、身體和時間。如果你身體的壓力反應持續太久，身體的頻率就會節節下降，變得越來越接近粒子態，同時離波動態越來越遠。也就是說，你身體內的原子、分子和化學物質能共用的意識、能量和訊息會越來越少。結果，你只會成為一具物質性的身軀，即使拼命想改變也徒勞無功。

於是，你身體內每一台次原子風扇會越轉越慢，彼此的步調也無法一致，導致原子和分子互相脫節。接著，你體內的溝通訊號會因此減弱，身體也開始衰退。一旦身體離物質態越近、離波動態越遙遠，你的人生就只能順著熵與熱力學第二定律走：根據這項定律的說法，宇宙內物質通常都會陷入無序和崩壞之中。

請你想像某個大房間裡擺了幾百台風扇。當這些風扇以同樣的速度轉動，發出低沉和諧的聲響，你就會覺得這些聲響的節奏穩定一致，非常悅耳。只要你體內的原子、分子、細胞都能發出穩定和諧的訊號，就會產生像風扇聲響一樣的效果。

請你再想像一下，假設今天供應電量（能量）不足，沒辦法讓每台風扇分配到一樣多的電，於是風扇的轉速或頻率就會出現落差，讓整間房間陷入一片嘈雜，一會冒出金屬撞擊的鏗鏗聲，一會出現機器搖晃、暫停、啟動的聲響。同樣地，只要原子、分子、細胞之間的訊號變弱、相衝，也會出現類似的景象。

如果你能下定決心改變能量強度，就能提高體內原子的振動頻率，再散發出充滿意志的和諧電磁印記。這時候，身體的物質面也會隨之變化。當你提高能量強度，就能供應體內的原子風扇更多電力，而原子的振動頻率提高之後，也會讓體內細胞遠離粒子態（即物質態）、接近波動態（即能量態）；換句話說，你全身的物質會具備更多能量、更多訊息。所謂的和諧狀態，其實就相當於穩定步調或秩序，而所謂的不和諧狀態，指的就是步調不穩、失序紛亂。

假設今天有一百名鼓手，大家各打各的節拍，彼此的節奏完全對不上，這就是不和諧的狀態。假設現場又來了五名專業鼓手，五個人各自混入菜鳥鼓手群，在不同的角落打出穩定一致的節奏。一段時間之後，這五個人就能帶領其他一百人同步敲出工整、有秩序的拍子。

當你的身體隨著新的心智變化，慢慢從物質態進入能量態，就像是專業鼓手帶領其他鼓手邁向和諧一樣。你除了不斷讓物質貼近新的心智層級，還會讓低頻的疾病狀態變得越來越高昂，於是，本來在原子、分子、化學物質以及體內細胞、組織、器官、系統之間的不和諧訊息，就在你的帶領之下變得更整齊，形成井然有序的訊息場。

這就像是你一聽到收音機裡有雜訊，就想辦法轉到更清晰的頻道，轉啊轉的，雜訊突然間消失了，你也能聽清楚收音機裡的音樂了。同樣地，你的大腦和神經系統也會把自己的頻率調得更高、更和諧，只要能調節頻率，你就不會被熵定律給綁住。這時候，你會處於反轉熵的狀態，而且身體周圍的能量場會產生和諧的印記，帶領你超越實體現實中的定律限制。這時候，所有的原子風扇都會以更快的和諧頻率轉動，而構成身體的分子、化學物質和細胞更會不斷接收新訊息，最後，你體內的能量就能對身體產生正面效果了。

你可以在下一頁的圖中，看見更高、更和諧的能量頻率會如何微調偏慢、不夠和諧的物質頻率，讓物質進入新的心靈層級。

你的能量越井然有序、前後一致，你就越能讓物質的振動頻率更穩定。當振動頻率穩定了，細胞接收到的電磁波訊號也會更清晰、更深廣。你還記得上一章提到的細胞敏感度嗎？細胞對於電磁波訊號（能量）的敏感程度，是對於化學訊號的一百倍，而且能改變ＤＮＡ表現型態的就是電磁波訊號。反之，當你的能量越紊亂無序，你的細胞就越難和彼此溝通。至於創造和諧狀態的方法，我很快就會在後面提到。

不和諧狀態導致疾病

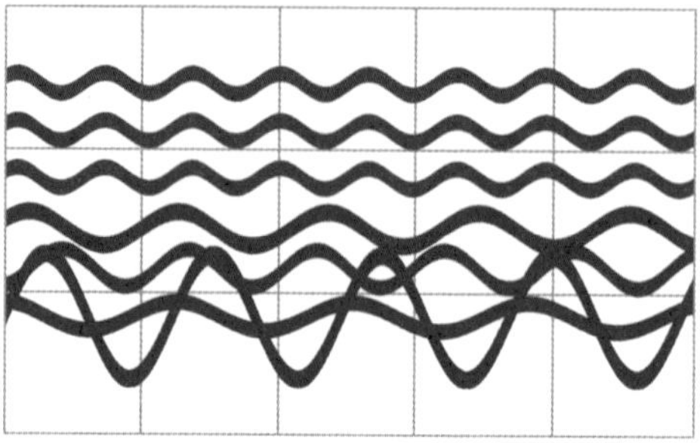

圖 8.4A

讓物質進入新的心靈層級

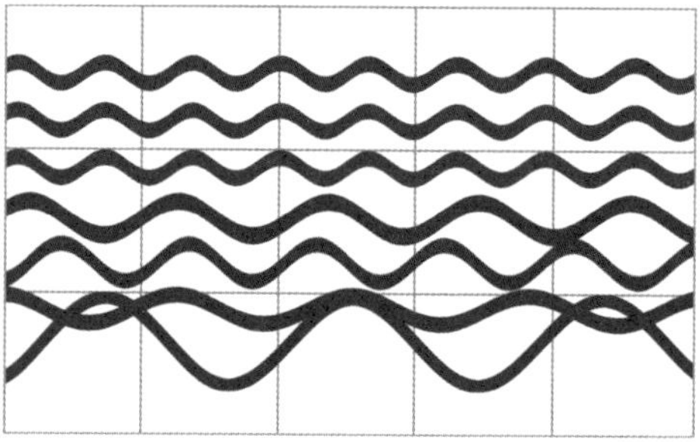

圖 8.4B

和諧狀態能產生療癒效果

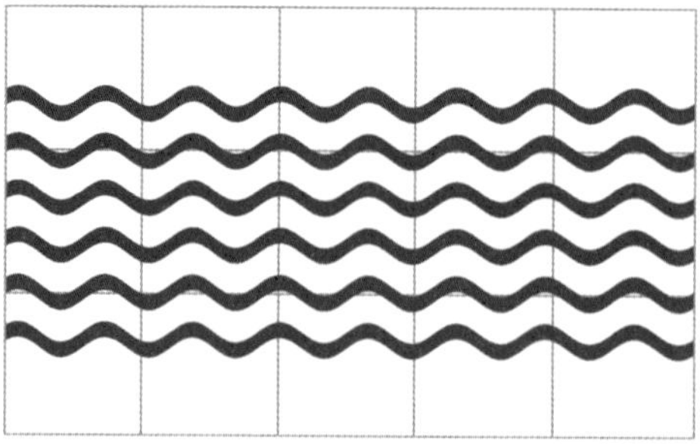

圖 8.4C

當頻率更高、更和諧的能量遇上頻率低、不和諧的能量，就會不斷進行微調，讓物質進入新的心靈層級。

通往量子世界的大門

量子場不但是無形的訊息場，也是能超越物質時空的頻率，而且還是由意識和能量所組成的，在這樣的情況下，凡是宇宙間的實體物質通通都會與量子場緊密連結，同時在場內互相統合。所有實體物質都是由原子組成的，而且會在時空之外互相連結，這時候，每個人也會跟宇宙間的實體物質一樣，在一個智慧場中彼此連結在一起。這樣的智慧場不但是屬於個人的，也是屬於宇宙的，而且智慧場不僅存在我們體內，也圍繞在我們身邊，能賦予所有事物生命、訊息和能量。

你現在的生命都是宇宙智慧場給的，當然，你愛怎麼稱呼這個智慧場就怎麼稱呼。宇宙智慧場匯集了成千上萬個音符，再根據這些音符譜出和諧的生理交響曲，構成你的生理和自律神經系統。在智慧場作用下，你的心臟每天會跳動十萬零一千次、每分鐘輸送兩加侖以上的血液，經過二十四小時後，心臟輸送的血液總共會跑過六萬英里。當你讀完現在這句話，你的身體就會製造出二十五兆個細胞，而且每過一秒鐘，你體內的七十兆個細胞就會進行十萬到六兆種功能。你每天會吸進兩百萬公升的氧氣，每吸進一次氣，氧氣就會在幾秒鐘內傳到你全身的每個細胞。

你會有意識地留意這些過程嗎？還是說，已經有某種具備心智、而且超越你心智的事物，或者是比你的意志還強大的意志，替你代勞了？替你代勞的，不就是愛嗎！其實，內在智慧因為太愛你了，才給了你生命。物質宇宙中的一切，全都來自這座宇宙智慧場，而這座無形的智慧場處於時空之外，也會孕育出各種物質。

智慧場會在遙遠的星系裡孕育超新星，也會讓凡爾賽宮中的花朵綻放。智慧場還會讓行星繞著太陽轉，更會讓海岸邊出現潮起潮落。智慧場縱貫古今、無所不在，既存在每個人的體內，也環繞在我們身邊，不但屬於每個人，也屬於宇宙。世界上除了有稱作「你」的自主意識（即個人意識），也有能賦予萬事萬物生命的客觀意識（即宇宙意識）。

當你能閉上眼睛，讓自己忽略外在的人、事、時、地、物因素，同時暫時擺脫時間的束縛，你就能成為量子世界中的觀察者，將能量帶離熟悉的生命狀態，讓自己投入未知的可能性當中。當你關注某一件事，就會把能量投注在同一件事情上，這時候，要是你滿腦子只想著熟悉的生命狀態，你的能量也會被鎖在裡頭。反之，如果你能把能量投注在時空之外的各種可能性上頭，就能讓自己化為一股意識（也就是量子潛勢中的一股意念），同時準備迎接新的經驗。當你進入冥想狀態，自主意識就會和客觀的宇宙意識融為一體，你也會因此撒下可能性的種子。

你想接觸前面提到的內在智慧，就要透過體內能自動自發執行自動功能的自律神經系統，而不是負責進行思考功能的大腦新皮質。事實上，真正負責搭橋的是大腦新皮質底下的腦幹，可以在潛意識中主導整個過程。冥想過程中，你只要放下自我意識、由自私進入無私狀態，接著化成一股意識，你就會和充滿關愛的內在智慧融合。這時候，你不再只是環境或線性時間內的一具軀體，而是能超越人或物的形貌，完全遁入時空之外。最後，你就會化為無限可能性之間的一股意識了。

現在，你已經踏入了未知。只要身處未知當中，你就會見證所有事物的誕生，接著一腳跨入量子場中。要達成以上目標需要的生理機制，其實我們早就具備了。

第九章　三則脫胎換骨案例

在這一章裡頭，我會介紹幾個脫胎換骨的案例。這幾個人都超脫了感官，把自己的意識能量投注在非物質世界當中，而且不斷想像可能發生的情境，直到想像真正實現為止。

蘿里的經歷

十九歲那年，蘿里被診斷出罹患罕見的退化性骨病變，病名是多發性骨纖維發育不全症（polyostotic fibrous dysplasia）。一旦罹患這種疾病，患者體內的正常骨頭就會被不健全的纖維組織取代，而由骨架蛋白質形成的骨組織也會變得格外細瘦、不規則。在骨組織生長異常的情況下，患者的骨頭會腫脹、變弱，最後斷裂。多發性骨纖維發育不全症可能在任何一種骨頭上發作，而蘿里的發病部位則是右大腿骨、右髖關節窩、右脛骨，以及右腳內的某些骨頭，醫生還告訴她，她的病無藥可救。

多發性骨纖維發育不全症是一種遺傳疾病，但通常會到青少年時期才發作。蘿里發病的時候，足足一整年都在大學校園裡一拐一拐地走路，後來才發現大腿骨骨折。在蘿里發病之前，身上可是一點症狀都沒有，因此當她知道自己骨折了，整個人都大吃一驚，畢竟之前身體完全不覺得痛。其實在發病前，蘿里除了一隻腳比另一腳大以外，還真的沒有半點骨頭異常的徵兆。再說，她還是個活力四射的年輕人，跑步、跳舞、打網球樣樣來，甚至還做了健美訓練，只是訓練開始沒多久，她的腳就跛了。

診斷結果出爐之後，蘿里的人生一夕之間風雲變色。骨科醫師告誡她，她的骨頭變得很脆弱、不堪一擊，所以最好先全天拄拐杖走路，等到醫院能替她動植骨手術，以及在骨幹內植入大腿骨骨釘之後再說。聽完醫師的話，蘿里和媽媽在醫院餐廳整整哭了一小時。這消息就像是一場惡夢，對蘿里來說，她的人生簡直走到了窮途末路。

對於疾病帶來的種種限制，蘿里全都心知肚明，而她的人生也慢慢被這些認知和想像佔據了。為了不讓骨折變嚴重，她認真遵照醫囑拄拐杖走路，同時放棄了在一家曼哈頓大型製造商裡的行銷實習工作機會。到最後，她的人生只剩下看醫生這件事，因為她的爸爸堅持能看幾位醫師就看幾位醫師。這時候，因為女兒生病而垂淚的媽媽，也不得不花好幾個禮拜，開車載蘿里四處就診。

每看一位醫師，蘿里都會滿心期盼能聽到不同的診斷結果，可惜，她聽到的都是同樣的壞消息。才不到幾個月，她就蒐集到了十位醫師的診斷，不過最後一位醫師倒是提出了不同的看法。這位醫師告訴蘿里，其他醫生雖然建議她動手術，但手術其實對她沒幫助，因為打骨釘看似能鞏固最脆弱的病變部位，卻會同時讓釘頭和釘尾處的脆弱骨頭裂開，造成更多骨折。他建議蘿里放棄動刀的念頭，先繼續靠拐杖或輪椅代步，或者乾脆一輩子坐輪椅就好。

從那時候開始，蘿里只能整天提心吊膽保持靜態姿勢，小心不讓其他骨頭骨折，但她也因此覺得整個人脆弱無力，並且陷入高度焦慮、自怨自艾的漩渦當中。一個月後，她雖然又重回大學上課，大部分時間卻都把關在自己和五位女同學合租的公寓裡，還出現了日益加重的憂鬱症狀，最後，她練就了戴上假面具掩飾憂鬱的好本領。

讓人畏懼的父親

從蘿里有記憶以來，爸爸就會不斷展現暴力傾向，即使家裡的小孩都成年了，這位一家之主還是會突然動怒，再莫名揍其他人一頓。於是，這家人只能成天戰戰兢兢，擔心各種突如其來的怒火。其實，蘿里的病和爸爸的暴力行徑大有關係，只是她自己從來沒發現而已。

新生兒大部分時間都處於 δ 波狀態。嬰兒出生後十二個月，會慢慢進入 θ 波狀態，再來是 α 波狀態，等到成年之後，才會大多時間處於 β 波狀態。你應該還記得，θ 波和 α 波屬於容易接受暗示的腦波狀態，幼童因為還沒發展出理性分析心智，沒辦法梳理出外在事物的邏輯，所以凡是他們經歷、接收過的資訊，都會以編碼形式直接存進他們的下意識心智裡。隨著自己越來越容易接受暗示，小孩也會在經驗引發情緒波動的時候，將注意力轉移到引發情緒變化的人、事、物上頭，並在內心當中將這些人、事、物和情緒經驗互相連結，讓自己形成聯想記憶，進入制約狀態。如果引發情緒變化的是家長，小孩會因為還沒發展出分析情境的能力，而讓自己一步步依附這位照顧者，同時全盤接受由依附對象引發的情緒。這樣的過程，就是早期童年經驗化為下意識存在狀態的方式。

這些道理，蘿里在發病確診的時候一概不懂，只是活在父親陰影下的情緒經驗已經烙印在她的內隱記憶裡頭，不但她的意識心智察覺不到，還會影響她的生理狀態。她總是得承受父親發怒的情緒效應，弄得自己每天都脆弱無力、壓力滿滿、戒慎恐懼，而這樣的經驗全都刻進了她的自律神經系統，最後，身體就透過化學反應記住了這些情緒，同時在環境的刺激下，她體內和病症相關的基因也會隨之開啟。這些生理反應都是由自律神經系統控制的，跳脫不了情緒制約狀態的蘿里，只能眼睜睜看著身體不斷產生同樣的反應。她只知道，自己目前的存在狀態和過去形成的情緒有關，但她不知道的是，真正的答案其實不只是情緒這麼簡單。

在蘿里被診斷出多發性骨纖維發育不全症之後，她的媽媽立刻向全家人表示，蘿里已經被現代醫學判定為「身體脆弱」了，也多虧媽媽的這番話，蘿里的爸爸就不再對女兒拳腳相向。雖然這位一家之主在過世之前，依舊持續對蘿里施加情緒和言語暴力長達十五年，不過說來諷刺，生病這件事反倒保護了蘿里，讓她不必再吃更多憤怒的拳頭。

被疾病定義的自我認同

這種諷刺的安全感，慢慢成了蘿里的護身符，也因為旁人對她關照有加（她也確實很需要別人關照），她因此享受到了各種好處。舉例來說，在坐滿人的公車或地鐵上會有人讓座給她、朋友會幫坐在長椅上的她排進場的隊伍、人擠人的餐廳很快就會讓她入座等等，都讓蘿里因禍得福。

於是，她開始利用身上的病獲得自己想要的東西，以前總是讓她不安的外在環境，現在變得越來越友善了。蘿里越來越習慣利用疾病操控外在現實來得益，而且獲得的幫助還比自己需要的多，讓她更容易替身體減壓、避免受損。時間久了，疾病也成了她自我認同的一部分。

慢慢地，進入青春期晚期的蘿里開始叛逆起來。她整個人忿忿不平，認為自己之所以得過這種生活，都是被醫生、爸媽和命運逼的。下學期開始之前，蘿里又看了一次診，但看完診之後，她卻選擇拼命否認自己生病的事實，同時帶著滿腔熱血回到健美訓練場上，努力成為史上第一位「跛腳」健美選手。於是，一頭熱的蘿里就死命地讓意識心智運轉，逼自己積極奮發、正向思考，還想出了各種不需要彎曲四肢的舉重妙招。

她以為只要咬牙撐過去，身體就會變得更健康，可惜她錯了。她就算再努力，得到的只有反效果：她除了身體一天到晚不舒服，症狀還變本加厲。此外，蘿里還跟某些多發性骨纖維發育不全患者一樣，同時併發了脊椎側彎症狀，讓她每天都被背痛折磨得死去活來。當她邁入二十歲大關，脊椎和其他部位都出現了關節炎症狀。

大學畢業後，蘿里沒辦法像其他人一樣在新家和新工作之間奔波，只能把自己關在家裡過更加與世隔絕的生活，而且內心依舊憤怒、焦躁、憂鬱。她雖然正值青春年華，過得卻比爸媽還像老人，讓她不但嫉妒身邊大部分同學，也乾脆放棄交朋友、談戀愛。

蘿里快三十歲的時候，不管走到哪裡都會拄著拐杖，連不需要保護身上十二處重度骨折的時候也一樣。無奈屋漏偏逢連夜雨，她身上居然還出現了微骨折，讓骨頭變得脆弱不堪。到最後，細微裂痕下方都會演變成嚴重的壓力性骨折，而裂縫還會向四周的脆弱骨頭蔓延，讓骨折情形越演越烈，到了X光片都能看清楚的程度。

蘿里三十歲的時候，背部罹患的症狀已經比自己七十二歲的爸爸還多了，只能用「未老先衰」四個字形容。她經常必須在床上休息，結果由於缺勤時數過多，只好離職。她雖然申請上了研究所，但因為學校裡沒有半台能用的電梯，她只好先休學再說。只要是派對、博物館參訪、逛街購物、旅遊、聽音樂會這些得一直站著或走動的活動，她全都不能參加。

這時候，她整個人陷入了我所謂的意念—感受迴圈：當她在心裡覺得自己無能又脆弱，這些感受就會實際表現在她的身體上。她越覺得自己虛弱無力，身體就會跟著變虛變弱，而且因為蘿里依然一天到晚骨折，更讓她堅信自己是個沒用的人，如此一來，她的自我和存在狀態也被定型了。

為了減緩骨折情形，蘿里不但嘗試調整飲食習慣，還吃了各種維他命、補給品和強筋健骨藥，可惜一點幫助也沒有。她光是走個幾階樓梯、踏出人行道一步，都會把自己弄到骨折，於是每天都像活在惡夢當中，等不到醒來的那一天。

特別的是，蘿里只要不拿拐杖也不一拐一拐地走路，看起來就健康得跟正常人沒兩樣。大部分人都認為她的拐杖純粹是裝飾用，只是這裝飾品的外型有點奇怪罷了；很多人甚至覺得她沒病沒痛，身體也沒有衰弱的跡象，弄得她一個頭兩個大，有時候連想做自己需要的特殊治療都沒辦法。

蘿里因為不斷對人說自己生了病，使得她的病人身分一再被強化、滿腦子只剩想證明自己是殘疾人士的意念，最後，她也愈發深信自己的身體真的有殘疾。當其他人總是努力掩飾自己殘缺、脆弱的那一面，蘿里卻反其道而行，拼命向外人示弱。

為了控制各種環境變因，蘿里同樣費了九牛二虎之力。她非常注意自己吃了什麼、喝了什麼，而且東西都要先量過才能吞下肚。她在家門外每走一步，都要先算好步伐才能出腳。她甚至至量了自己能從超市扛多少東西回家，結果發現最多只能扛十磅，這也是不會讓她骨頭變得更脆弱的體重增加上限。

這些瑣事把蘿里弄得身心俱疲，但除了這些事，她什麼都辦不到。為了不讓自己繼續骨折，她用盡各種力氣限縮自己的行動，只是她的心也跟著限縮了。到後來，她內心的恐懼節節攀升，憂鬱症狀也雪上加霜，雖然她自己也努力回職場上班，但每份工作都做不久。

這位當年跑步、跳舞、健美比賽樣樣來的女士，現在只能做做瑜珈鍛鍊身體，而且到了快四十歲的時候，連瑜珈都變得負擔太重。多年來，蘿里只能在椅子上做深度呼吸鍛鍊，還好過了四十歲之後，醫師終於同意讓她來回不間斷游泳了。

她其實還找了各種治療師、自然療法醫師、能量治療師、聲音治療師、順勢治療師幫忙，但總是只會向外求援。有時候，她只要因為做完能量治療而覺得變舒服，就會立刻跑去找骨科醫師照X光，可惜照出來依然是老樣子，讓她只能垂頭喪氣告訴自己：「我這輩子大概就這樣了吧。」每天早上，她都拖著沈重不堪的身體醒來，內心更是充滿恐懼，覺得自己完全無法應付這個世界的種種要求。

看見未來的可能性

我第一次和蘿里見面，是二〇〇九年的事。當時，她剛剛看完《當心靈遇上科學》這支記錄片，而且影片裡的想法讓她驚訝到說不出話：原來人有可能脫胎換骨，讓人生變得煥然一新。後來，蘿里立刻報名參加我當年八月開設的工作坊。

她上第一堂課的時候，我就提到人是絕對有辦法改變大腦結構、意念、身體、情緒和基因表現狀態的。我在那場工作坊上談了人要如何改變生理狀態，但蘿里聽歸聽，依然堅持相信自己的身體有病，整個人還是沈浸在過去的情緒當中，沒有半點想把病治好的意思。她其實不太相信自己的病治得好，她之所以參加這場工作坊，純粹是為了讓內心舒服一點而已。

她雖然看起來心不甘情不願，不過學以致用的速度倒是很快。第一週課程結束後，她馬上做的第一個改變，就是停止告訴別人自己患了什麼病。

蘿里知道，自己即使控制不了內心的情緒，還是有辦法控制說出口的話。因此，她決定不主動提起生病這件事，除非是必須在派對上要椅子坐，或者和約會對象解釋為什麼不能一起去散步的時候。她也決定把心思放在自己的未來上頭，想辦法追求夠快樂的內在自我、找份自己得心應手的好工作、找個人生伴侶，同時和親友保持親密健康的互動。

接著，蘿里選擇改變幾個相對單純的行為模式。她會一面觀察腦中浮現的念頭和文字，一面反覆提醒自己不要掉進有害無益的舊迴圈裡頭。她持續練習冥想，也會繼續來上我的課。除此之外，她為了替自己的努力賦予意義，甚至還會潛心複習課堂筆記，同時盡量和其他同學保持聯絡。蘿里努力了一段時間之後，終於看見了微小但確實存在的進步，整個人變得更舒暢、更有勁、更高壯。她只要一發現心思飄回過去，就會對自己說要「改變人生」，一天大概要說上二十次。雖然負面思維每天還是會浮現個一百次，但漸漸地，蘿里也累積了一些新想法，而且她會把這些想法寫下來，練習全心全意投入其中。

蘿里確實很努力，不過光是要讓身體感受到新意念，就花了她將近兩年的時間。還好，她在這段期間內並沒有灰心喪志，而是想著自己是因為情緒堆積了很久才生病，想要清掉這樣的病肯定得花點時間。她還告訴自己，如果想催生新的自我，就必須從生理、神經、化學、基因等方面下手，讓舊自我完全消失才行。

然而，蘿里卻遇上更多麻煩事：她一下子家裡大淹水，一下子又因為公寓大樓的環境問題出現了新症狀。她跟我說，每當她一面冥想、一面想像自己的理想人生，內心都會浮現「自欺」兩個字，而當她一睜開眼睛，迎面而來的周遭情境也會狠狠賞她一巴掌。這時候，我會叫她不要再靠感官定義現實，而是要勇敢跨越障礙、追求改變。

之後，蘿里還是繼續跛著腳參加工作坊，雖然她會一下發脾氣、一下心懷感激，但卻始終沒有停下追求改變的腳步。而且，她還號召了許多當地學員一起冥想。面對諸事不順的人生，她也會對自己說：「管他去死，我每天只要閉上眼睛一個小時，就會有截然不同的現實在等著我，我的身體會變得無病無痛、家裡會變得安全又寧靜，我跟親友和外在世界的關係也會變得很溫馨圓融。」

二〇一二年年初，蘿里參加某一堂進階工作坊的時候，獲得了前所未有的強大冥想體驗，不管在生理或心理上都備受震撼。在生理方面，她先是經歷了一段混亂的過程，接著又進入能量釋放狀態，讓她全身顫抖、五官扭曲、揮舞雙臂，不得不努力把自己黏在椅子上。在情緒方面，她進入了無以名狀的喜樂狀態，整個人又哭又笑，嘴裡還發出各種莫名奇妙的聲音。她從前的恐懼、努力讓自己不失控的執著，在這一刻都解放了。她頭一次體驗到一種高等意識，也知道自己不再是孤單一人。

蘿里對我說：「我感覺到了某種東西、某個人、某種有如神靈一般的存在，而且這股意識不但知道我這個人，也在乎我過得好不好，這跟我之前想像的一模一樣。其實從以前到現在，這股意識都在注意我的一舉一動，而且發現這件事的感覺，真的跟脫胎換骨沒兩樣。」她以前用來控制身體、操控人生的能量，在這時候一點一滴平靜了下來，而她用來維持控制狀態的能量也終於找到宣洩出口了。

到了下一場工作坊，我發現蘿里已經不再需要拄拐杖，也沒有跛腳。當時的她，可說是喜上眉梢、笑容滿面，完全沒有一絲憤怒、憂愁或痛苦的情緒。

她的恐懼化成了勇氣、挫折化成了耐心、痛苦化成了喜悅、脆弱化成了力量，無論是內在或外在，全都開始出現了變化。在跳脫特定情緒成癮的迴圈之後，她的身體漸漸擺脫了過去，轉而朝新的未來邁進。

二〇一二年初春，蘿里的骨科醫師在做完一次例行檢查之後表示，她十九歲開始罹患的大腿骨骨折（至少出現在一百張X光片上過），現在已經縮到只剩三分之一的長度。對於這樣的病情進展，醫師也無話可說，只建議蘿里可以開始上健身房踩踩腳踏車，每週踩兩次，每次踩個十分鐘。聽完這句宛如仙樂的建議，蘿里就離開診間了。

大起大落的狀態

蘿里為了跨越障礙、追求改變付出的努力，總算嘗到了甜美的果實，也終於有人告訴她，她的身體其實正在慢慢復原中。蘿里每天只要能讓自己超越身體、環境和時間，就能讓自己跳脫被當下和過往外在現實綁定的人格、擺脫情緒慣性成癮的身體、超越她按照昔日記憶形塑的僵化未來。她努力跳脫理性分析心智、努力讓腦波進入容易被暗示的狀態、努力活在當下、努力讓自己潛入被過往情緒改寫的內在作業系統，最後都收到了改變的成效。

蘿里慢慢相信，她會康復全都是意念的功勞。她已經變成了另外一個人，和舊自我密切相關的骨折也都消失了。她也大大改變了自己的意念和行為，不給和舊自我相關的腦內神經迴路發射訊號、形成連結的機會。她更跳脫了同樣的過往情緒迴圈，不讓身體繼續被同樣的心智制約。她正一點一滴忘掉舊的自我、記住新的自我；換句話說，她正靠著一面改變心智狀態，一面讓身體透過情緒想像未來的自我，讓新的意念和行動不斷在腦中穿梭，形成各種訊號連結。

蘿里每天冥想，改變自己的存在狀態，也同時採用了新的方式指揮基因，接受指揮的基因會不斷製造新蛋白質，用來治療她骨折部位的蛋白質，調整骨折引起的不適症狀。上完工作坊課程之後，她也發現自己的心智必須對骨頭細胞發出正確訊號，才能關閉和骨纖維發育不全症相關的基因，並且開啟和製造健康骨質相關的基因。

蘿里說：

我知道我的骨頭細胞裡有不健康的蛋白質，而這些年來的骨折，都跟這些蛋白質的表現和排列方式有關。蛋白質會這樣排列，完全是因為我以前一直活在生存模式下，每天都得承受被傷害的恐懼和痛苦，而且還會覺得自己虛弱無力。我很厲害，我讓身體變得跟內心一樣虛弱，也讓症狀相關基因不斷維持開啟狀態，因為這些情緒早就化成下意識記憶，儲存在我的身體裡了。我的身體也早就成了心智，總是活在過去當中。我開始思考：既然骨頭是膠原蛋白，也就是蛋白質構成的，如果我想讓骨頭細胞製造健康的膠原蛋白，就要跳脫自己的理性分析心智，好好深入自律神經系統和下意識心智，不斷用新資訊改寫體內的程式，好讓身體每天都能接收到新指令。我想通之後，就覺得好像已經跨越了一半的障礙，慢慢讓自己改變了。

之後，蘿里繼續練習冥想。雖然她有時候還是會覺得身體在痛，但疼痛頻率、強度和持續時間都大幅減少了。她也改變了不少生活習慣，像是改去另一家健身房，讓自己進入新的運動環境；改變塗體香劑的順序，原本從左邊開始塗，現在改成從右邊開始塗；改變原先右臂疊左臂的自然抱胸姿勢，只要她沒忘，就會自動改成左臂疊右臂；在公寓裡換張椅子坐；改睡在床的另一邊（雖然上下床的時候要走到房間另一頭，路程比較遠）等等。

她也分享了她的心得：「我知道這樣做聽起來很扯，但我只是想讓身體接收更多不同的新訊號而已。因為我不可能改住高級地段的豪宅，所以才從這些小事著手。」

蘿里還到處在身邊貼字條，用來提醒自己保持專注，好好思考、感受未來情境。她會在藍色耐熱膠帶上寫「感恩一切」、「提升境界！」和「付出愛心！」，再把寫好的膠帶貼在門後。她也在儀表板上貼了一張字條，上面寫著：「你有很強大的意念，要精挑細選。」對蘿里來說，給自己寫字條、替自己加油打氣不是什麼新鮮事，但她以前因為不懂改變信念的訣竅，所以從來無法全心全意自我激勵。

二〇一三年年底，蘿里又去看了一次骨科，醫師說她身上已經看不到骨折了。二十八年來，她還是頭一次聽到這句話，如今她的骨頭完好無缺、半點損傷也沒有。她於是寫信跟我說：「我開心到說不出話來，我現在覺得自己精力充沛、信心十足，感覺又跨越更多障礙，越來越接近終點了。」

在她的意念調整之下，她體內的骨頭細胞已經能製造健康的新蛋白質了。而她的自律神經系統也充分發揮作用，讓身體在生理、化學反應或情緒上都回到了平衡狀態。現在，所有療癒工作都是靠著自律神經系統，透過一股強大的智慧發動的，蘿里於是漸漸放下心，心甘情願把療癒任務交付給這套系統。這時候，她的身體就隨著新的心智狀態不斷變化。

然而，不久後，蘿里接到了醫師助理的來電。助理告訴蘿里，根據剛出爐的血液和尿液檢查結果，她的病其實還沒好，醫師也建議她重新像許多年前一樣，接受靜脈注射雙磷酸鹽療法。

一聽到這樣的消息，蘿里心都碎了。她本來以為X光片看起來沒問題，就表示自己的病已經痊癒，但檢驗結果卻剛好相反。剎那間，她變得萬念俱灰，覺得自己的努力全都白費。她把

消息告訴我之後，我也試著安慰她，讓她知道自己的身體還停留在過去，還需要點時間才能隨著心智狀態變化。我建議她再多努力幾個月，然後再去做尿液檢查。

後來，蘿里持續認真冥想。她不斷想像可能的新生活，腦中的畫面也變得更加豐富生動，但她想的不是骨折治好了，而是自己變得容光煥發、活潑有勁、健康強壯的模樣。她反覆在內心模擬自己想要的生活，像是讓身體自由自在活動、行走，直到自己全心投入想像當中。她同時告訴自己，之前那位從十九歲活到四十七歲的老太太，全都是過去的事了。

身心大改造

幾個月下來，蘿里漸漸找回了快樂，不但活得更喜樂自在、身體更健康，連頭腦也變得更加清晰，能好好思考未來的人生。這時候，她已經不太會東痛西痛，而且隨時都能靠自己走路，不需要外力輔助。

二〇一三年五月，重新做檢驗的日子來了，蘿里被這件事弄得忐忑不安，還乾脆把檢驗日延到六月。既遲疑又心慌的她，又找了某位經驗老道的工作坊學員談心。對方聽了她的煩惱之後，就建議她抱持正向思考，多想想上醫院做檢查的優點，這時候，蘿里才驚覺自己其實充滿了正能量，可以隨時挖掘出正向情緒。於是，她開始條列在醫院做檢驗的優點，像是醫院有多

乾淨、員工有多熱心、在醫院做治療有多方便舒適等等，最後再一條一條念出來。這就是她最需要做的事：讓自己轉移注意力。

到了做檢驗那天，蘿里一面開車前往醫院，一面感謝當天的陽光、順暢的交通，同時感謝自己的車、幫忙開車的腿、健康的視力，還有馬上就出現的停車位等等。她後來和我分享了當天的感想：「我走進檢驗室、報了我的名字，然後就閉上眼睛，開始在等待室裡冥想，等工作人員叫我的名字。換我的時候，我先把尿裝在杯子裡，再把整個袋子拿給護士才離開。走出檢驗室的時候，我還順便感謝自己能夠走路這件事。當時，我已經把檢驗結果拋諸腦後了，不管結果是好是壞，我都是平常心看待。我因為不期不待，反而完全不擔心檢驗結果，整個人也很快樂，內心滿滿的都是感激。我什麼都沒分析，就只是相信而已。」

她還記得我說過，只要她開始在頭腦裡分析療癒會怎麼發生、何時會發生，就會重新陷入舊自我，因為疑神疑鬼是沒辦法催生新自我的。

蘿里還說：「對於即將發生的事件，我其實也沒多想，當下就自然而然充滿感激了。我不需要等檢驗結果出爐，才來決定自己要快樂還是感恩。我的感恩完全發自內心，而且我也真心喜歡我的人生，就好像未來事件都發生過了一樣。我不必再靠外在事物讓自己快樂，我的內在已經越來越完整，讓我變成完整又快樂的人。」

按照外界的「成功標準」，蘿里可以說是半點成就都沒有，更不用說成就感或安全感，因為她沒收入、沒房子、沒老公、沒事業、沒小孩，也沒在做什麼值得說嘴的志工。可是她很愛身邊的朋友和家人，也開始懂得怎麼愛自己。

她發現，原來她以前根本不愛自己，只是一個自私自利的人。她後來還跟我說，以她過去狹隘的存在狀態，絕對分不出愛自己跟自私自利的差別。現在，她終於能夠坦然面對自我和人生。她說：「從我生病以來，這是我第一次覺得檢驗結果不重要。只要自己過得開心，我覺得就夠了。」

就這樣，蘿里過了兩週愉快的生活，兩週之後，她從醫師助理口中得知了檢驗結果：「您的檢查結果非常健康，分數是四十分。您五個月前的分數還高得很不正常，有六十八分，但現在已經降到正常值了。」

蘿里總算跨越了障礙，讓自己成功活出了新的人生。過去的她，已經完全離開了她的身體，而現在的她，是個重獲新生的自由人。

後來，蘿里又跟我說：

我突然發現，當我越把自己定義成「病患」或「生病的人」，我其他的身分就會被擠到旁邊去。我一直在扮演病人的角色，但在內心深處，我知道我不是這樣的人。只是，我所有的注意力和能量都被扮演病人這件事吃掉了，讓我不能好好當女人、當女朋友、當女兒、當員工，或純粹當個快樂健全的人。我現在知道了，我得忘記舊人格和舊自我，才會有能量扮演其他角色，再把注意力和能量放在新的自我身上。還好我重新找回自我了，感謝老天！

現在，蘿里完全不會後悔，也不會怨天尤人，更不會因為過去的種種而覺得失落。她說：「對於過去的我，我不想評斷什麼、氣憤什麼，也不想把自己當成被拋棄的人，因為只要我這樣做、這樣想，就會破壞現在的完整感了。當年的狀態，其實可以說是一種福氣，畢竟，就是這樣子我才能打破自我限制，然後喜歡上現在的自己。我現在覺得很平靜，從全身到每個細胞，我整個人都改變了。心真的能療癒身體，我就是活生生的見證人。真的，最驚訝的不是別人，絕對是我。」

坎妲絲的經歷

坎妲絲和男友才交往一年，兩個人的關係就出現了各種風波。交往幾個月之後，他們不是天天大吵、口出惡言，就是拼命懷疑、指責對方。坎妲絲和男友都處在嫉妒又不安的狀態，溝通起來非常挫折。他們都對彼此有超乎現實的期待，如今卻期待落空。有一次，坎妲絲猛然驚覺自己居然會大發雷霆，還不斷對男友大吼大叫，瘋狂發洩自己的情緒。她意識到這些舉動之後，自我價值感又變得更低落、受害情結更強，整個人也越來越不安。其實，她以前完全不會這樣。她從來不是容易氣憤懊惱的人，也不會沒事亂發脾氣，但二十八歲這年，一切都變了調。

坎妲絲心知肚明，這種關係根本不適合她，但她卻割捨不了這段感情。於是，她慢慢對壓力情緒上癮，成癮狀態也成了她新自我的一部分，換句話說，她遭遇的個人現實替她塑造出了新人格。坎妲絲的外在環境不斷控制著她的想法、行為和感受，讓她被囚禁在自己的人生裡頭。

坎妲絲整個人被生存情緒淹沒之後，就開始像成癮患者一樣，一天到晚追求情緒爆發的快感，同時相信自己的內心會出現特定的感受和念頭，都是某些外在環境因素引發的。這時候，她的思考或行動範圍，都被自己的感受限制住了。被這番情緒狀態困住的她，只能一再重溫同樣的意念、抉擇、行為和經驗，無法自拔。

其實，坎妲絲是利用男友和外在環境，來反覆確認自己想像中的自我。她的情緒需求，也就是非得感到憤怒、挫折、不安、價值感低落、恐懼、受害感不可，都和這段關係綁在一起了，就算這不是她真正想過的生活，她也迫於恐懼而不敢追求改變、調整關係。坎妲絲不斷靠這些情緒來確認自我，結果因此變得食髓知味，寧願讓自己天天陷在致命感受裡頭，也不想踏出已知的舒適圈，探索各種未知情境。她開始相信自己就是情緒的化身，到最後，她也因此記住自己過去塑造出來的人格。

人生走下坡之後三個月，坎妲絲的健康也每下愈況，越來越頂不住高昂情緒造成的壓力。她開始大把大把掉頭髮，沒幾星期就掉了三分之一，而且身體還出現各種症狀，包括偏頭痛、慢性疲倦、腸胃不適、注意力不集中、失眠、體重變重、持續疼痛和其他一大堆磨人的病，將她一點一滴侵蝕殆盡。

年輕的坎妲絲第六感很強，她隱約察覺到，這些讓她不適的症狀其實都是自己的情緒問題引起的。光是想到自己和男友的關係，身體就會開始興風作浪，準備面對新衝突，因此開始失衡，穩都穩不住。換句話說，坎妲絲的壓力激素和自律神經系統會運轉起來，全都是意念幹的好事。而且，每當她一想到男友，或者一和親友討論、抱怨這個人的種種，等於是讓自己的身體慢慢被情緒心智給制約。到最後，不但建立了身心連結，她自己也關不掉壓力反應，導致體內的基因表現量也開始被調降。坎妲絲之所以身體不舒服，完完全全就是意念惹的禍。

和男友交往後六個月，坎妲絲還是天天為症狀所苦，壓力爆表。雖然她已經知道症狀是身體發出的警訊，卻還是不斷在下意識中重溫同樣的現實，也就是她當時的日常存在狀態。她整天用負面的生存情緒折磨身體，結果不但指揮到了錯的基因，連指揮的方式都有問題。坎妲絲覺得自己越來越像行屍走肉，雖然也不是沒想過要努力踩煞車，但對解決方法卻一點頭緒都沒有。再說，她根本不敢和男友分手，兩個人前前後後交往的時間還超過一年，弄得她自己總是陷在憤恨的牢籠裡出不去。不管她找再多理由替情緒辯護，身體健康終究付出了代價。

該還的債總是得還

二〇一〇年十一月，坎妲絲終於去看了醫生，結果被診斷出橋本氏甲狀腺症（也稱作慢性淋巴細胞性甲狀腺炎）這種自體免疫疾病。罹患橋本氏甲狀腺症的患者，體內的免疫系統會攻擊甲狀腺。

這種病的主要特徵是甲狀腺機能低下（甲狀腺激素分泌不足），伴隨間歇性甲狀腺機能亢進（甲狀腺激素分泌過剩），症狀包括體重變重、憂鬱、躁症、對冷熱敏感、麻木、慢性疲倦、焦慮發作、心跳速率異常、高膽固醇、低血糖、便秘、偏頭痛、肌肉無力、關節僵硬、抽筋、記憶流失、視力變差、不孕、落髮等。以上列出的症狀，很多都在坎妲絲身上出現了。

內分泌科醫師對坎妲絲說，她的病跟基因遺傳有關，完全沒辦法根治。由於她體內的抗體數就是會維持這麼多，她這一生恐怕都要和橋本氏甲狀腺症為伍，而且必須吃甲狀腺藥物吃一輩子。後來，坎妲絲發現家裡根本沒有相關病史，只是醫生話都說了，大局好像也都底定了。

診斷出爐後，坎妲絲突然有所領悟。生病給了她一記最需要的當頭棒喝，讓她開始思考過去的種種人生情境，同時看清自己當年是什麼樣子。她發現，自己會罹患影響身心和情緒的自體免疫疾病，罪魁禍首不是別人，就是她自己。以前總是活在緊繃狀態下的她，全身的能量都被用來抵擋外在威脅，以致於能保護內在的能量一點都不剩。這時候，連體內的免疫系統都撐不住了。

雖然坎妲絲怕死了改變和未知情境，但過了五個月，她還是決定要跟男友分手，因為她終於明白這段感情既有害健康，也不是自己想要的。她也問自己：「權衡利弊之後的結果是什麼？到底是要繼續讓身體出狀況，把自己推入黑暗的深淵當中，還是讓自己過得自由自在，享受其他可能性？想要改變人生，就看這次了。」

坎妲絲遭遇的危機，倒也成了讓她蛻變、自省、成長的轉機。她看見自己已經站在懸崖邊，準備縱身躍入未知裡頭。她願意追求改變的決心，讓她獲得了一次感情豐沛的經驗，最後，不願意再被悲慘遭遇糟蹋的她，真的跳進了充滿無限可能和潛勢的空間，讓自己能夠改寫體內的密碼。

這段經歷，可說是坎妲絲人生的轉捩點。她之前已經讀過我的前兩本著作，還參加過我的初級工作坊，所以知道自己要是完全被診斷牽著走，陷入恐懼、擔憂、焦慮、悲傷等情緒當中，就會進入自我暗示狀態，除了接受和感受相同的意念，什麼都不會相信。她雖然能試著正向思考，但身體的狀況還是很糟，這樣反而會造成不好的效果。要是走了這條路，就會讓自己變成錯的安慰劑，進入錯的存在狀態。

於是，坎妲絲決定不要消極地接受自己生病這件事。她婉拒了醫師的診斷，同時告訴自己：能引發疾病和能帶來健康的心智，其實都是同一個。她心裡明白，自己必須改變對醫學診斷的信念才行，既然自己心裡沒有恐懼、受害、悲傷的感受，就沒必要被醫師的建議和說法牽著走。

實際上，她的態度相當樂觀積極，而且這些正向情緒還引發了一連串意念，讓她看見了新的可能性。她沒有盲目地接納醫師的診斷、預後評估或治療建議，沒有草率相信最有可能的結果或自己將來的命運，更沒有被動地一味順從醫師的診斷或治療方案。另外，她沒讓身體被最壞的未來情境制約，也沒像其他病友一樣對意料之中的結果抱持同樣的期待、賦予同樣的意義。由於她的態度改變了，存在狀態也變得和從前大不相同。

做不完的練習

坎妲絲雖然不接受自己生了病，但還是有很多任務得完成。她知道，如果想改變自己對個人症狀的信念，就必須提升做抉擇時的能量，讓能量強度高過腦內僵固程式和身體的情緒成癮症，身體才能隨著新的心智變化。如此一來，她才有可能感受到體內的能量變化，改寫下意識程式內容，把過去的自己從神經迴路和基因裡抹掉。事實上，這些工程當時已經慢慢展開了。

以上這些內容，坎妲絲全部都聽我說過，也相當熟悉。不過，她倒是還沒親身體驗過這樣的感受。她收到診斷之後，又來參加我的工作坊，只是她整個人看起來筋疲力盡，還在位子上猛打瞌睡。但是我知道，她其實正在奮鬥當中。

等到下一次參加工作坊的時候，坎妲絲已經服了超過一個月的甲狀腺藥物，努力控制體內失衡的化學狀態。所以，她比先前更有精神，也更投入。我在週末工作坊上提到的真實案例，也對她產生了神奇的激勵作用。她一聽到其他人不想被外在環境因素左右，而且非比尋常的療癒過程真的有可能發生，就決定要親自進行實驗。

就這樣，坎妲絲展開了她的實驗計畫。她在工作坊上學過表觀遺傳學和神經可塑性的概念，知道可以不必把自己看成被疾病纏身的受害者，於是決定利用這些知識培養積極態度。她替未來賦予了不同的意義，內心也因此出現了不同的意念。她每天早上四點半就會起床冥想，透過情緒讓自己的身體被新的心智制約。另外，她也努力感受當下，因為她發現自己以前完全不懂當下是什麼。

為了找回開心又健康的人生，坎妲絲簡直拼了老命練習冥想。可是，她一開始常常覺得挫折連連，只要自己沒辦法多冥想一會，就會讓她垂頭喪氣。這樣的結果其實不意外，畢竟她的身體已經被挫折、憤怒、焦躁、受害情結等情緒制約，不配合冥想是當然的。坎妲絲得一直逼身體活在當下，跟訓練不聽話的動物沒兩樣，不過，每經過一次這樣的訓練，她的身體就會被新的心智多制約一點，讓她能一步步擺脫情緒成癮症狀。

每天冥想的時候，坎妲絲都努力讓自己超脫身體、環境、時間的束縛。她只想在冥想結束後擺脫舊自我，不想再當那個容易生氣、挫折，而且還對外在環境因素化學成癮的人。她會一面觀察自己的冥想狀態，一面模擬新的存在狀態，而且在真正愛上自己的人生、進入無條件感恩狀態之前，她會不斷重複這些動作。

坎妲絲用上了在我的工作坊以及課堂筆記上學到的所有知識，讓自己的大腦不斷串連新資訊，準備迎接身體療癒經驗。很多時候，她會發現自己能徹底放下過去的神經連結，不會再發出或加強同樣的憤怒、挫折、恨意、自負和疑心訊號；相反地，她也能不斷建立新的神經連結，努力發射和加強愛、喜悅、同理心和善意等訊號。坎妲絲很清楚，她在做的事就是修剪舊連結、建立新連結，只要她追求改變的心靈能量夠強，改變的幅度就越大。

到後來，坎妲絲整個人都抱持著莫名的感激，覺得活著很好。她知道，只要身心能維持平衡，人生就不會支離破碎。她還會告訴自己：「我不是以前那個坎妲絲，我不需要再證明她的存在了。」她就這樣堅持了好幾個月，要是她發現自己又陷入低潮，拼命為了外在世界感到憤怒、挫折、反胃和難過，她就會立刻透過意識調整存在狀態，好縮短負面情緒控制自己的時間。於是，她的情緒變得越來越平穩，也不再是那個愛亂發脾氣的坎妲絲了。

有些時候，坎妲絲會覺得自己狀態很差，不想下床，但她還是會努力爬起來冥想。她會告訴自己，只要能夠讓低落情緒變高昂，自己的生理狀態就能脫離過去，讓大腦和身體準備好迎接新未來。她也慢慢意識到，這樣的內在修行對自己很有幫助，於是，這件事就變得不像是得拼命完成的任務，而是令人期待的禮物。

在每天努力不懈之下，坎妲絲很快就發現自己變得截然不同，而且全身感覺舒暢多了。她拋棄了從前充滿恐懼、挫折的思維模式，嘗試用同情心、愛和感恩看世界，於是，她和其他人的溝通方式也變了。最後，她的能量強度慢慢提高，頭腦也變得更加清楚。

坎妲絲很清楚，面對類似人生情境的時候，她不會再走過去的老路，因為她的身體已經不再受到恐懼情緒所控制。她也知道，自己只有在被感受影響的時候，才會覺得從前的某些人、事、物會讓自己不舒服。於是，她開始不會單憑感覺對外界做出回應，人生也變得越來越自由自在。

她和過去的另一個差異，是會努力捕捉平常一閃即逝的潛意識念頭。冥想的時候，她會想盡辦法讓這些念頭留在意識當中，這樣一來，自己才不會掉回舊的行為和習慣裡面。於是，她對自己的生理結構、神經迴路和基因都除舊布新了一番，騰出空間讓新的自我誕生，身體也隨之釋放出更多能量。換句話說，當她把情緒像體內儲存的能量一樣釋放出來，整個人的粒子性就慢慢變弱、波動性慢慢變強，讓身體成功擺脫過去。

有了這股多出來的新能量，坎妲絲開始有餘裕替自己規畫未來人生藍圖。她會問自己：「我想要的行為模式是什麼？我想要的感受方式是什麼？我想要的思考模式是什麼？」連續好幾個月，她都會抱著感激的心起床，同時透過情緒告訴身體新未來已經降臨，這時候，她就會透過新的方式指揮新基因，並且讓身體回到恆定狀態。原本容易憤怒的她，現在找回了同理心；原本容易挫折的她，現在找回了耐心和感恩心；原本容易陷入受害情結的她，現在也變成了能創造喜悅和幸福感的人。雖然就能量強度來說，變化前跟變化後的心理狀態都一樣強，但坎妲絲在從粒子模式進入了波動模式、從生存模式進入了創造模式之後，才終於能好好釋放這些能量。

享受成功的果實

醫師做出診斷七個月後，坎妲絲再度回去看診。這次，醫師著實被這位病患的改變嚇到了，因為她的血液檢查結果一切正常。二〇一一年二月，坎妲絲第一次做生理檢查時，不但促甲狀腺激素指數高達三點六一，抗體數也達到了六三八，呈現極度不平衡的狀態。不過到了二〇一一年九月，坎妲絲的促甲狀腺激素指數卻降到了正常的一點一五，而抗體數也降回了健康值四五〇，而且這段期間她完全沒靠服藥控制。不到一年的時間，坎妲絲就讓自己的病痊癒了。

看到檢查報告之後，醫師也問了坎妲絲究竟做了什麼事，才能讓這種超現實的結果發生。坎妲絲說，她知道身上的病是自己造成的，所以她決定對自己進行人體實驗，看看能不能反過來讓病消失。她還告訴醫師，她靠著每天冥想、維持高昂情緒，不斷透過表觀遺傳機制指揮新基因，同時阻止不健康的情緒繼續指揮舊基因才成功的。她說，她會按部就班付出心力，讓自己成為自己理想中的模樣，而且也會把外在刺激拋在腦後，不會再像處於生存模式下的動物一樣拳打腳踢、嚎叫、逃跑。外在世界其實從來沒變過，改變的是坎妲絲應對的方式：現在，她更懂得怎麼愛護自己。

醫師露出了不可置信的表情，對坎妲絲說：「要是我的病患都像您一樣就好了。您的經歷實在太神奇了。」

坎妲絲雖然不知道為什麼身體會自己好起來，但她其實也不需要知道。她只要清楚自己已經脫胎換骨就夠了。

在坎妲絲回診之後一段時間，我約了她一起吃飯。當時，她已經好幾個月沒服過藥，身上卻沒半點症狀，而且她的頭髮全長了回來，整個人也意氣飛揚，身心狀況可說是奇佳。她還不斷強調，她很愛自己現在的生活。

我笑著對她說：「你愛上了自己的人生，人生就會愛你。你為了達到這個境界努力了好幾個月，現在你當然會愛上自己的人生啊！」

坎妲絲說，她只不過是把自己託付給具有無限可能的潛勢場，她也知道，多虧了某股超越自我的力量，自己的病才會好。這段時間內，她不斷做的就是超越自我，努力進入自律神經系統當中，同時反覆撒出新生活的種子。她雖然不知道改變是怎麼發生的，但發生了就是發生了。改變發生之後，她的身心狀況也變得比從前好太多了。

現在，坎妲絲已經改頭換面，與從前罹患橋本氏甲狀腺症的人生大不相同。她除了加入個人成長課程團隊、成為團隊合夥人之外，平常也有一份穩定的公司正職。而她不但找到了愛她的伴侶、交了新朋友，事業版圖也不斷擴大，讓新人格化成新的個人現實。

存在狀態是一股吸引力，會把頻率相近的事件吸到身邊，所以當坎妲絲愛上了自己的人生，自然就會吸引到愛她的伴侶。當她覺得自己和人生充滿價值，就會吸引各種讓她能貢獻己力改變社會、博得尊敬的機會。不用說，當她換上了新人格，舊人格就會變得像是陌生人一樣了。新的生理狀態讓她獲得了源源不絕的喜樂和靈感，曾經罹患的疾病也隨著舊人格消逝而去，讓坎妲絲脫胎換骨。

她並沒有對喜樂上癮，只是終於擺脫了愁雲慘霧成癮的狀態。當她開始體會到滿滿的幸福，就會發現未來還有更多的幸福、喜悅、愛等著迎接她，因為每體驗一次幸福，就會觸發各式各樣的情緒。於是，坎妲絲開始全心擁抱各種困難，看看自己能將接收到的訊息轉化為多少蛻變契機。

坎妲絲最後還領悟到，自己的病和困頓都跟別人無關，只跟自己有關。在舊的存在狀態下，她總是認為自己被感情關係和外在環境逼得喘不過氣，而且永遠都會遭遇同樣的經歷。當她開始學習冥想、替自己和人生負起全責，同時明白所有個人遭遇都和外界無關，就能替自己找回力量，這甚至是她人生中最意外、也最完美的禮物。

瓊恩的經歷

瓊恩的人生總是以高速不斷運轉。五十九歲的她，不但是五個小孩的媽媽、無私付出的太太，也是事業女強人和創業家，一直努力兼顧家庭生活、家人關係、蓬勃事業。雖然她希望自己能保持神智清明、身心調和的狀態，但卻無法放棄忙進忙出、高壓緊湊的生活，因為她想證明自己聰明睿智能力強，能夠過這種走鋼索的人生。瓊恩一天到晚逼自己扛下各種工作，還拿極高標準拼命檢視自己。她渾身散發領袖氣質，既是許多人欽佩的對象，也常替眾人解惑開釋。她的朋友都叫她「女超人」，叫久了，連她自己都這麼覺得。

二〇〇八年一月，瓊恩的完美人生突然變調了。她才剛走出自家公寓的電梯準備進家門，整個人就身子一軟，癱在離門口五十英尺左右的地面上。白天的時候，她的身體其實已經出現了一點異狀，於是她找了一家免預約診所看診，接著就走路回家。只是才過沒多久，她的人生就一百八十度大轉變，只能不斷做垂死掙扎。

經過八個月的檢查測試，醫師終於下了診斷：瓊恩罹患了續發漸進型多發性硬化症，也就是更嚴重的多發性硬化症。

多發性硬化症這種病，是免疫系統主動攻擊中樞神經系統引起的，每個病患身上的症狀互有差異，但有可能先出現腿或手臂麻木的情形，再演變為全身癱瘓、甚至失明的狀況。此外，多發性硬化症不但會影響生理，更會影響認知和精神狀態。

過去十四年間，瓊恩身上的症狀其實不太明顯，發作時間也非常不固定，導致她認為這都是過忙碌生活會有的煩人現象，沒什麼大不了。然而，當她的症狀有了明確的稱呼，她就像是被判了無期徒刑，而且不得假釋一樣。一發現西方醫學認定多發性硬化症是終身疾病，瓊恩立刻大受打擊，覺得自己無藥可救了。

診斷出爐之前的幾年，瓊恩暫時凍結了位於卡加利的家族企業，讓人生轉了個大彎：她順著家人多年來的心願，舉家搬到加拿大西岸的溫哥華。她搬到溫哥華之後，卻因為全家不斷消耗資產、財務困窘，導致各種難題接踵而來。因此，瓊恩的自信心和健康不斷探底，尤其當她發現自己頂不住大環境的壓力，身心狀態就開始節節衰退。眼看財務不斷吃緊，新的壓力又接二連三出現，到最後，全家人甚至連吃住的費用都付不起。二〇〇七年初，女超人瓊恩的人生變得一敗塗地，到了年底，全家人決定搬回卡加利。

多發性硬化症是一種發炎性疾病，病因是包裹在腦神經細胞和脊髓神經細胞外的絕緣物質被破壞，讓神經纖維也跟著遭殃。這些結構被破壞後，神經系統的機制就會受到干擾，無法順利對身體其他部位發送訊號。瓊恩罹患的多發性硬化症屬於漸進型，也就是說，她的疾病已經發展了一段時間，通常會對神經造成永久傷害，而且疾病越進入後期，造成的傷害越嚴重。醫師告訴瓊恩，這種病目前是治不了的。

剛開始，瓊恩還認為多發性硬化症不會決定她的一生，但沒過多久，她的身體和認知功能都急轉直下，當全身的狀況越來越多，她也不得不仰賴其他人照顧她的生活起居。而且，瓊恩因為感官和運動功能失調，也只能靠拐杖、輔助器和輪椅輔助行走，最後，她甚至只能靠電動代步車移動。

當瓊恩的人生逐漸崩毀，她自己也毫不意外地崩潰了。她從來都不肯停下來休息，不過現在，她的身體終於替她代勞，幫她喊停。瓊恩總是不肯放過自己，就算早年看似事業有成，她也總是把自己貶得一文不值，因為對她來說，自己的表現永遠都有進步的空間、永遠差強人意。不管她成就了什麼，她永遠都覺得自己不夠好。

真正的問題在於，瓊恩連一刻都不想休息，因為一旦停下來，就必須面對內心的挫敗感。於是，她把自己弄得忙碌不堪，整天只關心外在世界的變化，以及自己和各種人、事、時、地、物互動的經驗，好讓自己不去關注內心的念頭和感受。

瓊恩花了大半輩子鼓勵別人，幫助別人獲得各種成就，但她卻從不讓別人走進她的內心世界。不管有什麼痛苦，她都會自己一個人吞，而且她總是不斷付出，完全不接受別人幫助，因為她覺得自己不能依賴別人。於是，她乾脆不表達自己的感受，從頭到尾拒絕讓人格成長。瓊恩想利用外在環境改變內在狀態，當然會一敗塗地。

身體垮掉之後，瓊恩整個人虛弱無力、鬥志全消，連為了人生奮戰的力氣都沒有。她讓自己處於生存模式的時間太長，一天到晚應付外在世界的需求，讓內在的精力都被吸得乾乾淨淨，沒有餘裕進行修復療癒工程。總之，她整個人都被榨乾了。

轉念的瓊恩

瓊恩其實很清楚，核磁共振影像上的大腦和脊椎症狀不是一天造成的。她的中樞神經系統早就出了問題，讓身體每天一點一滴被侵蝕，再加上她一想到要面對內在狀態，整個人就驚慌失措，所以多年來刻意忽略身體的症狀。這些症狀就像是有毒化學物質，日復一日刺激著她體內的細胞，最後，控制疾病表現的基因選擇接收刺激，就這麼讓疾病表現出來了。

臥病在床的瓊恩，某天終於下定決心調養身體，試著減緩多發性硬化症的惡化速度。她讀過我的書，知道大腦無法區分外在現實以及靠意念塑造的內在現實有何差異，也知道能靠冥想練習改變大腦和身體狀態。於是，她開始在腦中每天練習瑜伽，幾個星期之後，她就真的能用身體做瑜伽了，甚至能做出某些站姿動作。這樣的成效，讓瓊恩燃起了熊熊鬥志。

每天，瓊恩都會努力用意念刺激大腦。我在第五章提過，彈鋼琴實驗的受試者只要在腦中練琴，大腦裡長出的神經迴路就會跟真正用手指練琴的受試者一樣；瓊恩做的事也一樣，她會在腦中練習走路和移動身體，讓腦中長出和實際操作時同樣的神經迴路。你還記得之前提過的舉重實驗嗎？受試者在大腦中練習舉重和鍛鍊二頭肌之後，臂力確實增強了。瓊恩知道，她其實只要一個轉念，就能讓身體看起來像是正在改善了一樣。

很快地，瓊恩已經能在地上站直，手握輔具，用雙腳走路。雖然剛開始她走得搖搖晃晃，有時候也得坐電動代步車，但至少不必整天臥病在床、自怨自艾。終於，她的人生重現了光明。

瓊恩靠著規律冥想，練習平息內心的各種雜音，慢慢地，她覺察到自己內在憤怒、難過的那一面。在這一瞬間，她內心的情緒閘門打開了，而她也發現自己一直以來都是個脆弱、孤單無援、價值感低落的人。她以前彷彿活在虛浮和孤絕當中，整個人的核心被掏空了一大塊，讓她一味否定自己、取悅別人，只有在萌生罪惡感的時候，自我才有存在感。她還發現，自己以前總是想掌控身邊各種混亂場面，但從來沒成功過。事實上，這些念頭早就在她內心深處浮現過，只是她選擇忽視這些感受，逼自己裝出天下太平的樣子罷了。

雖然正視內心很令人痛苦，但瓊恩依舊勇往直前，認真觀察她是怎麼讓自己生病的。她開始仔細關注自己的下意識意念、行動和情緒，思索這些事物如何形塑出她當下的人格，再形塑出當下的個人現實。瓊恩知道，只要她能正視自己的人格樣貌，就有機會改變人格。只要她越來越能關注潛意識自我和存在狀態，就越能掌控自己刻意忽略的事物。

到了二〇一〇年初，瓊恩發現多發性硬化症的惡化速度變慢了。於是，她決定朝讓病情停止惡化的目標邁進。同年五月，神經科醫師想知道她對自己的病有什麼打算，瓊恩也照實告訴對方，醫師卻突然表示不再替她看診。還好，瓊恩不但沒有因此受到打擊，心意反而還變得更為堅定。

讓療癒更上一層樓

後來，瓊恩參加了我在溫哥華開的工作坊，但她那時候還不能靠自己走路。在工作坊中，我要學員在心中建立強烈的意念，再讓身體充滿高昂情緒，最後把意念和情緒結合起來。這樣的練習，無非是為了讓身體脫離被生存情緒制約的狀態，重新被新的心智制約。我還要求學員敞開心胸，透過情緒讓身體感受未來情境的樣貌。

瓊恩沒有做過這部分的想像練習，於是，她開始想像自己走在長二十到二十五英尺的地面上，手上只拿一根拐杖輔助，慢慢地，光是想到這個念頭就讓她為之一振。這時候，她靠的正是催生安慰劑效應的第二個條件：結合期待和情緒。

當期待和情緒相互結合之後，身體就會感受到情緒，接著相信未來的療癒情境已經在當下發生。如此一來，瓊恩就會進入下一個療癒階段，讓身體化為潛意識心智，而這樣的身體也必須全盤接受想像情境，才能讓情境成真。在療癒現象發生之前，她只要能對理想中的健康狀態抱持喜悅和感激，身體就可以提前體驗未來情境了。

我告訴瓊恩，她應該多花心思關注意念，因為意念才是她的病因。我要求她跳脫引發症狀的人格，才能形塑新人格和新的個人現實。現在，她總算可以將意義和動機應用到她的練習中。那場工作坊結束後兩個月，瓊恩又參加了我在西雅圖辦的進階工作坊。工作坊前一天，她的機車在騎到西雅圖的路上壞了，她只好改坐電動輪椅代步。雖然她一開始因為必須坐輪椅而氣餒，但到了工作坊上，瓊恩就覺得能到處移動其實很好。顯然，上一場工作坊的正向經驗鼓勵了她，讓她期待這場工作坊會更好，這都是聯想記憶的功勞。第一章提到過，有百分之二十九接受化療的病患會在治療前反胃，按照相同的道理，參加過工作坊的成員在重返工作坊之前，也是有可能覺得身心舒暢的。

無論觸發想像的關鍵是什麼，瓊恩確實看見了新的可能性，也同時抱著一顆雀躍的心，在當下接納了未來情境。

在工作坊結束前的冥想過程中，奇蹟降臨了。瓊恩的體內產生了巨大的轉變，深深感動了她，當她接觸到自律神經系統、讓神經系統依照新指令獲得主控權，身體立刻出現變化。這時候，她不但獲得了大解放，心情更是欣喜若狂。冥想過後，瓊恩從輪椅上站了起來，和之前比起來，這時候的她簡直判若兩人，因為她已經進入了新的存在狀態。接著，她光靠自己的力量就走到了教室前方，連輔具和拐杖都沒拿，而且一路像小孩一樣邊走邊笑。經過了這麼多年，她終於能用自己的腿走路了。

她成功了，而且過程實在太驚人了！我真的沒想到，瓊恩光靠一次冥想，就能用新的方式指揮新的基因，在一個小時內改變了健康狀況！

瓊恩脫離多發性硬化症的人格之後，整個人也脫胎換骨。她不但不再拼命減緩、壓制病情或想辦法消除症狀，也不會繼續向家人、醫生或其他人證明自己有多厲害。她這輩子終於體會到，真正該追求的是完整的自己，唯有如此，才能確定療癒真的有效。那一刻，她拋開了醫師的診斷，也和生病的自己斷開了連結，讓自己感受到了無比的自由和高昂情緒，成功啟動了新基因。瓊恩明白，多發性硬化症跟「媽媽」、「太太」、「老闆」一樣，不過就是一張標籤而已，當她拋開了過去，也就順便換掉這張標籤了。

不斷出現的奇蹟

工作坊結束三天後，瓊恩回到家，但她沒料到還有更多奇蹟在等著她。舉例來說，她先前會先靠想像、再靠身體練瑜珈，在參加第二場工作坊之後，她發現自己居然能做出單腳站姿，而且還能順利換腳站立！這麼多年來，這還是她第一次能把腳彎起來，而且很久一段時間都動不了的腳趾，現在也能扭來扭去了。

喜出望外的瓊恩，就這麼流下了歡欣的淚水。她瞬間明白，沒有什麼改變是不可能的，而且這不是因為她吃了藥或做了治療，而是因為她讓內在出現了變化。瓊恩也發現，她其實就是自己的安慰劑。

沒過多久，瓊恩就開始自己練習走路。兩年後，她完全不需要外力輔助就能行走，而且整個人變得開朗許多，活力四射。她的體力一點一點地復原，之前很多她覺得辦不到的事，現在都辦得到了。

最重要的是，她現在是個充滿生命力的人，更是個無比快樂又完整的人。終於能夠接受其他人幫助的她，也決定繼續接受醫學治療。

瓊恩最近告訴我：「我的人生真奇妙，充滿了不可思議的互助能量、豐沛的資源，還有各種意外的收穫。我的人生不斷翻騰，還閃爍著耀眼的光芒，也照出了一絲絲全新的我。其實，這就是真正的我——我花了一輩子壓抑、隱藏的那個我！」

現在，瓊恩每天都心懷感激過生活，也會花時間關注自己的意念和感受。換句話說，她每天都會滋養自己的存在狀態，注意自己對自己說的每一句話、對於別人的每一個想法。練習冥想的時候，她也會觀察自己的狀態，全盤掌握自己的行為模式。到後來，她對於每一個飄過她意識的念頭，都很樂意去感受。

目前替瓊恩看診的神經科醫師完全支持她做的這些努力，她的變化也著實讓醫師驚訝不已。醫師不得不承認，人的心智確實有辦法治癒身體症狀，畢竟現在體檢、血液檢驗報告一切正常，身上沒有任何多發性硬化症徵兆的瓊恩，就是活生生的證明。

不管是蘿里、坎妲絲還是瓊恩，她們都在不靠外界輔助的情況下，神奇地讓身體恢復健康了。這些由內而外的改變，完全是心智發揮力量的結果，跟藥物、手術、療程或其他手段無關。總之，這三個人都成了自己的安慰劑。

再來，讓我們試著從科學角度來討論，看看其他工作坊成員在經歷神奇變化的時候，大腦究竟會呈現什麼狀態。這樣一來，我們就能知道變化當下體內會發生什麼事了。

第十章　你就是自己的安慰劑

我寫這本書的用意，是想告訴你心智的力量有多強大。你現在應該明白，安慰劑之所以能發揮療效，都是因為當事人全心相信某種既定療法，也一併相信被假物取代的真藥、真注射藥劑和真療程有療效，接著安然順應各種變化，不會對變化進行太多分析。我們可以說，當一個人身處特定的外界時空當中，如果將內在的變化與未來有可能遭遇的經驗（例如某個已知人物，譬如醫師；或是某種已知事物，譬如藥物或療程）建立連結時，就能改變自己的存在狀態。只要當事人一再獲得類似的體驗，就會期待未來情境和過去一模一樣。只要連結建立了，就會引發顯著的療效，這就是「已知刺激」自動引發「已知反應」的機制。

我想要強調一件事：我們傳統上相信的安慰劑，其實都是外在事物。這時候，我們會任由物質世界掌控我們，讓我們的感官決定現實樣貌。可是，我們有沒有辦法利用非物質的意念創造可能性，再讓未知的可能性化為新的現實，好催生安慰劑效應呢？其實，這樣操作量子模型也比較嚴謹。

前一章提到的三位學員，全都做到了這點。她們不會去相信其他事物，而是選擇專心相信自己，讓自己的存在狀態由內而外改變，像是真的服了安慰劑一樣，而且完全不必依賴任何物質輔助。這就是許多學員不斷進行的練習，他們也因此變得越來越健康。當他們確定安慰劑效應真的發生了，就會停止打針吃藥或接受治療，身體健康依然會持續改善。

我從各地許多學員的見證分享中，可以確定一件事：你可以變成自己的安慰劑。我的學生不斷證明，人可以全心擁抱未知，再將未知化為已知，而不必一開始就在已知中打轉。

你可以想想看，療癒機制只不過是存在於量子場中的某種未知現實，或是無限訊息場中的一種可能性，必須等到我們觀察、發現療癒機制確實有效之後，這套機制才會真正實現。所謂的無限訊息場，並不是任何實體物質，而是所有物質可能性的集合。這時候，能引發自體療癒的未來情境，其實就是某種超越時空的未知事件，必須等到被人親自體驗過之後，才能成為當下時空的已知事件。對於超越感官的未知事件，只要你能靠感官一一體驗，就能將這些未知化為已知，讓自己開始脫胎換骨。

所以，只要你能透過內在意念和感受反覆經歷療癒事件，慢慢地，療癒事件就會變成外在的真實事件。如果你能讓意念化為外在真實事件，你的身體和大腦裡難道不會出現相應的變化嗎？換句話說，當你能一面抱持清晰動機和高昂情緒，一面在內心反覆預演未知的未來事件，就能利用自己學過的知識，透過神經可塑性和表觀遺傳機制讓大腦和身體產生變化。

如果你可以每天用這樣的心智狀態提醒自己的大腦，同時讓身體被這樣的心智狀態制約，就能不斷處於新的存在狀態，讓身體的結構和功能出現對應的變化。你可以參考圖10.1的說明，了解整個機制的運作模式。

這時候，你有沒有辦法先不要對已知事件抱持信念（按照我的定義，信念就是全心相信某一件事），而是認真關注未知的可能性有哪些，再利用這本書提過的概念，讓未知事件化為已知？你有沒有辦法在內心透過情緒不斷感受這樣的經驗，再慢慢地從非物質狀態進入物質狀態，同時讓意念化為現實？

現在，你應該已經明白，想替自己治病，其實不必靠假藥丸、神壇、古老符號、巫醫（不管是現代巫醫還是傳統巫醫）、假手術或聖地，就能成功。本章會提供許多科學證據，證明工作坊學員單靠意念就改變了生理狀態。你會發現，他們不但改變了心智狀態，更改變了大腦結構。

這一章提供的所有科學證據，都是為了讓你直接體會冥想的威力。我希望你看過事實證據

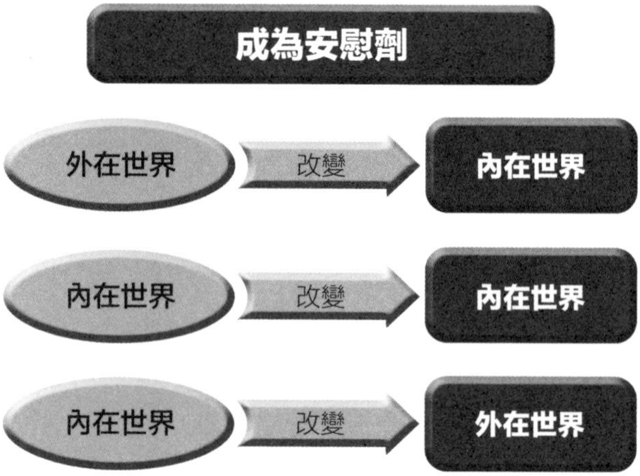

圖 10.1

大多數的變化都是單純的外在事件引發的，而且會對我們的內在世界造成影響。如果你由內在出發，試著改變內心意念和感受，就能因此改善自己的存在狀態。如果你能邊冥想、邊重覆上述過程，就能啟動表觀遺傳機制，讓你的外在狀態產生改變；這時候，你就會變成自己的安慰劑。

之後，能夠將同樣的原則套用到自己身上，讓自己脫胎換骨、好好享受人生。當你讀完真實案例，進到本書的第二部分，你探索內心的動機會慢慢變強，因為你已經替自己的努力賦予更多意義了。這時候，你也會獲得更豐碩的成果。

化知識為經驗

這些年來，我悟出了一個重要的道理：每個人或多或少都會覺得自己很了不起。不管你是企業總經理、國小清潔工、獨力撫養三個小孩的單親媽媽還是監獄囚犯，只要你能朝內心探索一段時間，就會發現你的內心有一部分是完全相信自己的。

每個人都相信未來充滿可能性，也會在內心勾勒美好的未來藍圖，想辦法脫離當下的現實。於是我也在想，要是我能讓某些認真的人接觸關鍵科學資訊，再告訴他們要如何應用這些資訊，他們就能讓自己脫胎換骨了。其實，科學就是現代人解釋神秘現象的方式。科學能超越宗教、文化、傳統，更能揭開各種神秘現象的面紗，找出普遍的原理。

換句話說，只要人們能讓身心合作無間，就能全盤接受新情緒，並從全新經驗中汲取智慧。這時候，新資訊就會具體呈現在自己身上，因為身體已經透過化學反應和情緒，了解理性心智吸收到的事物了。接著，他們會全心相信這次的經驗，認定這就是事實。其實，我希望不要只操練一次，而是要主動重溫同樣的經驗，一而再、再而三，直到整個過程變成自己的新技能、新習慣、新存在狀態為止。

只要我們的練習結果能反覆重現，就能創造新的科學典範，因為能一再重現的現象就是科學。當我們已經能單靠意念改變內在狀態，而且過程還能被觀察、測量、記錄下來，差不多就可以寫下新的科學定律了。現在，我們對現實有了新的認識，科學就是現代人解釋神秘現象的方式。能讓更多人因此而受惠，就是我這些年來的理想。

只要大家可以不必繼續仰賴猜想、教條或臆測行事，就更容易接受量子可能性的暗示，而且只要夠努力，就能獲得巨大的成就。

在工作坊中，學員們等於是脫離了現實生活三到五天，讓自己的身分不要被框在現在和過去的個人現實當中，同時練習進入新的存在狀態。他們只要能放下和未來格格不入的舊人格，再假裝自己是另外一種人，或是乾脆替自我塑造新人格，就能讓自己成為原先期待的新自我。這時候，他們就會像假裝自己年輕了二十二歲的老人一樣，讓體內出現許多表觀遺傳變化。

我很希望所有學員都能超越自我、跳脫身分框架，在冥想過程中讓自己進入無我無形、超越時空的狀態，最後化為一股意識。我發現，只要他們做到了，就能在外在環境（自己熟悉的人生）變動前改變自己的大腦和身體。接著，當他們參加完工作坊、回到現實之後，就不會繼續被外在世界牽著走，讓自己在無意間被制約了。在這樣的情況下，我們往往就能目睹不尋常的奇蹟發生。

二〇一三年，我又開設了不同形式的工作坊，希望能即時測量學員身上出現的變化。我當初的想法是，只要能測出變化現象，就能把這些資料轉換成資訊，方便我用來向學員解釋他們體驗變化的過程。學員在吸收這樣的資訊之後，又能體驗另一次變化過程，這次的過程又能夠被測量，這樣不斷循環下去，學員就能慢慢消除知識和經驗之間的隔閡。

測量變化

我剛開始進行這套計畫的時候，恰好認識了傑佛瑞・范寧（Jeffery Fannin）博士，多年來，他使用腦電波圖（能測量神經元電活動的工具）從事研究，以便精確測定人類腦波能量的平衡狀態。這項研究主要是針對下意識信念的樣態進行分析，同時探討腦力平衡發展和個人成就的關聯。

於是，我邀請范寧博士和他的團隊成員來參加我的新工作坊，一起針對各種大腦現象進行測量研究，像是連貫和不連貫狀態（也就是下一章會提到的腦波整齊度）、振幅（腦波能量強度）、相位組合（不同腦區互相協調合作的程度）、每個人進入深層冥想需要花費的時間（改變腦波、讓自己進入容易接受暗示狀態要花的時間）、θ 波和 α 波的比值（所有腦區共同運作的程度，以及各腦區和其他腦區的各種溝通方式，譬如前側如何和後側溝通、左側如何和右側溝通）、δ 波和 θ 波的比值（調控內心雜音和侵入式意念的能力），以及續航力（大腦維持冥想狀態的能力）。

我們還架了四個腦電波儀測量站，在工作坊開始前和結束時測量學員的腦波狀態，觀察前後的變化狀況。在這兩場工作坊上，我們掃描了超過一百位學員的大腦，而在每天三次的冥想練習當中，我也會分別挑四位學員當受試者，讓他們接受即時腦波掃描。二〇一三年的工作坊整個算下來，我們總共蒐集到了四百零二張腦電波圖。腦電波測量是非侵入式的安全技術，主要透過頭顱表面二十個點測量腦波，蒐集到的資料能幫助我們了解大腦的運作模式。

測得的腦電波圖會進一步轉換成量化腦電波圖，也就是針對腦電波活動進行數學和統計分析，再畫出腦成像圖。腦成像圖包含不同顏色，分別顯示腦電波圖所記錄的大腦活動和一般基準活動狀態的差異。不同頻率下的顏色和線條，各自呈現了腦波會如何影響一個人的意念、感受、情緒和行為。

首先，根據我們蒐集到的腦電波資料，其中有百分之九十一的受試者大腦功能都顯著提升了，而且在冥想練習結束之後，大多數學員的大腦活動都從相對不連貫（或者偏雜亂）狀態進入了連貫狀態。另外，在兩場工作坊蒐集到的量化腦電波圖中，有超過百分之八十二都顯示學員的大腦活動都在健康正常的範圍內。

我發現，只要你的大腦運作順暢，你的表現就會一切順暢；當你的大腦活動更連貫，你整個人就會更連貫；當你的大腦活動更完整平衡，你也會變得更完整平衡；一旦你每天都能調節負面想法和侵入式意念，你的負面和侵擾動機就會減少。以上這些現象，都在工作坊學員身上看得一清二楚。

就進入穩定冥想狀態需要的時間而言，全國的平均差不多比一分半鐘長一點❶。換句話說，大部分人需要花比一分半鐘還長的時間，才能讓自己的腦波進入冥想狀態。至於我們測量過的四百零二位學員，平均只需要五十九秒就能進入穩定冥想狀態，也就是不到一分鐘。有些學員還能在短短四秒、五秒或九秒內，就改變自己的腦波和存在狀態。

不要誤會，這不是要你和別人爭高下的意思，畢竟這完全違背我的本意。但根據這些資料，我們倒是能發現兩件有趣的事：首先，讓自己超越 β 波理性分析心智、進入容易接受暗示狀態的技術，是能夠經過不斷練習而熟練的；其次，學員都能應用我和同事指導的方法，讓自己輕鬆跳脫理性思考、進入下意識心智作業系統當中。

有趣的是，當學員的大腦能完整運轉，測量資料上就會呈現明顯穩定的圖形。我們發現當學員冥想的時候，前額葉會輪流進入 α 波和 θ 波狀態（也就是腦區之間彼此溝通的方式）；換句話說，學員的左右腦正在以平衡、同步的模式進行溝通。我們一再發現前額葉會輪流進入 α 波和 θ 波狀態，而且也會引發學員強烈的感激之心，這樣的感激之心還會以規律的波動狀態反覆出現。資料顯示，當學員在心理預演過程中進入滿懷感激狀態，內心就會出現真實感，讓他們相信事件真的在當下發生，或已經發生過了。我們會產生感激的情緒，正是因為我們期待的事發生了。

熟練冥想技術的學員，會呈現 θ 波比例高於低 α 波的狀態，也就是說，這些人在狀態改變後能維持比較久的時間。值得一提的是，這些學員在調節慢速波的表現變好了。當他們處於 θ 波狀態時，前方腦區和後方腦區之間的活動比平常更連貫、腦波更整齊。我們發現，這些學員的左前額葉不斷處於激發狀態，由於左前額葉與正向情緒有關，我們可以說，這就是冥想過程中幸福感的來源。

換句話說，當這些學員開始冥想的時候，腦波會變得緩慢而連貫，讓他們進入深度放鬆、高度專注的狀態。除此之外，當他們的前側腦和後側腦、左側腦和右側腦各自進入同步狀態，就表示他們進入更快樂、完整的狀態了。

靈光乍現

在第一場工作坊上，有位學員邊冥想邊接受腦電波測量，我在旁邊觀察了一陣子，最後領悟到了一件重要的事。她的大腦掃描影像告訴我，她雖然很努力練習冥想，腦波卻離平衡狀態和 α 波和 θ 波的深度冥想狀態越來越遠。光是看到她高頻、不連貫的腦波，我就知道她在冥想的時候產生了一些情緒，而且還靠情緒不斷分析自己、評斷自己的人生，畢竟這就是高 β 波狀態（表示壓力、焦慮、興奮、緊戒、失衡的程度很高）會有的狀況。

我看著她拼命靠腦力改變腦波，最後仍然落得徒勞無功。她也想靠自我來改變自我，但這招同樣行不通。她在練習用新程式取代體內舊程式的時候，也只是不斷強化原本的舊程式，沒有真正做到修改這件事。而且，她整個人還泡在意識心智裡，卻又想改變下意識心智，結果只是讓自己和體內的作業系統漸行漸遠，無法引發真正的改變。練習結束之後，我私下找她聊了幾分鐘，她也坦承自己練得很掙扎。這時候，我突然靈光一現，想到下一輪要教學員什麼了。

她想要改變身體，就必須擺脫身體的束縛；想要改變自我，就必須擺脫自我的束縛；想要改變體內程式，就要擺脫程式的束縛；想要改變下意識心智，就要擺脫意識心智的束縛。如果她想要創造未知，自己就得先變成未知；想要創造新的物質經驗，自己就要先變成無形、非物質的新意念；想要改變時空，自己就要先超越時空。

這位學員必須做的，就是讓自己成為純粹的意識，擺脫被熟悉環境給框住的身分（放下自己的家、工作、伴侶、子女、困擾等）、脫離身體的束縛（超越臉孔、性別、年齡、體重和外貌），並且脫離時間的束縛（不要總是陷在過去或未來之中，卻無視當下）。如果她想創造新的自我，就必須超脫當下的自我，因為唯有擺脫舊習慣，才能達到更高的境界。

我們如果想在物質狀態下改變物質，只會白費力氣而已。想靠粒子狀態改變粒子，最後仍然會白忙一場，因為我們的振動速度就跟物質一樣，無法對物質造成任何顯著影響。只有意識（動機和意念）和能量（高昂情緒）才有辦法影響物質，我們必須先成為意識才能改變大腦、身體和人生，最後開創新的未來。

讓一切事物具備形體的就是意識，會透過大腦和身體形塑不同心智層級的也是意識。因此，當我們能讓自己化為意識，我們就能自由了。於是，我開始讓學員多花時間冥想，希望他們進入無我無形、超越時空的狀態，慢慢用從容的態度面對無限的可能性。

我想讓學員的主觀意識和各種可能性之間的客觀意識融為一爐，而且融合時間越長越好。在當下，學員必須摸索出一個舒服的位置，將能量和意識投入看似虛無、實則充滿無限可能性的空間裡頭，慢慢讓自己坦然面對未知。只要他們能超越時空，全心全意投入能創造所有物質的能量場，就有辦法創造新人生。從這一刻開始，工作坊又出現不同的變化了。

大腦掃描影像簡介

為了讓你明白我接下來要描述的大腦變化，我想先介紹兩種大腦掃描數據。簡單來說，第一種數據是用來測量腦區之間的溝通活動情形（參見圖10.2），其中包含兩種模式：活動過度與活動偏低。圖中的紅線代表的是活動過度（或稱為調控過度）的腦區，這些線條就跟電話線一樣，串起了不同區域之間的溝通網絡。掃描影像中某個時間點如果出現太多紅線，就表示腦內活動太過頻繁。至於藍

編註：本章所附的腦波圖（圖10.2至圖10.21），皆另外製作成電子檔，供讀者下載，下載網址請掃描版權頁的QR Code。

線則代表活動偏低（或稱為調控偏低）的情形，也就是不同腦區之間傳遞的資訊已經降到了最小值。

這些線條的寬度代表標準差，也就是兩個端點之間調控失常（或稱為調控異常）的程度。舉例來說，紅色細線代表腦區之間的活動強度比正常情形高出一點九六個標準差，而藍色細線則代表腦區之間的活動強度比正常情形低了一點九六個標準差。寬度中等的線條指的是比正常情形高出（紅線）或低了（藍線）二點五八個標準差，而最粗的線則表示比正常情形高出或低了三點零九個標準差。因此，當你看見大腦掃描圖上出現了許多紅色粗線，就表示大腦活動過度。反之，當你看見大腦掃描圖上出現了許多藍色粗線，就表示不同腦區之間互動非常少，也表示大腦的活動強度偏低。換句話說，當紅線越粗，大腦處理的資料量就越大；當藍線越粗，大腦處理的資料量就越小。

第二種掃描數據是量化腦電波圖分析的結果，稱為Z分數表。Z分數是一種統計結果，不但能顯示某個點是否高於或低於平均，更能顯示某個點偏離正常值的程度。Z分數表上的兩端分別是負三和正三個標準差，深藍色代表比正常值低了至少三個標準差，淺藍色則代表比正常值低約二點五到一個標準差。藍綠色代表比正常值低大約零到一個標準差，而綠色則代表正常值基準線。超出正常值區域的淺綠色，代表比正常值高零到一個標準差；黃色和淺橘色代表比正常值高大約一到兩個標準差，深橘色代表比正常值高大約兩到二點五個標準差，而紅色則代表比正常值高至少三個標準差。詳細圖示可以參考圖10.3。

我們會用到的 Z 分數表稱為相對功率（relative power），能顯示不同頻率下大腦具備的能量強度。剛剛提過，綠色代表的是正常值，只要掃描圖上的綠色區域越多，當事人的腦波活動就越接近正常值。每個有顏色的圓圈（其實相當於頭顱俯視圖）都代表某個人的大腦在不同頻率下的活動情形。左上角的每個圓圈都顯示了低頻腦波狀態（θ 波狀態），而之後的每個圓圈分別代表更高頻的腦波狀態，越往右下角頻率越高，直到進入最高頻的 β 波狀態。腦波每秒的循環數稱為赫茲（Hz），依照由左到右、由上到下的順序，大腦每秒鐘的循環數由一增加到四（δ 波狀態），再由四增加到八（θ 波狀態）、八增加到十三（α 波狀態），最後由十三增加到大於三十（中低頻和高頻 β 波狀態）。β 波狀態可以再細分為不同的頻寬，分別是十二到十五赫茲、十五到十八赫茲、十八到二十五赫茲，以及二十五到三十赫茲。

因此，每個區域內不同的顏色都代表了不同的腦波狀態。舉例來說，每秒循環數一赫茲的大腦中藍色區域佔多數，表示大腦在 δ 波狀態下活動強度偏低。在十四赫茲的 α 波狀態掃描圖中，如果前額葉區域出現了一大片紅色，就代表這個腦區的 α 波活動非常強。

但請記得，解讀這些測量結果的方式很多，必須同時參考受試者在測量當下做的事。舉個例子，如果一赫茲 δ 波狀態的圖完全呈現藍色，就代表在這個頻率下，腦內能量強度會低於正常值三個標準差。從臨床的角度來看，這個數字其實屬於異常低的情形，不過，因為這張圖是在受試者冥想的時候掃描的，從這個角度來看，一赫茲 δ 波狀態反而能讓人更容易接近集體意識能量場。換句話說，當大腦新皮質內的能量強度降低了，受試者就更容易接觸到自律神經系統。我待會還會提供幾個實際的例子，讓你容易弄懂這些概念。再看一次圖10.3的說明，你就能大致明白我前面提到的概念。

連貫狀態與不連貫狀態

接著請看圖10.4。左邊區塊的圖（標示為「冥想前」）顯示大腦內部有許多雜音，處於高度興奮（高頻 β 波）、腦波不連貫狀態。這個寬度的紅線表示腦波狀態高出正常值三個標準差，因為當紅線越粗，大腦就越興奮、越不平衡。你只要觀察紅線的走向，就會發現整個大腦都充斥著不連貫的腦波活動。至於大腦前方的藍色區域，則代表前額葉處於活動強度偏低的狀態，比正常值低兩到三個標準差，這時候，前額葉其實是處於關機狀態，因此其他腦區的腦波活動不會受到前額葉抑制，依然維持旺盛狀態。

這張圖的大腦有注意力方面的問題，因為內部顯然已經資訊過載，沒有腦區在負責管控雜音。這就像一台有五十個頻道的電視，不但音量開得非常大聲，而且每一秒就切換一次頻道。這時候，大腦的注意力切換太快，拼命在不同的念頭之間跳來跳去，讓自己陷入過度警覺、興奮、操勞、調控的狀態。這就是腦波活動不連貫，各個腦區完全沒辦法互助合作的狀況。

現在，請看看右邊區塊的圖（標示為「冥想後」）。你就算不懂腦神經科學，也看得出左右兩個區塊的差別。右邊區塊的紅線和藍線非常少，表示大腦活動相對正常，活動強度既沒偏高、也沒偏低，而且腦內雜音消失了，各個腦區也能攜手合作了。這顆大腦正處於平衡狀態，或者也可以說腦波活動更連貫了。至於仍然存在的紅色和藍色線條，則分別代表感官運動相關的活動，表示當事人可能肌肉稍微顫動了一下或眨眼，而且正處於淺眠時常出現的快速動眼狀態當中。從左區塊到右區塊的變化，是某位學員在一次冥想之後的結果。

接下來，我們再看看其他學員的真實案例。我會稍微描述一下每位學員的來歷，幫助你了解這些人之前的狀態。我會接著分析他們的大腦掃描圖像，最後告訴你每位學員分別進入了什麼樣的新狀態。

不靠藥物治好帕金森氏症

蜜雪兒的舊自我：年紀六十好幾的蜜雪兒，某天突然發現自己的左臂、左手和左腳會不由自主顫抖，而且還抖得越來越嚴重，最後，她在二〇一一年被診斷出罹患帕金森氏症。二〇一二年十一月，她到鳳凰城的巴羅神經療養院看診的時候，醫師還說她的病應該已經發作了十到十五年，這輩子都得和症狀為伍了。於是，年事漸高的蜜雪兒決定要好好調養身體，她開始服用治療帕金森氏症的藥物，也就是能讓受體部位停止回收多巴胺、維持體內多巴胺濃度的藥，可惜最後藥效並不明顯。

二〇一二年十一月，蜜雪兒開始參加我的工作坊，同年十二月就出現了驚人的效果。她因為每天規律冥想，成功感受到了平靜和喜悅，症狀也明顯減少。她也相信，這樣練下去一定能治好帕金森氏症。

到二〇一三年二月初為止，蜜雪兒的冥想練習都相當順利。不過到了二月中，她的媽媽被送進了佛羅里達州薩拉索塔市的加護病房，所以蜜雪兒決定飛到佛州陪媽媽。她飛回亞歷桑納州參加二〇一三年二月的工作坊當天，媽媽才剛被送進安寧照護病房，蜜雪兒搭機抵達鳳凰城之後大約一個半小時，就在工作坊上接受了大腦掃描。不用說，她在接受掃描的時候已經身心俱疲，光看圖像結果就知道她壓力有多大。

工作坊告一段落之後，蜜雪兒的存在狀態慢慢回穩，身上幾乎看不出半點帕金森氏症的跡象。後來，她又飛回佛州探望媽媽，雖然兩人之間一直都有心結，但蜜雪兒經過了工作坊上的練習，覺得整個人都充滿了力量，有餘裕對身邊的人付出支持和關愛。不管她過去和媽媽有哪些不愉快，現在都可以放在一邊，全心全意關心媽媽了。

麻煩的是，在媽媽生病過世、德州的妹妹又嚴重中風之後，蜜雪兒就必須在兩個州之間來回奔波，處理各種煩人的家務事，所以沒辦法好好冥想。到了六月，她已經完全沒空冥想了。她的人生一波三折，肩膀上還扛了一堆重擔，這時候，停止冥想就跟沒服用安慰劑一樣，讓她的身體又開始出現症狀。當蜜雪兒意識到這點，就馬上恢復冥想的習慣，而且還進步神速。

蜜雪兒的掃描圖像：我們每隔一段時間就替她掃描大腦，在超過五個月期間總共掃出了六張圖像。接下來，我會說明她的大腦在這段時間內出現了哪些變化。

請看圖10.5的「冥想前」區塊，這邊的圖像，是她二〇一三年二月剛從佛州回到工作坊上，被媽媽的病弄得身心俱疲的時候掃出來的。圖中的紅色粗線代表她整個大腦都異常亢奮、不連貫、過度調控，比平均值整整高出三個標準差，這也是帕金森氏症患者常有的狀態。患者體內由於缺乏需要的神經傳導物質（多巴胺），導致各個腦區之間的神經元溝通失衡，不斷對彼此發送過量訊號。最後，患者就會出現肌肉抽搐或神經訊號發送過度的症狀，影響大腦和身體機能，讓非自主運動功能干擾了正常運動功能。

接著再看看「冥想後」的區塊。區塊裡的圖是蜜雪兒練習冥想四天，改變了存在狀態之後的狀況。這時候，她的大腦活動很接近正常值，幾乎沒有亢奮、不連貫、過度調控的現象。工作坊結束之後，蜜雪兒身上的不自主顫抖、肌肉抽搐、運動功能障礙都消失了，她的大腦掃描圖像也證明了這點。

我們再來看看圖10.6A標示「冥想前」的區塊，判讀一下裡頭的量化腦電波數據。如果你從第二排中間看起，一路看到最後一排充滿藍色的圖片，你就會發現蜜雪兒的大腦已經脫離 α 波或 β 波狀態了。

還記得藍色代表大腦處於平靜狀態嗎？對帕金森氏症患者來說，這樣的狀態通常代表當事人認知能力減弱、學習能力變低、意興闌珊。你會發現，這時候的蜜雪兒沒辦法記住新資訊，也沒辦法留住內心圖像，因為她的腦波已經脫離 α 波狀態了。她當時正處在極低頻 β 波狀態中，因此沒辦法讓意識保持清晰，腦中的能量都用來應付極度不連貫的狀態。她的大腦就像一顆從五十瓦降到十瓦的燈泡，裡頭儲存的能量變少。

如果你再看一下「冥想後」區塊裡的圖像，就會發現這時候蜜雪兒的大腦已經恢復平衡，狀態大幅改善。在大部分的圖像中，只要是用箭頭標示的綠色區塊，都代表大腦活動已經恢復正常平衡狀態。這時候，蜜雪兒已經進入了 α 波狀態，也更容易潛入內在世界、輕鬆應付壓力，接著進入下意識作業系統影響自律神經功能。就連她原先的 β 波狀態都掉回了正常值（以綠色標示處），表示她的意識變得更集中專注了。當大腦恢復平衡，她身上的運動障礙就少掉了一大半。

被紅線圈起來的高頻 β 波圖像，代表蜜雪兒的內心充滿了焦慮。她一直以來都在對抗焦慮，也想透過內觀的方式消除焦慮。說巧不巧，焦慮也是讓她過去的病情加重的元兇。隨著焦慮感降低，她的帕金森氏症症狀也慢慢消失。現在對她來說，身體會顫抖，其實代表自己的人生失衡了。只要她一調控內在狀態，外在現實就會跟著改變。

三個月後，蜜雪兒又去范寧博士的辦公室接受掃描。圖10.6B是二〇一三年五月九號的掃描圖像，從這張圖看來，蜜雪兒的大腦狀態逐漸改善，而她自己也這麼覺得。雖然生活充滿各種壓力，但她的健康狀態還是慢慢好轉。她靠著每天冥想（就像是每天服用安慰劑一樣），不斷改變自己的大腦和身體，一步步擺脫周遭環境的束縛。這時候，掃描圖像底下的數值和先前比起來，已經降了差不多一個標準差。你可以發現，她的焦慮感越來越低，身體也越來越好了。內心焦慮一降低，身體顫抖就會跟著變少，當她進入穩定狀態之後，就會記得這樣的存在狀態，而且記得的時間更長。這些變化，在大腦掃描圖像裡全都看得一清二楚。

圖10.6C是二〇一三年六月三號的掃描圖像，從這張圖看來，蜜雪兒的表現有點退步，當然，和一開始比起來還是有進步。她當時已經停止冥想（等於是暫停服用安慰劑），結果大腦又慢慢退步到之前的狀態。在十三赫茲的圖像中，用箭頭標示的藍色區塊代表感官運動區的活動強度偏低，這時候，她控制非自主顫抖的能力也下降了。在這樣的腦波狀態中，蜜雪兒能用來控制身體的能量相對變少。下方被圈起來的紅色區塊圖像，代表大腦這時候因為焦慮回到了高頻 β 波狀態。

到了二〇一三年六月二十七號，蜜雪兒已經恢復了月初的冥想習慣，而圖10.6D中的掃描圖像也顯示她的大腦又進步了。從下排十七到二十赫茲圖像內的紅色區塊判斷，她的焦慮程度顯然下降了。接著，我們再看看圖10.6E中二〇一三年七月十三號的圖像，這張是蜜雪兒參加完工作坊之後掃描的。和前一張比起來，這張圖像的紅色區塊又更少了，而二月第一張圖像出現過的 α 波狀態藍色區塊（代表活動強度偏低），現在也完全消失。蜜雪兒每天都在進步，變化的情形更是越來越穩定。

蜜雪兒的新自我：現在，蜜雪兒身上幾乎看不到帕金森氏症引起的非自主顫動症狀。雖然她壓力大或太疲累的時候，肌肉免不了會小小抽搐，但整體來說，她的身體機能都能夠正常運作。當蜜雪兒進入平衡喜悅的狀態，並且每天練習冥想，大腦就能順暢運作，連帶讓她的人生變得順順利利。根據這些掃描圖像和受試者個人心得，我們可以發現蜜雪兒的狀態不但穩定，還一天比一天進步，這都是因為她心裡明白，自己每天都要成為自己的安慰劑才行。

靠意念調養大腦和脊椎創傷

約翰的舊自我：二〇〇六年十一月，約翰摔斷了第七節頸椎和第一節胸椎。事發當下，他還坐在別人的車子上，只是車子卻突然失控、快速翻轉了好幾圈，讓約翰的頸部和頭部都受到重創。醫師看了他的狀況一眼，馬上就做出了預後診斷：約翰這輩子都得過四肢癱瘓的生活，而且不用說走路了，連動動手臂和手掌都很困難。他的脊椎完全脫位，結果傷到了脊髓，甚至在他動過手術之後，醫師才知道他的傷勢有多嚴重。兩天過後，神經科醫師對約翰的太太說，約翰的脊髓其實還算「完整」，只是以他的傷勢來看，結果可能會變得跟脊髓斷掉沒兩樣。這時候，他只能跟其他脊髓損傷的病患一樣，將所有結果交給時間決定了。

一個人只要天天被迫待在加護病房，接著又被轉到復健中心治療，很容易就會被主流思想擊垮。雖然約翰跟家人很想知道康復機率有多高，但醫師卻表示，照約翰的傷勢和毫無進展的病情來看，四肢癱瘓、一輩子殘廢恐怕是逃不掉了。醫師甚至還一而再、再而三重複這些話，用來勸病患和家屬「面對現實」。但無論如何，約翰跟太太還是無法接受這樣的結局。

二〇〇九年的時候，我認識了約翰。他當時人坐在輪椅上，而且他的太太、家人、物理治療師也在旁邊；最妙的是，這位物理治療師居然知道什麼是神經可塑性。這群人個個活潑樂觀，是我這輩子碰過數一數二正向的人，也讓我們迫不及待要一同展開療癒之旅了。

約翰的掃描圖像：請看一下圖10.7中標示「冥想前」的區塊，按照第一張圖的樣子來看，約翰的大腦活動強度偏低，而且低於正常值超過三個標準差。就腦波連貫性而言，約翰的測量結果多半都是藍色粗線，跟因為罹患帕金森氏症而掃出一堆紅色粗線的蜜雪兒完全相反。掃描結果顯示，約翰各個腦區之間的合作能力下降了，導致大腦處於待機狀態，能量盡失，讓他回應外界事物的能力受限、無法長時間維持專注，覺察力也變弱了。他的大腦在受創之後，幾乎處於未激發的狀態，腦波活動更是極度不連貫。

現在，請看看他冥想後四天的大腦掃描圖像。左上角第一張圖是一赫茲 δ 波狀態的大腦，從這張圖可以發現，約翰的大腦出現了一些標示為紅色線條的活動。這對約翰來說是好事，因為這表示他的左右腦在 δ 波狀態下的活動更連貫了。這時候，約翰的大腦開始回穩，也能同時動用左腦和右腦。實際上，在 δ 波和 θ 波狀態下最能看出他的腦傷情形，如果他在 δ 波狀態下出現過度興奮的情形，就表示大腦正慢慢甦醒。就處於 α 波和 β 波狀態下的其他腦區來說，約翰看起來變得更加穩定，認知功能也回升。換句話說，他更有辦法靠自己控制身心狀態。

再看看圖10.8。同樣地，從第二排中間到第三排最後出現的藍色區塊，代表約翰的大腦在 α

波和 β 波狀態下都沒有任何活動。他的左右腦在 α 波和 β 波狀態下完全呈現藍色，表示約翰正處於呆滯狀態，只動用到一點點腦力。藍色也代表他的認知能力和控制身體的能力都下降了，整個人完全處於失神狀態。

約翰冥想四天之後，大腦有百分之九十恢復正常，也就是呈現綠色的部分。這樣的結果實在太棒了！雖然如箭頭所示，他的左腦活動強度還是偏低，表示他仍然有語言和表達障礙，但比起第一張掃描還是許多進步。約翰持續練習冥想，慢慢地，他的大腦能量變強了、狀態回穩了，腦波活動也更連貫了。

發生意外前曾經存在過的神經迴路，現在又被約翰找回來了。他的大腦在甦醒之後，不但找回了從前的運轉模式，更充滿了積極運作的能量。

約翰的新自我：約翰在二〇一三年二月的工作坊結束後，成功讓自己站了起來，而且取回了腸子和膀胱的控制權。到現在，他都能維持正常穩定的站姿，四肢活動變得更加協調，肌肉顫抖症狀的發作頻率、強度和持續時間也都大幅減少了。他甚至還會固定上健身房做運動。

工作坊結束後幾個月，約翰認知能力進步的幅度讓醫師們都大吃一驚，在所有脊髓損傷的案例當中，從來沒有人能像約翰這樣恢復神速。他就像是大夢初醒一樣，慢慢能控制自己的大腦和身體，這些變化都反映在掃描圖像中。隨著調控身體的能力增強，他的控制力也不斷進步，開始能掌控尚未甦醒的腦區和身體部位。

約翰的運動協調能力突飛猛進，到後來已經可以靠一己之力坐在餐桌前。他的精細動作能力也大有改善，已經到了能握筆簽名、用智慧型手機傳簡訊、握住方向盤開車、拿普通牙刷刷牙的程度。隨著認知能力增強，他內在的自信和喜悅也越來越豐沛，連幽默感和覺察力都更上一層樓。

二〇一三年的夏天，約翰自己一個人跑去泛舟，每天不但在艇上划六個小時，晚上還睡在野地上的帳篷裡。他就這樣遠離塵世，一個人在愛達荷州的荒郊野外待了七天六夜，而一年前的他肯定辦不到。我們每次聊天的時候，他都會對我說同樣一句話：「博士，我真的搞不清楚這是怎麼一回事。」

我每次都會這樣回他：「約翰，你一旦把事情搞清楚，效果就會消失了。我們是沒辦法理解未知的，全心接受就對了。」

關於約翰的案例，我還想提最後一件事。每個人都知道，一般的傳統療法治不好脊髓損傷。我很清楚，約翰身上的物質變化絕對不是物質引發的；換句話說，治好他脊髓損傷的功臣，並不是任何化學反應或分子。從量子觀點來看，他必須要進入高能狀態，同時維持穩定頻率，才能讓物質一步步提升到新的心智層級。他還必須讓能量或波動的振動頻率超越物質，再搭配內心的清晰動機，才能改變粒子性的物質。真正幫約翰改變基因、治好脊髓的，其實是伴隨物質出現的能量。

在理性分析心智之外遇見快樂

凱西的舊自我：凱西是一間大公司的總經理、一位律師，同時也是位稱職的好太太、好媽媽。她的專業相當重視理性分析，每天都要動腦預測未來的局勢發展，還要靠經驗為可能發生的事件做準備。她在參加我的工作坊之前，其實從來沒有冥想過。剛開始練習冥想的時候，她就知道自己會不停分析身邊的事物，而且每天都有做不完的事，大腦也沒有一刻停得下來。當她回想從前，她還承認自己從來沒有活在當下過。

凱西的掃描圖像：請看看圖10.9，也就是凱西在「冥想前」的大腦掃描圖像。圖中的δ波／θ波比值，代表她究竟能維持專注多久，能不能專心應對各種侵入式念頭。請注意她的右後側大腦，也就是箭頭標示的大塊紅色區域，代表她的內心出現了圖像；至於左上方小塊紅色區域旁邊的另一個箭頭，則表示凱西正在和內在自我討論這些圖像。她的大腦之所以轉個不停，都是這些常常出現的圖像和雜音害的。

請再看一下凱西「冥想後」的掃描圖像。這張圖是在工作坊結束後掃描的，凱西的大腦顯然已經變得更平衡穩定、更接近正常狀態。她腦中的嘈雜對話全都一掃而空，而且大腦消化資訊的速度更快了，腦波活動也呈現連貫狀態。大腦狀態改變之後，她整個人也更開心、思緒更清晰、充滿了愛。

請再看一下圖10.10，這張圖是凱西的腦波連貫度測量結果。工作坊剛開始的時候，凱西的大腦還處於高頻β波狀態，也就是刺激過度、拼命分析、危機感強烈的狀態。就α波和β波狀態圖的紅色粗線來看，她已經高出正常值三個標準差了。她的大腦整個活動過度、失去平衡，導致腦波不連貫，更讓她為焦慮所苦。

請再看看二月工作坊最後一天做的「冥想後」圖像掃描。你應該可以發現，凱西的大腦變得正常、穩定許多，處於β波狀態的腦波變少，腦部活動也更加連貫。

由於凱西還需要多加練習，所以工作坊結束之後，我們還為她安排了實驗。范寧博士給她看了一張健康、穩定、正常大腦的量化腦電波掃描圖，還跟她說綠色的部分就是凱西需要努力達成的目標。他建議凱西，當她每天冥想完，進入新的存在狀態之後，就要思考往後二十九天可能出現什麼樣的發展。只要她能選定可能的情境，替自己的安慰劑賦予更多意義，追求正向結果的內在動機就會變強。

這套實驗果然有效。請看圖10.11，這張是實驗完之後大約六星期，也就是二〇一三年四月八號做的掃描。你會發現，圖中的大腦越來越接近正常值，完全看不見用紅色標示的焦慮狀態了。另外，也再請你看一下圖10.12。你有沒有發現，從二〇一三年二月二十號開始，一直到二月工作坊結束之後，凱西的高頻腦波圖（二十一到三十赫茲）已經從原本的紅色區塊為主，變成接近正常的綠色了呢？紅色區塊代表凱西正處於高度焦慮（高頻β波）和過度分析狀態，因為高頻圖（二十一到三十赫茲）裡的腦波活動已經過強，也就是大腦轉過頭了。而圖10.13，也就是四月初做的掃描圖像，則顯示凱西的大腦變得更穩定連貫，各個腦區都能互相協調配合。現在，凱西的大腦可以說是煥然一新，她也覺得自己脫胎換骨了。

凱西的新自我：凱西表示，她的事業、日常生活和人際關係都出現了許多正向變化。她原則上每天都會冥想，即使她覺得自己沒時間冥想，也會想辦法擠出時間冥想，就會想辦法擠出時間冥想。她很清楚，她之前的心智和大腦會失衡，都是因為自己受到時間和外在環境條件影響，導致心態被干擾了。凱西說，解決問題的方式其實不難，她幾乎沒有因此覺得糾結。其實，她只是不斷傾聽內心的聲音，想辦法在分析習慣冒出頭之前趕快阻止自己。於是，她不但很少陷入永無止盡的分析迴圈，整個人還變得更善良、更有耐心，從裡到外都散發著喜悅。

靠改變能量治癒子宮肌瘤

邦妮的舊自我：二〇一〇年，邦妮的身體常常出現劇痛，而且月經一來就會大出血。醫師診斷後表示，邦妮的雌激素分泌太旺盛，最好靠服用生物同質性激素來控制。想到自己才四十歲就得接受這種治療，邦妮覺得實在太誇張了。

邦妮記得，她媽媽在這個年紀也出現過同樣的症狀，甚至還服過激素藥物，結果最後罹患膀胱癌過世。雖然激素療法和膀胱癌之間看不出明顯的因果關係，但邦妮擔心的其實是自己會步上媽媽的後塵，最後陷入同樣的命運。

邦妮的陰道出血時間一次比一次長，有時還持續長達兩星期，弄得邦妮全身貧血、疲軟無力，還胖了二十磅。她只要月事一來，每個月平均就會損失兩公升的血。她照過骨盆腔超音波之後，被確診為罹患子宮肌瘤。她做過數不清的血液檢查，檢查結果都顯示她正處於更年期狀態，而且體內很有可能有卵巢囊腫。建議她採用激素療法的醫師，還告訴她子宮肌瘤永遠不會消失，她一輩子可能都會持續大出血。

二〇一三年七月，邦妮參加了工作坊，還被我隨機指定要接受腦波活動掃描。她一聽到自己被挑中，整個人馬上覺得無地自容，因為她的月經在工作坊開始之前的傍晚才剛報到，而且她平常都得穿大號尿布才能接完每次月經的血量。好幾次冥想完之後，我都會叫學員躺下，但邦妮總是擔心自己的經血會四處亂流，把自己的身體和地板都弄得髒兮兮。

只要月事一來，邦妮就會全身劇痛，連坐著都會不舒服。不過，她還是堅持每天練習冥想，讓自己的內心維持平靜。她第一次邊冥想邊接受大腦掃描的時候，發現自己經歷了一段神奇的時光。她覺得自己的心胸變開闊了、頭抬得更高了，呼吸節奏也改變了。她看見光流入了自己的體內，給了她無邊的平靜感。她還聽到了這些話：「我是有人愛、有人疼的，我沒有被人遺忘。」冥想到一半，邦妮突然就哭了出來，而她當下體驗到的幸福感，全部都表現在大腦掃描圖像裡頭。

邦妮的掃描圖像：請看一下圖10.14，也就是邦妮的腦電波掃描圖像。我們運氣不錯，能夠全程測量到邦妮冥想時的大腦圖像。第一張圖是腦波活動正常的大腦，呈現一片寧靜祥和的狀態。

你可以再參考圖10.15裡的三張掃描圖像，分別顯示邦妮在冥想過程中不同時間點的狀態，你會發現，她前額葉的能量和振幅變強了，代表她當下正在處理許多資訊和情緒。她的意識變得十分開闊，每隔一段時間就會進入高峰狀態，而且腦波活動大部分都在 θ 波狀態下發生，表示她已經進入下意識心智。對邦妮來說，這些內在感受都像是真實發生的事件一樣，因為她把心思都放在意念上頭，讓意念轉變成真實經驗了。她的大腦表現出多少能量（振幅），情緒商數就有多高。你可以再看看箭頭標示出的線條垂直方向長度，這些都是高度連貫的能量，也代表邦妮現在的覺察力非常高。

請再看一下圖10.16，這張是邦妮的即時量化腦電波圖。圖中有根箭頭指向一赫茲 δ 波狀態，這是表示邦妮已經接觸到了量子場（藍色區塊）。在 θ 波狀態下，邦妮的前額葉充滿了強大的能量（紅色區塊），完全反映她在腦電波掃描圖像中的表現。請再看看特別用紅圈標出來的前額葉區域，以及前額葉上視圖上方的箭頭，這張上視圖是邦妮冥想過程中的大腦動態捕捉圖像。前額葉可以讓念頭變得更真實，因此，邦妮閉目時感受到的 θ 波活動都像是真實發生的事件，也像是在清醒狀態下做了生動的夢一樣。在十二赫茲 α 波的圖像裡，大腦正中央的紅色區塊特別用箭頭標示，代表邦妮正在替內在感受賦予意義，同時不斷處理內心浮現的圖像。至於邦妮其他的腦區，則是處於健康穩定的狀態（綠色區塊）。

邦妮的新自我：邦妮那一天的經歷，徹底改變了她的一生。她當時感受到的內在能量和振幅，完全蓋過了以前被外在環境引發的感受，於是，她的生理結構上留存的過往經驗也被抹除了。在冥想過程中，她感受到的能量高峰突破了腦內舊程式和體內情緒制約反應的限制，讓身體能立刻隨著新的心智和意識變化。這時候，邦妮成功改變了自己的存在狀態，而且不到二十四小時內，她的出血症狀全都消失了，身體也完全不痛了。邦妮馬上就發現，她的病其實已經痊癒。工作坊結束後幾個月內，她的月經一切順暢，再也沒發生大出血的情形。

狂喜經驗

珍奈維爾的舊自我：四十五歲的珍奈維爾是位住在荷蘭的藝術家兼音樂家，由於職業的關係，她經常得世界各地到處跑。在二月的工作坊上，我一面看著她練習冥想，一面盯著范寧博士替她測量腦波的結果。當珍奈維爾冥想到一半，我們發現她的能量出現了明顯變化。在掃描圖像跳出某個讀數的時候，我和范寧博士對看了一眼，我們知道，接下來一定會出現變化。果然才過沒多久，我們就看到珍奈維爾喜極而泣的樣子。她整個人進入了狂喜狀態，渾身散發著喜悅，還伴隨著各種生理反應。這樣的畫面，還真的是我們前所未見。

珍奈維爾的掃描圖像：請看圖10.17，你會發現珍奈維爾在冥想之前，大腦差不多接近正常值，圖像中的顏色基本上都是綠色。換句話說，珍奈維爾的大腦相當平衡，身體也照顧得很健康。在十三到十四赫茲的圖像中，箭頭所指的藍色區塊代表感官運動區活動偏低，這可能是因為她當天剛從歐洲飛到美國，時差還沒調過來的關係。請看珍奈維爾在冥想過程中的腦波圖像，你會發現比之前穩定多了。但接下來在她身上發生的事，還真的是神之又神。我們親眼目睹她在冥想結束後感受到了高峰經驗，而且光看她的掃描圖像，就知道她大腦內的能量非常強。

請再看看圖10.18。圖中的紅色區塊顯示，她腦內各種頻率的腦波都變得非常活躍，也就是說，珍奈維爾的狀態出現了一百八十度大轉變。不知道珍奈維爾正在冥想的人，可能會被這張掃描圖像誤導，以為珍奈維爾當時正處於高度焦慮或極端精神困擾當中。但根據她自己的說法，她當時其實是處於狂喜狀態，因此，我們才確定這些紅色區塊代表的是她腦中的充沛能量，足足高出正常值三個標準差。她的身體在化成心智之後，體內積存的情緒能量就全部釋放了出來，接著一路流回大腦裡。

圖10.19中的腦電波數據，可以證明她當時確實處於狂喜狀態。紅色箭頭標示的部分，代表該腦區出現的能量是正常值的十倍。至於紅圈的部分，則表示珍奈維爾不但感受到非常強大的情緒，這股情緒也已經進入長期記憶了。這時候，她還會透過語言表達內心感受，像是：「我的天啊！太神奇了！我整個人都好舒暢，這到底是什麼感覺？」讓自己一步步了解身上出現的變化。她的內心感受非常真實，就像是真正發生過的外在事件一樣，而且這一切都不是她刻意求來的，而是自然而然發生的。她腦中其實沒有任何畫面，純粹是進入了狂喜狀態。

在七月的工作坊上，我們又替她做了一次掃描，妙的是，她的大腦依然處在高能量狀態中。輪到她發表心得的時候，她只說自己愛上了人生、內心變得無比開闊，而且和某種超越自己的力量融為一體了。她當時完全進入了感恩狀態，覺得通體舒暢，想要繼續活在當下。圖10.20中的測量結果顯示，她在七月工作坊上的腦波狀態和二月是一樣的，就算經過了好幾個月，冥想的效果依然沒有消失。看得出來，珍奈維爾已經變得煥然一新。

珍奈維爾的新自我：七月工作坊結束後幾個星期，我和珍奈維爾聊了一會。她告訴我，當時的她和年初的她已經判若兩人了，除了思緒變得更深邃、更能活在當下，靈感也變得更豐富。她不但熱愛一切，更進入了充實完足的精神狀態，覺得自己該有的都有了。

超越身心，感受幸福

瑪麗亞的舊自我：瑪麗亞是位身心健康、大腦活動正常的人。她第一次練習四十五分鐘冥想的時候，沒幾下就出現明顯的腦波變化。

瑪麗亞的掃描圖像：請參考圖10.21，比較一下瑪麗亞的正常狀態和狂喜狀態下的腦波。我親眼目睹了她進入高能量狀態的過程，她就像是經歷了顱內高潮一樣，大腦充滿了昆達里尼（kundalini），從掃描圖像上就能看得一清二楚（昆達里尼是潛藏在人體內部的能量，這股能量被激發之後，就會讓腦內意識和能量變強）。瑪麗亞的掃描圖像顯示，她的大腦完全處在高能量狀態中。一般來說，當昆達里尼能量被激發之後，就會從脊椎底部一路竄升到頭頂，給人無邊無際的神妙感受，這就是很多工作坊學員都體驗過的顱內高潮。根據瑪麗亞的大腦掃描圖像，她所有腦區都充滿了能量，腦波振幅是正常值的三到四倍，變得既連貫又協調。你可以發現，她的狂喜狀態是以波動方式呈現的，跟高潮狀態一模一樣。這些狀態都不是瑪麗亞努力製造的，而是自然而然發生的。她的大腦完全沈浸在內在感受當中，全身也因此充滿了能量。

瑪麗亞的新自我：現在，瑪麗亞還是會不斷經歷類似的神妙感受。每次經歷這樣的感受之後，她就會覺得自己又更放鬆、更專注、更清醒、更完整了，同時期待下一個令她驚喜的未知時刻。

輪到你練習了

上面的實例（這還只是一部分而已）都已經證明，安慰劑效應是教得來的。到這裡，重要的安慰劑效應資訊、真實案例和證明都已經說明完畢，現在輪到你進行實作，看看能不能讓自己脫胎換骨。在接下來的兩章，我會解釋自己一個人如何練習冥想。我希望你弄懂這本書討論的概念之後，能夠親自應用這些概念，讓自己體會概念背後的真實效力。當你掌握了跨越障礙、追求改變的技術，很快就能和我相會了。

PART_2

脫胎換骨

第十一章　準備冥想

到這裡，你已經讀完第一部分的資訊，也應該都融會貫通，現在可以準備讓自己脫胎換骨。在這一章，我會告訴你冥想前需要進行的準備工作，只要你準備妥當，就能在下一章中開始練習冥想。這本書提到的每位學員，都是先靠內觀改變個人的存在狀態之後，才讓自己脫胎換骨的。你可以把冥想練習想像成每天服用安慰劑，但你不需要真的吃藥，而是不斷練習內觀。到最後，練習冥想的效果就會跟吃藥一樣了。

冥想的時機

一天當中，有兩個時段最適合冥想：晚上睡覺前和早上起床後。原因是，你的腦波會在熟睡之後大幅變化，先是從清醒的 β 波狀態進入閉眼時的低頻 α 波狀態，再進入半睡半醒時的慢速 θ 波狀態，最後進入深層睡眠時的 δ 波狀態。早上起床的時候，腦波變化的順序剛好相反，會從 δ 波狀態開始一路經過 θ 波、α 波，最後進入完全清醒的 β 波狀態。

所以，只要你在睡覺前或剛起床後冥想，腦波就很容易潛入 α 波或 θ 波狀態，你也更容易在狀態之間切換，因為你不是剛進入一個狀態，就是準備進入另一個狀態。在這兩個時間點，通往下意識心智的大門最暢通了。我個人喜歡在早上冥想，但其實不管早晚都好。挑個最適合你的時間冥想，持之以恆練習下去，只要你能每天做到，就能養成一種好習慣，你也會期待自己每天都要完成這項任務。

冥想的地點

挑選冥想地點的時候，一定要找一個不會干擾你冥想的空間。你在冥想的時候，會暫時跳脫外在的實體世界，所以記得要待在能夠讓你獨處、不受其他人或寵物干擾的空間，而且是你每天都能固定當成冥想聖地使用的空間。

我不建議你在床上冥想，因為你會把床和睡覺聯想在一起；同樣地，我也不建議你躺著或坐在躺椅上練習。請你找一張普通的椅子坐，或者乾脆在地板上找塊空間練習——記得，這塊空間不能有風經過，而且得位在溫度舒適的房間裡，好讓你能坐上一小時。

如果你想邊聽音樂邊冥想，請挑盡量輕柔舒服、讓人容易進入神遊狀態的樂器演奏或無歌詞詠唱曲。其實，如果你的冥想地點不是百分之百安靜，放點音樂倒是能蓋掉背景噪音，但千萬不要挑會勾起過去回憶或容易讓你分心的音樂。而且，房間裡如果有電腦或手機，一定都要關掉。房間裡也不要有咖啡或食物的香味。如果你想盡量遮蔽感官通道，可以試著戴上眼罩或耳塞，把各種外界刺激的影響降到最低，讓你能專心冥想。

好好放鬆身體

盡量穿寬鬆舒適的衣服，拿掉身上的手錶或珠寶等可能讓你分心的配件。如果你有戴眼鏡，也請你拿掉。坐下來之前可以先喝一點水，再倒一杯水放在身體附近，這樣想喝的時候就可以拿起來喝。開始冥想之前，請記得先去上個洗手間。其他會干擾你冥想的事情，麻煩都先盡量處理掉。

不管你是坐在椅子上還是盤腿坐在地上，請記得打直身體，把脊椎挺起來。你的身體理論上是放鬆的，但心智一定要保持專注，記得不要放鬆過頭讓自己睡著。冥想的時候，如果你的頭開始往前掉，不必擔心，這表示你準備進入慢速腦波狀態了。等你熟練之後，身體自然就會被制約，不會出現想打瞌睡的念頭。

開始冥想的時候，請把眼睛閉上，再做幾個深呼吸。這樣一來，你的腦波很快就會從 β 波狀態掉進 α 波狀態。在 α 波狀態下，你會變得既放鬆又專注，讓前額葉持續活動，而且就像我之前說的，這個腦區有助於減少專門處理時空概念的腦內迴路所發出的訊息。剛起步練冥想的時候，要馬上進入更慢速的 θ 波狀態可能沒那麼容易，不過只要勤加練習，你就能讓大腦的轉速越變越慢。在 θ 波狀態下，你的身體會陷入沈睡，但心智仍然會維持清醒，想要改變體內的自動化程式，這時候正是最佳時機。

冥想要持續多久

一般來說，冥想一次差不多是四十五分鐘到一小時，不過，請記得在開始冥想之前留點時間，讓自己沈澱一下思緒。如果你必須在某個時間之前結束冥想練習，可以事先設個鬧鐘，提醒自己離冥想結束還有十分鐘，這樣就不會匆匆忙忙結束練習。練習的時候，請不要為了時間分心，因為你不只是暫停接收感官刺激，連時間意識都要同時關閉，才不會從頭到尾都在擔心時間過了多久，讓冥想練習本末倒置。如果你想多給自己幾分鐘練習，讓自己不會擔心時間不夠，可以試著早點起床或晚點睡覺。

駕馭你的意志

請留意一個初學者常犯的錯。當你開始改變自己的人生，你的身體會取代心智的位置，對大腦送出「請繼續發號施令」的訊號。於是，你的大腦可能就會出現各種負面的聲音，像是：「為什麼不明天開始練就好？」「你跟你媽簡直一個樣！」「你在亂搞什麼？」「你不可能改變的。」「這感覺不太對。」這就是身體為了奪權、讓自己重新取代心智的手段。你的身體可能在潛意識間被制約了，才會變得焦躁不安、灰心喪志、悶悶不樂、充滿被害感、怨天尤人，同時希望把下意識一起拖下水。

要是你覺得這些聲音句句屬實，而且還認真回應了，你的意識就會再次被自動化程式蓋掉，讓你一面抱持同樣的意念、做出同樣的行為、產生同樣的情緒，一面期待自己的人生可能會改變。當你一直靠感受和情緒判斷改變發生了沒，就沒辦法相信會有其他可能性存在。你必須讓身體擺脫情緒的枷鎖，才能在當下好好放鬆，把藏在身體裡的能量釋放出來，這時候，身體就會從粒子態進入波動態，有機會替你開創新的命運了。你必須掌控住身體，讓身體知道誰是老大，身體才會明白新的存在狀態是怎麼一回事，你才能進入新的境界。

在冥想過程中駕馭意志的工夫，讓我想到了騎馬這件事。有一天，我想跨上我最愛但很久沒騎的一匹駿馬，但當我一踩上馬鞍，駿馬卻連理都不想理我，只是一直嗅著馬廄另一端的母馬，心思全都用在母馬上頭。駿馬的反應，很像是在對我說：「你這八個月都跑哪去了？你不在的時候，我養成了一些壞習慣，小妞們都在對面等著，我才不想管你要做什麼，我要把你摔下馬。這裡的主人是我。」馬兒這時候不但怒氣沖天，還想要讓我撞上場邊的圍欄。不過，我專心注意牠的一舉一動，只要牠想往母馬的方向走，我就會控制住牠。

每當牠想擺脫我的控制，我就使勁握住韁繩，慢慢拉緊，接著耐心等待。沒過多久，牠就發出一聲低鳴，放棄掙扎。這時候，我也拍拍牠的身體，對牠說：「乖，這樣就對了。」牠載著我走了兩步之後，還想試著掉頭，但我還是出手阻止牠，接著同樣耐心等待。這個時候，牠又發出了一聲低鳴，也意識到我才是真正的主人。於是，一人一馬順利邁步前進。我純粹是靠重複同樣的動作，讓駿馬願意服從我的。

這股溫柔而堅定的專注力，就是你冥想的時候需要用來控制身體的力量。你可以把身體想成動物，而身為意識的你，扮演的則是馴獸師的角色。當你一發現自己的注意力開始渙散，只要能像制伏駿馬一樣控制注意力，就能讓身體被新的心智制約了，於是，你會變成自己和過去的主人。

想像你早上起床之後，發現自己有很多通電話要打、很多雜事要做、有三十五則簡訊和一堆電子郵件要回。如果你總是先思考有什麼事還沒做完，身體就會陷入未來當中，於是當你開始冥想，心思自然也會飄向未來情境。要是你放任心思亂飄，你的大腦和身體就會一起被帶進未來，因為這時候你會根據以前的經驗，期待未來會發生一樣的事。

只要你發現自己的心思飄向了未來，就要抓緊韁繩、駕馭身體，把心智拉回當下，跟我馴服駿馬的道理一樣。接下來，如果你的心裡開始嘀咕：「好吧，可是還有這件事要做、那件事也忘記做了、還得把昨天沒時間做的事做完」，同樣請想辦法把心思拉回當下。要是同樣的狀況一再發生，讓你整個人灰心喪志、焦躁不安、杞人憂天，你就必須記住一件事：你感受到的這些情緒，其實都是過去經驗的延伸罷了。你只需要看著這些情緒，同時意識到：「哎呀，我的身心連結想要回到過去，但沒關係，我先穩住陣腳、好好放鬆，讓心思回到當下吧。」

你的身體跟你的心智一樣，也會故意讓你分心。它可能會覺得噁心想吐、替你製造痛苦、讓你的背部正中間發癢，要是你碰到這些狀況，只要記得這都是身體想取代心靈的手段就好了。當你坐穩了主人的地位，就能好好駕馭身體了。要是你每次冥想都能駕馭身體，那麼當你一回到日常生活，就會更容易活在當下、更有覺察力，不會只是被潛意識牽著走。

就像我的駿馬終於乖乖聽話，不會因為身邊的母馬或其他人分心一樣，你的身體不久也會在你冥想時順從心智，不會被各種天馬行空的念頭綁架。馬兒和騎士合而為一、心智和身體攜手合作的感受，簡直是好到不能再好了。你會因此進入新的存在狀態，整個人變得活力十足，還會直呼不可思議。

逐漸改變自己的狀態

我下一章要教你的冥想方法，會從所謂的「開放式聚焦」（open focus）技術練起。這項技術對於改變自己的狀態非常有效，畢竟我們每天總是處在生存模式當中，全身充滿壓力激素，讓心思關注的範圍變得非常有限。我們腦子裡想的不外乎是外界的人、事以及各種問題，只關注粒子或物質而非波動或能量，也只會靠感官定義現實。這種分配注意力的方式，可以用「繞著物體打轉」來形容❶。

當我們一心只想著外在世界的種種，讓外在事件變得比內在世界還真實，我們的大腦就會持續在β波狀態下活動，也就是最常回應刺激、最不穩定、最容易發散的腦波狀態。這時候，我們會完全處於警戒狀態，沒辦法讓自己好好發揮天馬行空的創造力，嘗試解決問題、學習新事物或療癒自己。β波狀態絕對沒法讓你安心冥想，因為你腦內的電流會越來越強，而且當戰或逃反應發生之後，我們的心跳和呼吸速率也會跟著加快。於是，你身體裡的能量全都耗在自我保護、撐過每一天上頭，已經沒有多餘的能量能幫助你成長、維持健康了。

在這種狀態之下，大腦會開始分區分工；也就是說，某些腦區只會做自己負責的工作，不會和其他腦區交流，甚至還會彼此對衡，就像是同時踩煞車和油門一樣。這樣的大腦，簡直跟四分五裂的大家庭沒兩樣。

各個腦區彼此不來往就算了，大腦這時候甚至沒辦法和身體其他部位順暢溝通。理論上，大腦和中樞神經系統應該要負責協調體內所有系統的功能，像是讓心臟不斷跳動、讓肺繼續呼吸、消化食物、排除廢棄物、控制新陳代謝、調控免疫系統、平衡激素等五花八門的身體機能。

要是這位協調者的角色失靈，我們整個人就會失去平衡了。於是，我們的大腦會發出各種混亂的訊息，讓傳到脊髓和身體其他部位的訊號亂成一團。到最後，所有體內系統都收不到清晰的訊號，因為訊號根本前後不連貫。

想像一下，如果免疫系統表示「我不知道要怎麼根據這項指令製造白血球」，或是消化系統表示「我不知道到底應該先在胃裡分泌胃酸，還是應該在小腸裡分泌酸液，因為指令根本一團亂」，狀況會如何？

如果這時候心血管系統也跟著哀嘆：「我不知道心跳該有節奏還是沒節奏，因為我收到的指令本身一點節奏都沒有，難道附近又出現獅子了嗎？」情況又會如何？

這種不平衡的狀態，會讓我們無法維持體內恆定，於是就更容易染上各種疾病，或者出現心律不整或高血壓（因為心血管系統不平衡）；消化不良或胃酸逆流（因為消化系統不平衡）；感冒、過敏、癌症或風濕性關節炎（因為免疫系統不平衡）等雜七雜八的症狀。

在這種狀態下，我們的腦波會變得一團混亂、充滿雜訊，這就是上一章提到的不連貫狀態。不管是我們的腦波，還是大腦發送給身體的訊息，這時候都沒有規律可言，頂多是一片喧嘩嘈雜。

相反地，如果我們能運用開放式聚焦的技巧，就能先閉上眼睛，暫時忘記外在世界和事物的形貌，再把專注力放在我們四周的空間上頭，也就是忘掉粒子、專注於波動之上。這項技術之所以管用，就是因為我們感受四周空間的時候，會把一切物質拋諸腦後，也不會想動腦思考。

我們的腦波會進入更平穩、更有創造力的 α 波狀態，到最後更會進入 θ 波狀態。這時候，我們的內在世界就會變得比外在世界更真實，讓我們更容易實現自己期待的變化。

研究結果指出，只要我們好好運用開放式聚焦冥想法，大腦就會越來越有秩序，各個腦區也更能攜手合作、整齊劃一，而且一旦能合作，就能產生連結。在這樣的連貫狀態下，大腦就可以對體內的神經系統和身體其他部位發送更多連貫訊號，讓各種身體機能規律運作，彼此協調搭配。到這裡，先前的喧嘩嘈雜已經消失得無影無蹤，只剩下大腦和身體共同譜出的美妙交響樂，你也會覺得自己變得更完整、穩定、平衡了。

找回當下

完成開放式聚焦階段之後，就要開始讓自己回到當下。人只要處在當下，就能接觸各種以前接觸不到的量子可能性。你還記得我說過在量子場裡頭，次原子粒子會同時存在於無限多種的可能性當中嗎？如果要讓這件事發生，量子宇宙就不能只有一條時間軸，而是要有無限多條時間軸，上頭同時包含所有彼此重疊的可能性。實際上，從過去、現在到未來，世界上小至微生物、大至宇宙高端文明給我們的所有體驗，都存在於擁有無限多訊息的「量子場」中。雖然我說在量子世界裡沒有時間，但正確來說，應該是量子世界同時包含了所有時間，只不過並非我們所習慣的線性時間。

根據量子現實的概念，當下已經包含了所有可能性。但是，如果你每天起床之後都做一樣的事，讓同樣的抉擇引發同樣的行為、經驗、情緒，那麼，你就沒辦法接觸到新的可能性，只會讓自己原地踏步。

假設同樣的生活你已經過了十年，你的身體就會被習慣制約，不斷按照過去的狀態經歷同樣的未來。這是因為，當你透過情緒期待時間軸上的事件會一一發生，化為潛意識心智的身體就會認為自己依然活在舊的現實當中。於是，同樣的情緒會用同樣的方式指揮同樣的基因，讓你被困在一成不變的未來時間軸上。

其實，你根本可以把過去的時間軸直接套到未來，反正你的過去跟未來都是一個樣。現在的你，就像是反覆在腦中練習彈奏同樣的琴鍵、催生了腦迴路的受試者，或者像是單靠意念就改變了手指肌力的受試者一樣，你和這些人的共通點，就是都在腦中反覆演練前一天經歷過的情境，讓大腦和身體被同樣的未來情境制約。

當我們的大腦和身體已經順著過往經驗滯留在未來情境中，我們就不可能活在當下了。在這樣的情況下，想要經歷新鮮、未知、特別、神奇的事物，根本是不可能的事，因為你已經被緊密相連的已知事物綁住了。再說，當你已經養成了某種習慣，反而會覺得未知事物很礙眼，會打亂你原本的計畫。對於習慣按照過往經驗，在潛意識間期待未來情境的人來說，各種新鮮事還真是有夠煩的！

我想提醒你一下，如果你單純只是把冥想練習加入時間表，那麼，冥想練習可能就會淪為某種例行公事。要是你抱著這樣的心態練習冥想，就永遠不可能進入當下。想要達成療癒自己、真正改變人生的目標，你就必須讓自己完全處在當下，不要一直去想時間軸上可預期的已知事件。

記得，你的注意力耗在哪，能量就會耗在哪，就算你只是稍微看了外在環境中的人、事、物一眼，都等於是一再強化外在現實。如果你還拼命為了時間煩惱，一直想著過去（已知事件）或未來（過去的翻版，也是已知事件），就會錯過包含各種可能性的當下。身為量子觀察者的你，如果只是一味盯著已知事件看，最多也就只能看見已知了。最後，量子場中的各種可能性只會不斷窄化，淪為你人生的翻版。

如果你想要接觸量子場中的無限潛勢，就得先忘掉已知（包括你的身體、臉、性別、種族、職業，還有你今天打算做的事），才能讓自己暫時處在未知當中，進入無我無形、超越時空的狀態。你必須化為一股純然的意識，覺察到自己正處於充滿潛勢的虛空之中，才能重新校正自己的大腦。

就算身體想讓你分心，你也要照之前提過的方式拼命駕馭它，讓它能一次又一次回到當下，直到它乖乖聽話為止。這時候，你的身體就脫離了已知，那條延伸到未來的時間軸也會跟著消失。你等於是讓自己和已知斷開連結，不再替已知灌注能量。

同樣的道理，當你的身體已經被制約，又對你牢記的過往情緒上癮，如果你能在自己氣憤或灰心的時候，一次又一次駕馭自己的身體，讓身體願意回到當下，那麼，延伸到那個過去的時間軸也會跟著消失。這時候，你等於是和過去斷開了連結。一旦過去和未來的時間軸全部不見，一成不變的基因命運就會跟著消失。

到了這個階段，會綁定未來的過去已經不存在了，未來也不會淪為過去的翻版，你整個人會完全活在當下，親身接觸所有潛勢和可能性。當你越能讓自己脫離過去和未來時間軸，沉浸在各種可能性當中，你就越能擁抱未知，身體也會釋放越多能量，讓自己更有空間創造新事物。當大腦和身體都處在當下的時候，過去和未來就會消失了。當一成不變的已知現實消失，你就能夠進鑽進各種未知的可能性裡頭。

下一章會提到的冥想流程，也包括讓自己停留在強大卻幽暗的未知和可能性當中一段時間，並且把自己的能量投入當下的潛勢虛空裡頭。請你記得，就算眼前的景象看似一片黑暗荒蕪，實際上卻不是空無一物，因為這是一座充滿能量和可能性的量子場。

不靠眼睛看世界

我想分享一則我很喜歡的故事，用來說明冥想的時候專心關注未知，有多少可能性會發生。這是不久之前發生的事，當時，我人在澳洲雪梨的工作坊上教學員練習冥想，要求他們進入無我無形、超越時空的狀態，讓自己變成一股純然的意識，環繞在未知四周（這就是你下一章要做的事）。

當我看著學員練習冥想時，突然注意到第三排的一位女學員。這位學員叫做索菲亞，她當時就跟其他人一樣閉著眼睛，認真練習冥想，只是某個瞬間，我居然看到她的能量改變了。冥冥之中，好像有個聲音叫我對她揮手，於是我照做了。這時候，眼睛仍然閉著的索菲亞，居然也對我揮手！

看到了這一幕，我就把待在教室後面的兩位講師叫了過來，再用手指指了一下索菲亞。這一次，眼睛還是閉著的索菲亞再度對我揮手。

「這是怎麼回事？」兩位講師們悄悄問我。

「她可以不靠眼睛看世界。」我答道。就像我先前說的，專心注視未知的時候，也會接觸到未知。雪梨的工作坊結束之後一星期，我在墨爾本又開了一堂進階工作坊，索菲亞也參加了這場。

「上次我看到你了，也看到講師了。」索菲亞邊向我打招呼，邊告訴我上次閉目冥想的時候發生了什麼事，而且她全部說中了。這場工作坊結束後，索菲亞立刻決定參加講師訓練，既然她能力夠強，我就順理成章邀請她接受訓練。過了幾個月，索菲亞就來訓練課程報到。

在每天的訓練課程結束之前，我都會花三十分鐘整理當天的課程重點，這時候，我會要求新成員閉上眼睛，讓自己在長期記憶中建立新迴路。我在說話的時候，索菲亞也閉目聆聽著，但她突然張開眼睛、搖搖頭，又把眼睛閉上，接著還把頭轉到背後看了幾下，再把頭轉回前方，用訝異的臉盯著我看。我看她又重複了同樣的動作好幾次，就示意她專心練習冥想，練完之後，我和她小聊了一下。

索菲亞告訴我，她可以在冥想的時候閉眼看見前面的事物，還可以看見三百六十度的景象。也就是說，她可以同時看見前面、後面和四周的情景。索菲亞以前總是習慣張開眼睛看世界，所以她現在一下張眼、一下閉眼，想搞清楚自己究竟看到了什麼。

那天，我剛好邀了范寧博士來參加訓練課程，我們也趁機掃描了新學員的大腦，看看他們的腦波活動會如何。輪到索菲亞接受掃描的時候，我故意不跟范寧博士提索菲亞的狀況，直接讓她接上腦電波掃描器，背對我們開始冥想，我和范寧博士則坐在離她七英尺遠的地方，盯著螢幕上的掃描圖像看。

突然間，索菲亞大腦後側的視覺皮質區在螢幕上亮了起來。

「你看！」范寧博士悄悄告訴我，「她在大腦裡產生圖像了！」

「沒有，」我淡淡地搖搖頭，「她不是在大腦裡面產生圖像。」

「什麼意思？」范寧博士問。

「她真的看見東西了。」我低聲回他。

「這句話到底是什麼意思？」他大惑不解，又問了一次同樣的問題。於是，我向背對著我們的索菲亞揮了揮手，這時候，索菲亞也把她的手舉到頭頂，再用手掌那面對著我揮手。這神奇的一刻，完全反映在她的掃描圖像上：索菲亞不必靠眼睛，就能看見外在事物。她的視覺皮質不斷處理視覺資訊，就像她真的透過眼睛看見東西一樣，但實際上，她不是用眼睛在看，而是用大腦在看。

就像我說的，你只要專心想著未知，就能進入未知。你準備好要看看未知的樣子了嗎？

第十二章　改變信念和知覺的冥想

在這一章，我會帶你走過一遍冥想引導內容，這項引導內容是特別設計過的，能幫助你改變你對自己或人生的某些信念或知覺。

請你記得，信念和知覺都是下意識裡的存在狀態，而且是源於反覆經歷的意念和感受。當意念和感受成為習慣或自動化之後，會進一步形成態度；當態度彼此串接之後，又會形成信念；當信念互相串連，則會形成知覺。慢慢地，這一串多餘的事物就會形塑你的世界觀和自我認知，不過這些念頭多半都會存在下意識當中，而且會影響你的人際關係、行為模式和生命裡。所以，如果你想改變信念或知覺，就必須先改變自己的存在狀態。

改變自己的存在狀態，跟改變自己的能量是同一件事，因為你如果想改變物質狀態，就必須先進入能量和波動狀態、脫離物質和粒子狀態。這個時候，你一定要結合清晰動機和高昂情緒這兩項必要條件才行。

我之前也提過，想要完成這項工作，就必須在高能量狀態下做出決定，讓新的信念化為帶有強烈情緒的經驗，幫助你改變自己。這就是你能改變生理狀態、變成自己的安慰劑，同時讓心智握有掌控權的訣竅。

其實，每個人的生理狀態多多少少都被經驗影響過。好比說，你還記得第七章裡，曾經提到一群柬埔寨女性因為經歷過赤柬的恐怖統治，最後出現視覺障礙嗎？這個例子是極端了點，但你可以好好應用背後的原理，替自己帶來正向變化。

想要達成目的，你就必須讓新的經驗蓋過舊的經驗。也就是說，只要是冥想過程中出現的內在經驗，都必須具備更強的振幅或能量，一舉超越形塑了信念和知覺的陳舊外在經驗，成功讓你的信念和知覺改變。總之，你的身體必須回應新的心智才行。所以，你得讓自己感受到高昂情緒、全身起雞皮疙瘩，想辦法變得創意不斷、所向披靡、活力十足。

接下來，我想讓你體驗如何透過冥想改變兩種自我信念和知覺。開始之前，請先決定你想改變哪兩種自我信念和知覺。你可以從第七章列舉的常見信念裡挑一個，或者想一個適合你自己的，比方說「這病痛跟了我一輩子」、「人生好難」、「別人都很不友善」、「辛苦揮汗才能成功」或是「我不可能改變了」等等。

決定好之後，請拿出一張紙，在正中間由上往下畫一條線。請先在左邊寫下你想改變的兩種信念和知覺。

接著，請花個一分鐘想一想：如果你不想再察覺或相信這些事物，那麼，你真正想擁有的人生信念或個人知覺又是什麼？如果你真的察覺到、也相信了些新概念，你會有什麼感覺？請你在右邊的欄位裡，寫下新的信念和知覺。

冥想一共分成三階段，以下分別說明：

• 第一階段是引導階段。在這一階段中，你要使用上一章學過的開放式聚焦技術，讓自己的腦波進入更連貫的 α 波或 θ 波狀態，提高自己的被暗示性。這一階段非常重要，因為如果想改變健康狀態、變成自己的安慰劑，唯一的方法就是讓自己更容易接受暗示。

• 在第二階段當中，你會進入當下，並且在充滿各種可能性的量子虛空中停留。

• 到了第三階段，你就要改變自己的信念和知覺了。在你真正開始冥想之前，我會在每階段的開頭稍微做點解釋，接著列出冥想引導內容。

如果你的冥想經驗已經很豐富了，馬上就可以開始練習冥想。如果你從來沒冥想過，第一週可以先練習第一階段，隔週再加入第二階段，再隔一週才加入第三階段，而且每天都要練習。不管你是新手還是老手，請你一定要每天練習冥想，讓自己的人生有所轉變。

引導階段：透過開放式聚焦法產生連貫緩慢的腦波

當你進行開放式聚焦冥想的時候，會慢慢從粒子狀態轉為波動狀態，你原本對於外在人、事、物抱持的狹隘視野，也會慢慢拓展開來；這時候，你關注的就不再是實體事物，而是空間了。原子內部有百分之九十九都是能量，但我們總是只關注粒子的部分。現在，我們不妨換個視角，認真看看波動的部分。事實上，意識和能量本來就是一體的，當我們把意識放在能量上頭，就會讓能量變得更強。

你在使用這項技術的時候，大腦會進行自動校正，因為要正確進行這項技巧的前提，就是要讓忙著用 β 波狀態運轉的理性分析心智放鬆。

一般來說，你會用理性分析心智定義自己的身分，這樣的身分又會和外在環境、情緒成癮症狀、情緒慣性、時間扣在一起。如果你能擺脫這些事物，你就會化為一股純然的意識，接著會像我之前說的，你的各個腦區會開始攜手合作，腦波也會變得井然有序，對身體各個部位送出連貫的訊號。

冥想的時候，請你專注在當下，不要拼命在腦中分析或想像。你只要打開感官，全心感受就對了。如果你能感受到自己的左腳踝、鼻子，甚至是夾在胸骨和胸口之間的地帶，就表示你的意識和注意力都流到這些地方了。

你的腦中可能會浮現圖像，像是胸口或心臟的畫面，但這不是你需要努力的重點。你只需要看見身體四周的空間和整個宇宙就好。

第一階段冥想大約要花十到十五分鐘的時間。

第一階段冥想

現在……你能不能把意識集中……讓它落在兩隻眼睛之間……這塊空間？

你有沒有感覺到……你兩隻眼睛之間的空間……有一股能量？

現在……你有沒有發現……你的太陽穴之間……有個空間？

你有沒有感覺到……你的太陽穴之間……這塊空間有多大？

現在……你有沒有發現……你的鼻孔裡頭……有個空間？

你有沒有感覺到……你的鼻孔裡頭……這塊空間有多大？

現在……你有沒有發現……你的舌頭和喉嚨後方……有個空間？

你有沒有感覺到……你的喉嚨後方……這塊空間有多大？

現在……你有沒有感覺到……你耳朵周圍的空間……有一股能量？

你有沒有感覺到……離你耳朵很遙遠的空間……有一股能量？

你有沒有發現……你的下巴下方……有個空間？

你有沒有感覺到……你的脖子周圍……這塊空間有多大？

現在……你有沒有感覺到……離你胸口很遙遠的地方……有個空間？

你有沒有感覺到……在你胸口周圍的空間……有一股能量？

現在……你有沒有感覺到……離你肩膀很遙遠的地方……這塊空間有多大？

你有沒有感覺到……在你肩膀周圍的空間……有一股能量？

現在……你有沒有發現……在你的背後……有個空間？

你有沒有感覺到……在離你脊椎很遙遠的空間……有一股能量？

現在……你能不能把意識集中……讓它落在你的兩腿之間……這塊空間？

你有沒有感覺到……連接兩腿膝蓋的空間……有一股能量？

現在……你有沒有感覺到……在你雙腳周圍……這塊空間有多大？

你有沒有感覺到……離你雙腳很遙遠的空間……有一股能量？

你有沒有發現……在你的全身周圍……有個空間？

你有沒有感覺到……離你全身很遙遠的空間……有一股能量？

現在……你有沒有發現……在你全身和房間牆壁之間……有個空間？

你有沒有感覺到……在整間房間裡……這塊空間有多大？

現在……你有沒有發現……所有的空間裡頭……有個空間？

你有沒有感覺到……所有空間裡包含的空間……有多大？

讓自己成為可能性：找回當下、徜徉虛空

進入第二階段冥想之後，你會慢慢在當下站穩腳步，開始感受各種可能性。想要走到這一步，你必須放下原本的自我，同時脫離身體、環境、時間的束縛，只要你能在未知裡待越久，未知就會離你越來越近。當原先會同時發射訊號的神經細胞不再互相串連，你腦內的舊自我神經迴路就會停止運作。我之前也提過，這些神經迴路都承載了根深柢固的系統，只要你能切斷這些神經迴路，就能脫離這套系統。這時候，你就不會再使用老方法對同樣的基因發出情緒訊號。當你的身體慢慢進入更平衡和諧的狀態，你就能在當下站穩腳步，接觸到所有的可能性了。

如果你開始分心想到自己認識的人、各種人生難題、過去的種種或者未來準備發生的事，或是自己的身體、體重、疼痛、飢餓感，乃至於冥想會結束的時間，請你只要看著這些念頭就好，然後再把意識帶回充滿可能性的幽暗量子虛空。同樣地，不管出現什麼狀況，都不要讓自己被牽著走。

第二階段冥想大約要花十到十五分鐘的時間。

第二階段冥想

現在……該讓自己進入無形……無我……無物……超越空間……超越時間的狀態……讓自己……成為純粹的意識……讓自己感受無限潛勢場……再把能量投入未知裡頭……在未知裡待越久……就越能展開新人生……讓自己成為無限幽暗空間裡的意念……再把注意力轉到無物……無形……超越時間的狀態上……

這時候……你身為量子觀察者……如果心又飄回到已知當中……一直想著現實裡熟悉的人……熟悉的事情……熟悉的地點……或是想著自己的身體……自己的自我和情緒……或是想著時間……過去……或者一成不變的未來……你只要知道自己正盯著已知看……再讓意識潛入充滿可能性的虛空當中……讓自己進入無我……無形……無物……超越空間……超越時間的狀態……讓自己進入非物質的量子潛勢場域裡……只要你變成可能性裡的一股意識……你就能替人生開啟更多可能性和機緣……請專注在當下……

【讓自己在可能性裡頭徜徉十到十五分鐘】

改變對自我和人生的信念及知覺

最後一階段的冥想，就要面對你想改變的人生信念或知覺了。這時候我會問你，你想不想繼續用同樣的方式相信或認識這個世界。如果你不想，就要準備讓自己下定決心，讓決心引發的能量蓋過腦內根深柢固的系統和身體的成癮症狀。這時候，你的身體就會隨著新的心智和意識變化了。

接著我會問你：「對於自我和人生，你想擁有什麼樣的信念和知覺，這些信念和知覺會給你什麼感覺？」

你這時候的任務，就是讓自己進入新的存在狀態。你必須結合清晰動機和高昂情緒，把物質拉抬到和新的心智同一層級。冥想結束後，你的感受應該就會和冥想前截然不同。只要你能做到這點，就表示你的生理狀態改變了。

到這裡，你的過去就會完全消失，因為你已經在新的經驗裡感受到了強大振幅，習慣的舊經驗也已經被洗掉了。當你能下定決心，你就會讓這樣的經驗進入長期記憶，想忘都忘不掉。於是，未知的可能性就會變成已知，幫助你脫離困在過去裡的現在，讓你事先在當下體驗未來發生的事件。

記得，你不必去思考這些事究竟會在什麼時候、在哪裡、怎麼發生，只要單純讓自己進入新的存在狀態，看見自己正在形塑的未來就好。

接著，我會引導你繼續改變下一個信念或知覺，也就是說，你會重新操作一次這些步驟。最後一階段冥想大約要花二十到三十分鐘的時間。

第三階段冥想

現在……對於你自己和人生……你想改變的第一個信念……或是知覺……究竟是什麼？

你想繼續用同樣的方法相信和認識世界嗎？

如果你不想……我想麻煩你做個決定……下定決心……讓決心的振幅夠強……能蓋過腦內根深柢固的程式……和你身體的成癮症狀……再讓身體隨著新的心智變化……

讓這個決定變成你永生難忘的經驗……讓這次經驗……引發能量強大的情緒……讓這樣的情緒修改你體內的程式……改變你的生理狀態……請你脫離靜態、改變自己的能量……讓體內的能量改變你的生理狀態……

現在，該讓過去順從各種可能性了……讓充滿無限可能性的場域用適合你的方式，替你處理這些過去……放手吧。

現在……對於你自己和人生，你想擁有什麼信念和知覺……這會給你什麼感覺？

來吧……該進入新的存在狀態了……讓你的身體隨著新的心智變化……請你結合清晰動機

和高昂情緒，改變你的能量狀態，讓物質提升到和新的心智同一個層次……

讓這個決定……帶著強大的能量和振幅……超越過去的經驗……讓意識和體內能量改變你的身體……讓你進入新的存在狀態……再用當下來定義自己……讓這股意識動機成為強大的內在經驗……其中充滿高昂情緒能量……就能成為自己永生難忘的經驗……讓新經驗取代腦內和體內的過往舊經驗……來吧！……找回力量……讓自己散發正能量……讓這個決定變成難忘的回憶……

現在……讓你的身體認識這樣的信念會帶來什麼結果，事先感受未來情境吧……讓你的身體隨著新的心智變化吧……

在這樣的存在狀態當中，你的人生會變成什麼樣子？你會做出什麼樣的抉擇？你的行為模式會變得如何？你未來會經歷什麼樣的體驗？你會怎麼過人生？你會有什麼感受？你會怎麼付出關愛？讓具有無限可能性的波動化成你人生中的經驗吧……

你能不能透過情緒，告訴身體新的未來情境會是如何？……來吧……敞開你的心胸……擁抱各種可能性……讓自己興高采烈……愛上當下……在當下感受未來……

現在……讓你的想像隨著更強的心智變化吧……你在可能性場域裡想到或感受到的事物……如果真的都化成感受了……很快就會在未來實現……可能性會從波動變成現實中的粒子……從非物質化為物質……從意念化為能量，再化為物質……

現在……讓你的新信念進入意識場，因為意識場會替你找到適合你的方向……再讓可能性萌芽……

現在……對於你自己和人生，你想改變的第二個信念或知覺是什麼？……還是你想照現在的方式……繼續保留這些信念和感受？

你不想的話，就好好下定決心改變自己吧……讓這個決定帶著強大振幅和能量……讓你的身體能隨著新的心智變化……再讓這個決定成為定局……最後變成你永生難忘的經驗……請離開你安穩的舒適圈，改變你的能量，把物質提升到和新的心智同一個層級吧……來吧！找回力量……讓體內的能量改變你自己……

讓這個決定的能量……透過腦內的神經迴路……再透過體內的情緒和基因修改下意識系統……讓這個決定超越過去……讓能量改變你的生理狀態……讓自己散發正能量吧……

現在……讓自己相信更強大的智慧……放下控制的念頭……讓自己相信充滿可能性的場域……讓信念重新化為能量……

現在……對於你自己和人生，你想擁有什麼樣的信念和知覺？……這會讓你獲得什麼樣的感受？

來吧，進入新的存在狀態裡頭……讓你的身體提升到和新的心智同一個層級……讓這個決定的能量……修改你腦內的迴路……改變你體內的基因……再讓你的身體擺脫束縛，進入新的未來情境……你要感受到新能量……才能擺脫身體、環境、時間的束縛……讓自己成為身體、環境、時間的主人……讓自己成為改變物質的意念吧……

你能不能透過情緒告訴身體……要是能擁有這樣的信念……找回力量……透過偉大內在改變自己……找回勇氣……讓自己所向無敵……愛上人生……覺得生命充滿無限可能……過著願望彷彿一一實現的生活……會是什麼感覺？來吧，讓化為下意識心智的身體感受未來情境……用新的方式指揮新的基因……你的能量會和物質同時產生……同時改變你的能量和身體吧……來吧，讓心智發揮作用吧……

在這個存在狀態當中，你的人生會如何？……如果你抱持這樣的信念，會做出什麼樣的抉擇？……你會表現出什麼樣的行為？……你會因為這樣的存在狀態經歷什麼樣的體驗？……當你能療癒自己、變得自由自在、開始相信自己和可能性的時候……會有什麼樣的體驗？……放下自我吧……

請用體內的能量感謝自己的未來……這時候……你就能接觸新的命運……因為你的注意力流到哪，能量就會流到哪……讓自己投入未來情境……請用未來定義自己，不要靠過去定義自己……請敞開心胸，讓身體隨著內在經驗變化……記得，你在未知裡親身經歷……而且情緒上完全接受的事物……最後會化為頻率緩慢的能量……以及三度空間中的物質……

現在，請你好好放手，不要再控制一切了……讓更強大的智慧替你決定正確的道路吧……

現在……把左手放在心臟上方……請好好感謝自己的身體……感謝它提升到和新的心智同一個層級……

請好好感謝自己的人生……感謝它變成了心智的延伸……

請感謝自己的未來……感謝未來沒有淪為過去的翻版……

請感謝自己的過去……感謝過去化成了智慧……

請感謝人生中的逆境……感謝逆境讓你變得更偉大……讓你能看見所有事物更深的一面……

請感謝自己的靈魂……感謝靈魂讓你從夢中醒來……

請感謝內在的靈性……感謝靈性在你體內流動……在你周圍流動……在你的人生中出現……

最後……請在新人生實現之前感謝它……讓化為潛意識心智的身體能在當下感受新的未來……當你萌生了感恩的情緒，就代表事件已經發生了……因為感恩是接受他人幫助的最後一步……

請你記住這樣的感覺……讓自己的意識回到新的身體……新的環境……全新的時間裡頭……準備好之後，你就可以睜開眼睛了。

結語

有些人可能會對這本書不以為然，認為裡頭講的只是信念治療罷了。這樣的批評我一概接受，畢竟對我來說，當我們完全相信某個念頭，這不是信念是什麼？無論外在環境條件如何，只要我們全盤接受某個念頭，又能讓自己順應最後的結果，不就像是自己的願望全都實現了嗎？這聽起來就是一種安慰劑效應，而且事實上，我們一直都能夠當自己的安慰劑。

我們沒必要為了實現願望每天勤奮祈禱，因為真正要緊的事，是在冥想之後感覺到自己的願望都實現了。如果我們每天都能做到這件事，就能讓自己真正活在未知當中，衷心盼望各種預期之外的事件。而這時候，就會有不可思議的結果降臨了。

安慰劑效應的原理，是單靠意念治好身體症狀。不過，意念本身其實是尚未表現的情緒。一旦我們透過情緒接受意念，意念就會變得更真實，也就是會慢慢成為現實。缺少情緒的意念稱不上真正的經驗，只能算是潛藏在未知中的經驗，必須被發掘之後才能變成已知事件。只要我們能讓意念化為經驗，再讓經驗化為智慧，就會讓身為人類的自己不斷進化了。

照鏡子的時候，你除了看見自己的倒影，也會知道裡頭的人是外觀上的你。但你的真我、自我意識和靈魂會怎麼看待自己？事實上，不管是你的心智狀態、意識內容或真實人格，都會完全倒映在你的人生裡。

沒有什麼推崇古聖先賢性靈智慧的學派，安坐在喜馬拉雅山頂上等人登門拜訪，再傳授成為神秘主義者或聖人的秘訣。我們自己的人生，才是讓我們邁向偉大的推手。我們不妨把人生看作讓自我不斷提升的契機，想辦法在人生中突破自身限制，不斷拓寬自己的意識。這樣的觀點絕對不是受害者思維，而是一種務實態度。

要在一時半刻內拋棄舊的人生觀，讓自己進入新的行為模式，總會讓人覺得渾身不對勁。但的確，這真的不是件輕鬆的事，而且整個過程也會讓人感覺不自在，因為當我們開始改變，自然會覺得自己不像是從前的自己。不過對我來說，能夠一面覺得不自在、一面接受不自在狀態的人，才是所謂的天才。

在人類歷史上，願意踏出個人舒適圈、和不合時宜的信念奮戰的大人物其實不勝枚舉，他們可能是同代人眼中的異端或傻瓜，但後來卻又被封為天才、聖人或大師。久而久之，他們就成了偉人。

不過，像我們這樣的人要怎麼變偉大？首先，我們必須做一些讓自己不自在的事，像是當每個人都覺得左支右絀的時候，自己仍然選擇付出；當每個人都忿忿不平、拼命評斷別人的時候，自己依然選擇付出關愛；當每個人都畏首畏尾的時候，自己依然能夠展現勇敢又溫和的一面；當其他人都充滿敵意和侵略性的時候，自己仍然能釋出善意；當別人不斷爭先恐後、企圖掌控局面，並且拼命爬到金字塔頂端的時候，自己依然願意投入可能性當中；在逆境中選擇主動綻放笑容；或是自己在生病的時候，仍然能積極維持完整的內在。

要在這些情境下做出這些行為，難免讓人覺得極度不自在，但只要執行的次數夠多，我們就能順利突破成規，讓自己加入偉人的行列了。最重要的是，只要你能讓自己追求卓越，就等於是邀請其他人跟隨你的腳步，和你一起追求卓越。我們在看到其他人做動作的時候，腦中的鏡像神經元會被激發，接著映照出對方的神經狀態，彷彿自己也做了同樣的動作一樣。比方說，當你看著某個專業舞者跳騷莎舞，你自己的騷莎舞技就會變好。當你看著名網球員打球，你自己的擊球技巧也會跟著變好。如果你發現某人的領導風格充滿了關愛和同理心，你也會開始用同樣的方式過生活。如果你看見某個人單靠改變意念就治好了身體的症狀，你也可能會跟進做同樣的事。

我希望你讀完這本書之後，能明白最強大的信念就是相信自己、相信未來充滿無限可能性。只要你將主觀自信和客觀信念兩股意識融合在一起，就能調和內心動機，讓自己順著各種可能性走了。不過，請小心拿捏。如果你努力過頭、太拼命，反而會自亂陣腳，無法實現自己的理想。另一方面，如果你過度順從，整個人就會變得慵懶沒勁、毫無生氣。反之，如果你能抱持清晰動機、全心相信各種可能性，再將兩者相互結合，就能讓自己進入未知當中，慢慢踏上偉大的道路了。

當這兩種狀態合而為一，我相信我們就能更上一層樓。如果你能發自內心感受到完整、自給自足、自愛的狀態，就表示你已經突破了原本的想像和自我加諸的限制，更容易讓不平凡的事物發生。只要讓自己活在當下，同時對未來懷抱夢想，就非常有可能實現願望。

只要你覺得自己完整了，不會再去想什麼時候會變得完整，神奇的事就會自然而然發生。我的經驗告訴我，人在完整狀態下最有創造力。指導全球工作坊這些年來，我看過很多自我療癒的實例，這些人都覺得自己相當完整，不會再認為自己欠東欠西，也不會再拼老命追求完整感。當他們不再刻意操控命運，就會感受到一股比自己強大的力量，正在用神奇的方式回報他們。當他們發現整個過程原來如此簡單，更會因此開懷大笑。

不管是這本書，還是我做過的研究，我希望都能達到拋磚引玉的效果。老實說，我自己還有很多東西不懂，我也不怕別人知道。其實我真正熱衷的事，是幫助其他人獲得成長。我看過太多脫胎換骨的例子了，我敢說，撇開文化背景、種族、性別因素不談，每個人在擺脫畫地自限的信念之後，都會呈現出同一種樣貌。

生物學裡有個概念叫做「湧現」（emergence），是我非常喜歡的概念。你看過魚群瞬間同時轉向的畫面嗎？你看過幾百隻鳥集體朝同一個方向飛，彷彿有志一同的畫面嗎？這些現象發生的時候，你可能會以為群體裡有個領袖，而成員全都跟著領袖走。乍看之下，幾百、幾千名團隊成員採取如此一致的行動，好像真的是上行下效的結果，不過，事實並非如此。

其實，這樣的一致性是由下而上堆疊而成的。這些群體內部完全沒有所謂的領袖，或者說，每個人都是領袖、都是集體意識的一份子，自然會同時採取同樣的行動。在超越時空的訊息場內，一切事物看起來彼此相連，整個群體看起來也擁有同樣的心智。當個體逐漸合而為一，新的生物體就會慢慢浮現了。這就是群體的威力。

我們見過太多懷抱滿腔熱血想改變世界、最後卻被暗殺的人，不知不覺中，我們的下意識也受到了制約。的確，包括金恩博士、甘地、約翰藍儂、聖女貞德、威廉華勒斯、耶穌、林肯在內，大部分開創新格局的歷史偉人都難逃被暗殺的命運。這會讓我們默默覺得不安，告誡自己有遠見的領袖最後都得為真相而犧牲。不過，或許在我們這個年代，為真相而活已經比為真相犧牲還重要。

如果幾百、幾千甚至幾百萬人都能全心接納可能的新意識、讓動機和行動前後一致，同時用愛、善意、同理心這些普世原則過生活，新的意識就會浮出水面，我們也會獲得完整的感受。到時候，世界上就會冒出數不盡的領袖人物，怎麼殺都殺不完了。

所以，只要你像我一樣，每天都盡力讓自己脫離由壓力激素引發的自私心智狀態，我們就能先改變自己、再進一步改變全世界。只要願意讓自己變完整的人夠多、在全世界建立起不同的社群網絡，就能讓充滿恐懼、競爭、空缺、敵意、貪婪和欺瞞的當下現實完全消失。久而久之，新現實就會完全取代舊現實。但最讓我擔心的一件事，是當今的科學研究常常和私慾和利益掛鉤，各種研究說法的可信度也不免大打折扣。這時候，我們還得靠自己挖掘真相才行。

想想看，當全世界數十億人口都能萬眾一心，跟魚群一樣一起朝同個方向前進，情況究竟會如何？在這樣的情況下，每個人都能敞開心胸，讓自己迎接無限多種可能性，再根據這股令人振奮的意念做出更多不平凡的抉擇、更多利他行為，以及創造更多令人耳目一新的體驗。大家原先可能困在生存模式情緒和物質狀態裡，無法接近能量狀態和各種可能性，但這時候就能脫胎換骨，抱持更寬廣、無私、誠摯的情緒，慢慢讓自己脫離物質狀態，一步步接近更強大的能量狀態了。

一旦我們能走到這一步，眼前就會湧現一個截然不同的世界，我們也能用更開闊的心胸和新的信念過活。這就是我閉目冥想的時候，會在眼前看見的世界。

啟動你的內在療癒力

創造自己的人生奇蹟

You Are the Placebo: Making Your Mind Matter

作者　喬・迪斯本札 Dr. Joe Dispenza
譯者　柯宗佑
總編輯　汪若蘭
執行編輯　陳思穎
行銷企畫　許凱鈞
封面設計　李東記
版面構成　賴姵伶
發行人　王榮文
出版發行　遠流出版事業股份有限公司
地址　臺北市南昌路 2 段 81 號 6 樓
客服電話　02-2392-6899
傳真　02-2392-6658
郵撥　0189456-1
著作權顧問　蕭雄淋律師
2019 年 1 月 1 日　初版一刷
定價新台幣 420 元

ISBN　978-957-32-8428-4
遠流博識網 http://www.ylib.com
E-mail: ylib@ylib.com
（如有缺頁或破損，請寄回更換）

國家圖書館出版品預行編目 (CIP) 資料

啟動你的內在療癒力，創造自己的人生奇蹟 / 喬 . 迪斯本札 (Joe Dispenza) 作 ; 柯宗佑譯 . -- 初版 . -- 臺北市 : 遠流 , 2019.01
面；　公分
譯自 : You are the placebo : making your mind matter
ISBN 978-957-32-8428-4(平裝)
1. 態度 2. 生活指導
177.2　　107021925

【本書第十章所附之大腦掃描影像（圖 10.2 至圖 10.21），以及含有全書引用文獻的章節附註，謹製作為電子檔，請掃描本頁的 QR Code 免費下載。如連結失效或有其他問題，請來信至 ylib@ylib.com，或上 Facebook 粉絲專頁「閱讀再進化」留下訊息，由客服人員轉至編輯部處理。】